株洲县年鉴

ZHU ZHOU XIAN NIAN JIAN

2018

株洲县年鉴编辑委员会编

方志出版社
Publishing House of Local Records

图书在版编目（CIP）数据

株洲县年鉴. 2018 / 株洲县年鉴编辑委员会编.
-北京：方志出版社，2019. 2
ISBN 978-7-5144-3674-7

Ⅰ. ①株… Ⅱ. ①株… Ⅲ. ①株洲县-2018-年鉴
Ⅳ. ①Z526. 44

中国版本图书馆CIP数据核字(2019)第034169号

株洲县年鉴(2018)

编　　者：株洲县年鉴编辑委员会
责任编辑：刘方圆

出 版 人：冀祥德
出 版 者：方志出版社
地址　北京市朝阳区潘家园东里9号(国家方志馆4层)
邮编　100021
网址　http：//www.fzph.org
发　　行：方志出版社图书经销中心
电话(010)67110500
经　　销：各地新华书店
印　　刷：长沙印通印刷有限公司

开　　本：889×1194　1/16
印　　张：17.5
字　　数：355千字
版　　次：2019年2月第1版　2019年2月第1次印刷
印　　数：0001—1000册

ISBN 978-7-5144-3674-7　　定价：300.00元

编 辑 说 明

一、《株洲县年鉴（2018）》由株洲县人民政府主编，为1996年创刊后的第20部，本年鉴以马克思列宁主义、毛泽东思想、邓小平理论、“三个代表”重要思想、科学发展观、习近平新时代中国特色社会主义思想为指导，坚持辩证唯物主义和历史唯物主义的立场、观点和方法，主要记载株洲县2017年度的政治、经济、文化、社会等方面的基本情况和重大事件。

二、本年鉴采用条目式记事体，分类编纂，基本结构为类目、分目、条目3个层次。全书共设10个类目，主要设有特载、专辑、县情综述、大事记、政治、经济、社会事业、县辖镇（场）、光荣榜、株洲县各级各部门主要负责人名册。

三、本年鉴稿件由各单位专人撰写，并经供稿单位领导审阅，确保了资料和数据详实可靠，具有权威性。

四、本年鉴所列各级各部门负责人名录（镇、场负责人见各单位概况前），均以2017年12月31日任职为准。所刊照片为各部门单位提供，照片摄影不再署名。

五、本年鉴在编辑过程中，得到全县各级领导、各部门、单位的大力支持与协助，谨致以诚挚的谢意。由于编辑水平有限，难免有疏漏错误，恳请读者和各界人士批评指正。

《株洲县年鉴》编辑委员会

《株洲县年鉴》编辑办公室

目 录

特 载

罗绍昀 不懈奋斗、狠抓落实，在开启基本现代化新征程中展现新作为 ……… 3
罗禧瑰 株洲县人大常委会工作报告 ……… 14
刘克胤 政府工作报告 ……… 23
王亚男 中国人民政治协商会议株洲县第九届委员会常务委员会工作报告 ……… 33

专 辑

·湖南省爱国主义教育基地——杨得志故居 ……… 43
·株洲湘江七桥竣工通车 ……… 43
·株洲县获评全省综治工作考核先进县 ……… 43
·株洲“珠江农行银行”挂牌营业 ……… 43
·举办乡村文化旅游节 ……… 44
·全方位扶贫 ……… 44
·王十万黄辣椒 ……… 44

县情综述

·行政规划 ……… 47
·株洲县2017年度国民经济和社会发展概况 ……… 48

大 事 记

1月 ……… 55

2月 …… 55
3月 …… 55
4月 …… 56
5月 …… 56
6月 …… 57
7月 …… 57
8月 …… 57
9月 …… 58
10月 …… 58
11月 …… 59
12月 …… 59

政　治

中国共产党株洲县委员会 …… 63
·概况 …… 63
·全县三级干部会议 …… 65
县委办公室工作 …… 65
·概况 …… 65
纪律检查工作 …… 66
·概况 …… 66
巡察工作 …… 69
·概况 …… 69
组织工作 …… 70
·概况 …… 70
·开展“干部走亲、党群同心”大走访活动 …… 71
·出台《考察任用干部看党建暂行办法》…… 71
·清理因私出国(境)证件 …… 71
·打造“一镇一品”工程 …… 72
宣传工作 …… 72
·概况 …… 72
·“掌上渌口”手机客户端上线运行 …… 74
·开展“百家机关进百村、千名干部讲千场、万名党员入万户”中共十九大精神宣讲活动 …… 74
统战工作 …… 74
·概况 …… 74
·改革民族宗教和外事侨务机构 …… 75
·成立株洲县归侨侨眷联合会 …… 75
·开展“文化惠民·春联万家”活动 …… 76
·株洲县“心德”教育奖学会举办第24届颁奖仪式 …… 76
党校教育工作 …… 76
·概况 …… 76
信访工作 …… 77
·概况 …… 77

老干部工作 …… 78
·概况 …… 78
机构编制 …… 79
·概况 …… 79
株洲县人民代表大会常务委员会 …… 82
·概况 …… 82
·县十二届人大二次会议 …… 83
·县十二届人大常委会第二次会议 …… 83
·县十二届人大常委会第三次会议 …… 83
·县十二届人大常委会第四次会议 …… 83
·县十二届人大常委会第五次会议 …… 84
·县十二届人大常委会第六次会议 …… 84
·县十二届人大常委会第七次会议 …… 84
·县十二届人大常委会第八次会议 …… 84
·财政监督 …… 84
·司法监督 …… 85
·专项工作评议 …… 85
·代表建议办理 …… 85
株洲县人民政府 …… 86
·概况 …… 86
县政府办公室工作 …… 88
·概况 …… 88
城乡创建工作 …… 90
·概况 …… 90
接待中心 …… 90
·概况 …… 90
机关事务管理 …… 91
·概况 …… 91
政务服务 …… 91
·概况 …… 91
人力资源和社会保障 …… 92
·概况 …… 92
·举办“春风行动”大型送岗下乡招聘会 …… 94
·推行“一站式”医保结算服务 …… 95
·开通异地就医联网直接结算业务 …… 95
发展和改革 …… 95
·概况 …… 95
“两型社会”建设 …… 96
·概况 …… 96
·启动湘江保护与治理“一号重点工程” …… 98
·开展餐厨油烟综合治理 …… 98
·启动节能环保产业装备制造园建设 …… 98
审　计 …… 99
·概况 …… 99
统　计 …… 99
·概况 …… 99
·推进第三次全国农业普查工作 …… 100

食品药品工商质量监督 …… 101
·概况 …… 101
安全生产监管 …… 102
·概况 …… 102
公共资源交易 …… 103
·概况 …… 103
·开发投标保证金网上收退系统 …… 104
·推行交易电子化——政府投资工程建设项目网上报名程序 …… 104
中国人民政治协商会议株洲县委员会 …… 105
·概况 …… 105
·政协株洲县第九届委员会第二次全体会议 …… 106
·进行年度电视问案 …… 107
·编写文史资料《渌口故事》 …… 107
群众团体 …… 108
株洲县总工会 …… 108
·概况 …… 108
·实施“一户一产业工人”培养工程 …… 109
·开放职工健身中心 …… 109
·2017 年株洲市工人先锋号 …… 109
·华新水泥(株洲)有限公司质量控制部 …… 109
·湖南鸿远高压阀门有限公司技术部 …… 110
共青团株洲县委员会 …… 110
·概况 …… 110
·共青团株洲县第十次代表大会召开 …… 112
株洲县妇女联合会 …… 112
·概况 …… 112
·株洲县第九次妇女代表大会召开 …… 114
株洲县工商业联合会 …… 114
·概况 …… 114
·开展救灾济困活动 …… 115
株洲县文学艺术界联合会 …… 115
·概况 …… 115
·举办县域文化研讨会 …… 116
·组织“清风株洲”文学书画征文活动 …… 116
株洲县科学技术协会 …… 116
·概况 …… 116
·启动“中国流动科技馆巡展株洲县站”活动 …… 116
·开展青少年科技教育 …… 117
·科普项目实施 …… 117
·科学种养 …… 117
株洲县残疾人联合会 …… 117
·概况 …… 117
·组织第 27 次全国助残日系列活动 …… 118
法　治 …… 119
政法及综治 …… 119

·概况 …… 119

·评选 2017 年见义勇为先进个人 …… 121

公 安 …… 121

·概况 …… 121

交通警察 …… 122

·概况 …… 122

·治理黄标车 …… 123

公安消防 …… 123

·概况 …… 123

检 察 …… 125

·概况 …… 125

·承办“3·15”特大维卡币跨国网络传销案 …… 126

·率先在全省成立驻县级河长办检察联络室 …… 127

法 院 …… 127

·概况 …… 127

司法行政 …… 128

·概况 …… 128

·建立法治文化主题公园 …… 129

国 防 …… 130

人民武装 …… 130

·概况 …… 130

人民防空 …… 132

·概况 …… 132

经 济

工业·科技 …… 137

综述 …… 137

·概况 …… 137

·重点行业建设 …… 138

·科技成果转化 …… 138

·“湖南省中小企业融资超市株洲县服务平台”授牌 …… 139

·湖南股交所株洲县经济专板正式开通 …… 139

·“渌湘智慧”星创天地被认定为国家级星创天地 …… 139

园区建设 …… 140

·概况 …… 140

园区产业 …… 141

·概况 …… 141

农 业 …… 142

种植业 …… 142

·概况 …… 142

农村经济管理 …… 144

·概况 …… 144
·全市土地确权经营权证首证在南洲镇颁发 …… 144
扶贫开发 …… 145
·概况 …… 145
·扶贫基础设施建设 …… 146
林　业 …… 146
·概况 …… 146
·林业经济发展 …… 147
养殖业 …… 147
·概况 …… 147
·县畜牧兽医水产技术服务中心荣获全国“2017年基础畜牧(草原)技术推广示范站”称号 …… 148
·成功创建全省“畜禽水产品质量安全示范县” …… 148
水　利 …… 148
·概况 …… 148
·实施河长制 …… 149
渌口水电站 …… 150
·概况 …… 150
农机管理 …… 150
·概况 …… 150
商贸服务 …… 151
商务和粮食 …… 151
·概况 …… 151
·粮食流通 …… 152
石油经销 …… 152
·概况 …… 152
·数质量管理 …… 152
供销合作 …… 152
·概况 …… 152
·土地托管 …… 153
烟草专卖 …… 153
·概况 …… 153
财税·金融 …… 155
财　政 …… 155
·概况 …… 155
农业综合开发 …… 157
·概况 …… 157
国家税务 …… 157
·概况 …… 157
·“一窗一人”试点工作 …… 158
地方税务 …… 158
·概况 …… 158
·县地税局荣获“湖南省人民满意的公务员集体”称号 …… 160
·船舶车船税委托代征 …… 160

国有资产管理 …… 160
·概况 …… 160
·组建株洲县渌湘集团公司 …… 161

银 行

中国农业发展银行株洲县支行 …… 161
·概况 …… 161
中国农业银行股份有限公司株洲县支行 …… 161
·概况 …… 161
株洲珠江农村商业银行股份有限公司 …… 162
·概况 …… 162
·开展“人性化服务在柜台闪光”主题活动 …… 162

保险企业

中国平安财产保险股份有限公司株洲县支公司 …… 163
·概况 …… 163
·全球首推“510 极速现场查勘” …… 163
·首推“云理赔”服务模式 …… 163
中国人寿保险股份有限公司株洲支公司 …… 163
·概况 …… 163
中国人民财产保险股份有限公司株洲支公司 …… 164
·概况 …… 164
·新增惠民惠农险种 …… 164
·启动柜面一体化服务 …… 164

社会事业

民 政 …… 167
·概况 …… 167
·殡葬改革 …… 168
·指导村(居)换届选举工作 …… 168
移民开发 …… 168
·概况 …… 168
·加强涵闸泵站管理 …… 169
·解决重点项目遗留问题 …… 169
城市建设投资管理 …… 169
·概况 …… 169
·实行网格化服务管理 …… 170
城镇建设 …… 171
住房和城乡规划建设 …… 171
·概况 …… 171
供水排水 …… 172
·概况 …… 172
·城镇排水 …… 173
供 电 …… 173
·概况 …… 173
·整治用电乱象 …… 174
·供电扶贫 …… 174

城市管理 …… 174

·概况 …… 174

环卫管理 …… 175

·概况 …… 175

城市拆违 …… 175

·概况 …… 175

征地工作 …… 176

·概况 …… 176

建设投融资 …… 177

·概况 …… 177

·成功发行 12 亿元企业债券 …… 178

房产管理 …… 178

·概况 …… 178

·房产档案实现信息化 …… 179

住房公积金管理 …… 179

·概况 …… 179

·公积金综合业务管理系统建设 …… 180

交通·邮电 …… 181

公　路 …… 181

·概况 …… 181

·实施道路建设技术援助 …… 182

交通运输 …… 182

·概况 …… 182

交通建设质量安全监督 …… 183

·概况 …… 183

地方海事 …… 183

·概况 …… 183

邮　政 …… 183

·概况 …… 183

电　信 …… 184

·概况 …… 184

移动通信 …… 185

·概况 …… 185

·城市信息化建设 …… 185

国土·环保 …… 186

国土资源管理 …… 186

·概况 …… 186

·颁发不动产林权首证 …… 187

环境保护 …… 187

·概况 …… 187

·完成生态保护红线划定任务 …… 188

教　育 …… 189

综　述 …… 189

·概况 …… 189

·教育资助全覆盖 …… 191

·获省“全面改薄”绩效考核奖励资金 100 万元 …… 191

·建成 16 所乡村少年宫 …… 191

·启动“阳光雨露”行动——素质拓展夏令营 ………… 192
·开展金牌教师表彰评选活动 ………… 192

学　校

株洲县第五中学 ………… 192
·概况 ………… 192
株洲县职业中等专业学校 ………… 193
·概况 ………… 193
·推动“一户一产业工人”培养工程 ………… 194
·实施智力扶贫“双提工程”项目李家村试点工程 ………… 194
株洲县第一中学 ………… 194
·概况 ………… 194
株洲县第三中学 ………… 195
·概况 ………… 195
株洲县育红小学 ………… 195
·概况 ………… 195
株洲县机关幼儿园 ………… 196
·概况 ………… 196
文化·档案·传媒 ………… 198
文化体育 ………… 198
·概况 ………… 198
·送电影下乡 3000 场 ………… 200
档案史志 ………… 200
·概况 ………… 200
·渌口镇位列全市乡镇档案工作考核第一名 ………… 201
·启动档案“信息化”建设 ………… 201
·开展“寻找记忆中的株洲县”老照片征集评选活动 ………… 201
·实现《株洲县年鉴》公开出版 ………… 201
广播电视 ………… 201
·概况 ………… 201
·实现媒体整合 ………… 202
图书发行 ………… 202
·概况 ………… 202
卫生·计生 ………… 203
·概况 ………… 203
疾病预防控制 ………… 204
·概况 ………… 204
·开展健康素养监测 ………… 205
·开展灾后防病 ………… 205
·开展水质检测 ………… 205
·举行突发公共卫生事件应急处置培训 ………… 205
卫计执法监督 ………… 205
·概况 ………… 205
·开展第二类疫苗预防接种专项监督

检查 …… 206

医　院

株洲县第一人民医院 …… 207
·概况 …… 207
·建立专科联盟 …… 208
株洲县中医院 …… 209
·概况 …… 209
株洲县妇幼保健计划生育服务中心 …… 210
·概况 …… 210

县辖镇(场)

龙潭镇 …… 213
·概况 …… 213
·龙潭镇村级情况简介表 …… 215
朱亭镇 …… 216
·概况 …… 216
·打造文化旅游特色小镇 …… 217
·朱亭镇村级情况简介表 …… 218
龙门镇 …… 219
·概况 …… 219
·龙门镇村级情况简介表 …… 220
淦田镇 …… 221
·概况 …… 221
·南塘村被评为2017年度全国文明村 …… 222
·淦田镇村级情况简介表 …… 223
南洲镇 …… 224
·概况 …… 224
·株洲市第三次全国农业普查入户登记工作在南洲镇启动 …… 225
·渌口大桥(湘江七桥)通车暨龙洲路开工仪式举行 …… 225
·南洲镇第一届妇女代表大会召开 …… 226
·南洲镇村级情况简介表 …… 226
渌口镇 …… 227
·概况 …… 227
·渌口镇村级情况简介表 …… 229
古岳峰镇 …… 230
·概况 …… 230
·古岳峰镇村级情况简介表 …… 232
龙船镇 …… 233
·概况 …… 233
·龙船镇村级情况简介表 …… 235
凤凰山林场 …… 236
·概况 …… 236
·凤凰山国有林场村级情况简介表 …… 236

光荣榜

国家表彰 …………………………………… 239
全国文明村镇 ……………………………… 239
省级表彰 …………………………………… 239
保持荣誉称号的文明标兵单位 ………… 239
保持荣誉称号的文明单位 ……………… 239
保持荣誉称号的文明村镇 ……………… 239
市级表彰 …………………………………… 239
文明标兵单位 ……………………………… 239
文明单位 …………………………………… 239
文明村镇 …………………………………… 239
文明校园 …………………………………… 239
文明家庭 …………………………………… 239
市五一劳动奖章获得者名单 …………… 239
市工人先锋号获得单位名单 …………… 239
县级表彰 …………………………………… 239
标兵单位 …………………………………… 239
文明单位 …………………………………… 240
文明村镇 …………………………………… 240
文明公民 …………………………………… 240
全县党务工作考核情况 ………………… 240
办公室工作：……………………………… 240
先进单位 …………………………………… 240
先进个人 …………………………………… 240
优秀信息员 ………………………………… 240
组织人事老干编制工作： ……………… 241
组织工作先进个人 ………………………… 241
老干工作先进个人 ………………………… 241
机构编制工作先进个人 …………………… 241
宣传思想工作： ………………………… 241
先进单位 …………………………………… 241
先进个人 …………………………………… 241
优秀通讯员 ………………………………… 241
优秀网评员 ………………………………… 242
统战工作： ……………………………… 242
先进单位 …………………………………… 242
先进个人 …………………………………… 242
政法工作： ……………………………… 242
政法工作先进单位 ………………………… 242
政法工作先进个人 ………………………… 242
维稳工作先进单位 ………………………… 242
维稳工作先进个人 ………………………… 242
反邪防邪工作先进单位 …………………… 242
反邪防邪工作先进个人 …………………… 242
人民满意政法服务窗口 …………………… 242
人民满意政法干警 ………………………… 242

信访工作先进单位 …… 243
信访工作先进个人 …… 243

株洲县各级各部门主要负责人名册

中共株洲县委及工作部门 …… 247
株洲县人民代表大会常务委员会及工作机构 …… 249
株洲县人民政府及工作部门 …… 249
政协株洲县委员会及工作部门 …… 254
株洲县人民法院、人民检察院 …… 255
群团组织 …… 256
株洲县驻军、部队 …… 256
中央、省、市在县机构 …… 256
园区、资产经营企业 …… 257
金融、保险机构 …… 258
学校、医疗卫生机构 …… 258

2017年3月，国家林业局贵阳专员办驻湖南处到渌口镇督查指导森林防火工作

2017年5月7日，财政部经建司处长颜烨弘、国土资源部财务司预算处处长叶海洋到县检查指导地质灾害综防体系建设工作

2017年6月22日，全国妇联副主席、书记处书记谭琳率队到县调研基层妇联组织改革工作

2017年9月14日，国家境外卫星电视专项整治督查组到县督查调研境外卫星电视专项整治工作

2017年8月31日，国家发改委国际合作中心调研县项目建设

2017年9月13日，住房和城乡建设部城镇供水规范化管理考核组到县考核城镇供水规范化管理工作

2017年11月14日，国家发改委城市和小城镇中心主任徐林到县调研新型城镇化建设情况

2017年8月27日，省委副书记、省长许达哲到县调研转型升级、园区建设、产业发展、环境保护等工作

2017年4月20日，省总工会党组成员、副主席辛建平视察县总工会职工健身中心

2017年9月18日，省民政厅副厅长杨薇到县海福祥养老护理院调研

2017年9月1日，国家统计局湖南调查总队检查组到县检查农作物对地遥感调查基础工作

2017年10月16日，省委常委、宣传部部长蔡振红到县调研广播电视宣传工作

2017年10月24日，省林业厅领导到县视察百益嘉林业产业扶贫基地

2017年11月24日，省安监局考核组到龙船镇考核安全生产示范乡镇工作

2017年11月1日，省两型委改革处处长刘建华到县调研河湖管护机制改革工作

2017年12月1日，省政协副主席、民盟省委主委杨维刚到县调研盟务工作及“盟员之家”建设

2017年12月20日，省水利厅厅长詹晓安到县调研水利工作

2017年12月22日，省农委土肥站站长蒋平到县调研指导县耕地提质改造工作

2017年5月3日，省军区领导视察县人武部

2017年9月14日，市委书记毛腾飞到东城大道督查调研东城大道的进展情况

2017年11月8日，市委书记、市人大常委会主任毛腾飞到县调研脱贫攻坚工作情况

2017年6月3日，市委副书记、市长阳卫国到县指导脱贫攻坚工作

2017年10月21日，市委副书记、市长阳卫国到朱亭、龙潭镇调研乡村振兴工作

2017年11月2日，市委副书记雷绍业到县调研脱贫攻坚、美丽乡村建设等工作

2017年5月24日，市委常委、纪委书记赖馨正调研株洲县项目建设

2017年9月5日，市委常委、政法委书记杨玉芳到朱亭镇调研文化旅游特色小镇建设

2017年9月11日，市委常委、宣传部部长聂方红到县调研基层文化工作

2017年9月19日，市委常委、统战部部长覃万成到龙门镇花冲村、淦田镇南塘村开展脱贫攻坚“三走访”活动

2017年12月26日，市委常委、副市长田卫军出席株洲珠江农商银行挂牌仪式

2017年12月13日，市政协主席蔡溪到县调研特色小镇建设——查看淦田镇总体规划

2017年6月27日，市人大常委会党组书记、常务副主任刘光跃到淦田镇南塘村调研脱贫攻坚工作

2017年4月27日，湖北省黄石市铁山区委副书记、政法委书记江桂珍到县考察平安建设工作

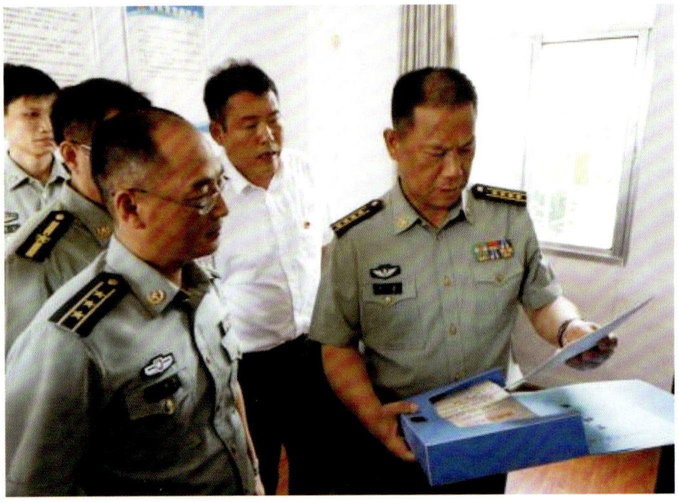

2017年8月18日，株洲军分区领导视察县人武部

2017年7月10日，株洲军分区领导到县人武部检查指导工作

2017年5月26日，市人大常委会副主任刘柏生到朱亭镇调研脱贫攻坚工作

2017年5月15日，市人大常委会副主任、市总工会主席王建之到县职业中专视察育婴师培训工作

2017年12月12日，市人大常委会副主任李智到龙潭镇督导扶贫迎省检工作

2017年9月19日，市人大常委会副主任邓尚文调研龙潭镇精准扶贫工作

2017年2月16日，市人大常委会副主任刘春生到县调研精准扶贫工作

2017年3月21日，市人大常委会副主任、市教育局局长钟燕到龙船镇挽洲小学、古岳峰镇栗树坪小学开展乡村小规模学校提质攻坚专题调研

2017年6月21日，副市长黄芳调研县旅游新业态项目省旅游商品示范点——湘春蕨菜

2017年10月31日，副市长杨胜跃到县调研教育教学工作

2017年2月5日，副市长谭可敏到朱亭镇调研特色城镇建设

2017年12月19日，副市长顾峰巡视湘江县段，督查河长制工作落实情况

2017年9月1日，副市长何朝晖深入渡口、企业、库房、项目工地等重点场所，暗访督查安全生产工作——查看汽渡安全生产规章

2017年11月8日，市人大常委会副主任王建之到县调研工业园区建设情况

2017年6月16日，市政协副主席周雪辉到县调研“项目攻坚年”工作

2017年12月5日，张家界市永定区总工会到县考察交流工会工作

2017年10月30日，县委书记罗绍昀到渌口经济开发区调研项目进展情况

2017年12月11日，县委书记罗绍昀视察指导脱贫攻坚迎省检工作

2017年12月20日，县委书记罗绍昀到渌口镇党代表工作室开展接待活动

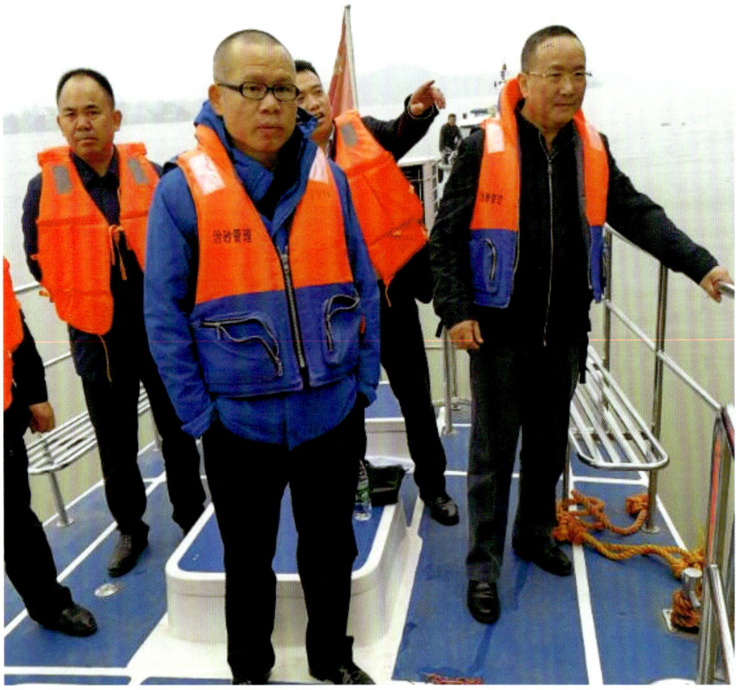

2017年11月15日，县委副书记、县长刘克胤乘船巡查湘江株洲县段河况，履行“总河长”职责

2017年6月10日，县委副书记、县长刘克胤到龙门镇督查脱贫攻坚工作

2017年9月11日，县委副书记、县长刘克胤到深圳市望家欢农产品集团公司考察对接

2017年11月8日，县委副书记朱江到智慧渌口指导工作

2017年4月12日，县人大常委会主任罗禧瑰到县一中调研指导工作

2017年9月20日，县政协主席王亚男视察征地拆迁工作

2017年3月6日，县委常委、宣传部部长刘美和在新媒体中心成立仪式上讲话

2017年10月27日，县委常委、纪委书记谭伟生深入镇村宣讲中共十九大精神

2017年7月14日，县委常委、统战部部长刘奇伟参加两岸交流活动

2017年2月24日，县委常委、政法委书记张德云到南洲镇督查信访维稳“百日攻坚”工作

2017年8月23日，县委常委、县人武部部长易运华进行新兵役前训练教育动员

2017年10月2日，县委常委、常务副县长武挪强到南洲镇检查“双节”期间综治维稳和安全生产工作

2017年3月25日，县委常委、县委办主任刘辉到渌口镇指导基层党组织换届选举工作

2017年12月18日，县委常委、组织部部长谭成华到渌口镇调研党建工作

2017年5月3日，县人大常委会副主任郭兴龙到县教育局检查《中华人民共和国义务教育法》贯彻落实情况

2017年4月26日，县政务中心召开迎接人大专项工作评议动员会。县人大常委会副主任何沙到会指导

2017年8月2日，县人大常委会副主任李桂香到淦田镇官塘村走访慰问贫困户

2017年8月21日，县人大常委会副主任张国雄现场调度征地拆迁工作

2017年3月17日，县人大常委会副主任唐定文到南洲镇调研财税工作

2017年11月10日，
副县长晏永辉调度东城大道项目建设

2017年10月20日，
副县长于大平在淦田镇开展扶贫工作

2017年5月12日，
副县长、公安局局长黄团结督导安全工作

2017年12月31日，副县长郭海滨到邮储银行调研

2017年10月6日，副县长吴宏亮督查危房改造和土坯房整治攻坚工作

2017年11月15日，副县长漆帅花到龙潭镇督查健康、教育扶贫和文化创建工作

2017年5月15日，副县长刘行国督查水上交通安全生产工作

2017年1月23日，县政协副主席李文亮到渌口镇开展春节慰问活动

2017年12月5日，张家界市总工会一行到县考察工会工作。县政协副主席瞿梅陪同考察

2017年5月15日，县政协副主席陈代陆到企业帮扶联系点株洲湘渌米业有限责任公司调研

2017年6月15日，县政协副主席邓霞云到县民政局调研养老服务质量建设情况

2017年3月14日，县政协副主席齐满珍到古岳峰镇白壁村调研

2017年2月12日，全县三级干部大会召开

2017年2月14日，县第十二届人民代表大会第二次会议开幕

2017年8月1日，县委十届四次全体扩大会议召开

2017年6月13日，株洲市“一户一产业工人”培养工程工作推进会在县城召开

2017年1月25日，县十二届人民政府召开第一次全体（扩大）会议

2017年2月13日，政协株洲县第九届委员会第二次全体会议开幕

2017年9月8日，株洲县第33个教师节暨尊师重教大会召开

2017年10月31日，株洲市提升高中教育教学质量建设会议在县城召开

2017年11月7日，全县脱贫攻坚大会召开

2017年11月8日，全县基层党建工作推进会召开

2017年11月24日，株洲县召开学习贯彻中共十九大精神市委宣讲团报告会暨县委理论学习中心组集中（扩大）学习会

2017年12月8日，县第九次妇女代表大会开幕

2017年12月22日，市政府法制工作务虚会在县城召开

2017年12月28日，县委经济工作务虚会议召开

2017年全县政法工作会议召开

2017年全县武装工作暨县人武部党委扩大会议召开

2017年10月19日，县委书记罗绍昀到龙潭镇看望慰问贫困户

2017年10月17日，县爱心联盟举行授牌仪式

2017年12月18日，县委副书记、县长刘克胤看望贫困群众

2017年11月20日，龙门镇花冲村易地扶贫搬迁户喜搬新家

2107年8月25日，株洲市驻村帮扶工作队在朱亭镇政花村扶贫纪实

2017年9月15日，县委副书记朱江与贫困群众交谈

县产业扶贫——农产品加工业

县产业扶贫——蛋加工业

县卫生扶贫——签约医生上门进行医疗卫生服务

2017年6月13日，全县举办电商扶贫培训班

2017年6月7日，全县扶贫工作现场推进会在龙潭镇召开

2017年3月21日，株洲渌口大桥通车暨龙洲路开工仪式举行

2017年3月6日，株洲县新媒体中心揭牌

2017年4月11日，株洲渌湘投资发展集团有限公司正式挂牌

2017年1月4日，株洲县举办杨得志将军诞辰106周年纪念活动

2017年9月7日，株洲县非物质文化遗产传承示范基地在松西子社区田园山庄挂牌

2017年3月9日，株洲县首批标准化客渡船登记领证

2017年12月26日，株洲珠江农商银行开业

2017年1月3日，湖南省株洲市第三次全国农业普查入户登记启动仪式在南洲镇举行

2017年3月7日，株洲县“春风行动走进贫困村”就业扶贫专场招聘会举行

2017年6月13日，株洲市“一户一产业工人”培养工程工作推进会在株洲县召开

2017年3月22日，中共株洲县委巡察办、中共株洲县委巡察工作领导小组挂牌

2017年6月8日，县中小企业公共服务平台启动仪式暨县域经济专板服务对接大会举行

2017年8月16日，株洲县召开政银企对接会现场签约超16亿元

2017年2月24日，县客运车辆全部接入省监管平台

2017年5月8日，县职工健身中心揭牌

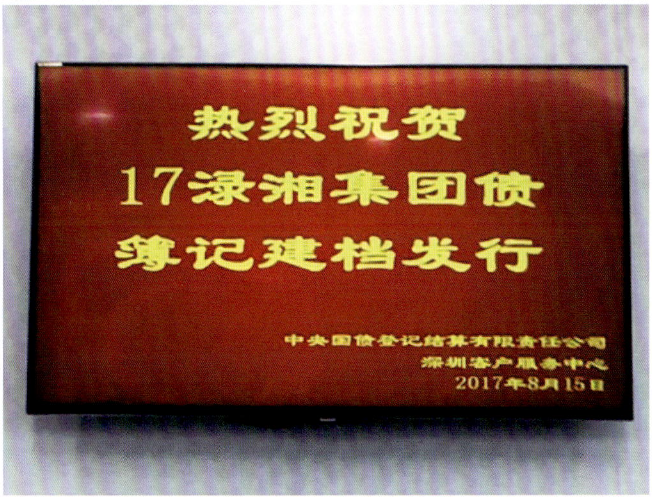

2017年8月15日，株洲渌湘投资发展集团有限公司2017年企业债券发行

2017年3月8—18日，株洲县“花香春韵松西子”油菜花文化节举行

2017年9月7日，世界自然基金会一行参观株洲县珍贵树种万亩示范基地

2017年9月15日，株洲县“一县一品”全网营销活动在长沙启动

2017年9月23日，株洲县通过全省农村集体土地所有权确权登记发证验收

2017年9月30日，株洲县颁发不动产林权首证

2017年8月24日，湖南股权交易所株洲县经济专板正式开通，首批50家企业集体挂牌

2017年9月12日，县在深圳产业对接暨市情推介会上签约两个亿元项目

2017年9月14日，亿杰电子科技产业园举行开工仪式

2017年10月17日，全县“扶贫济困、践行友善”募捐活动举行

2017年12月28日，湘江流域（县段）东岸综合治理项目开工建设

2017年10月27日，渌枫大道项目推进会召开

2017年11月14日，京广铁路沿线园林风貌规划及绿地设计通过专家评审

2017年5月，中车株洲时代新材芳纶材料产业化项目举行签约仪式

2017年12月11日，株洲市农村土地确权首证颁发仪式在南洲镇大观村举行

2017年12月19日，孝基金理事长杨怀保到县海福祥养老护理院视察

2017年12月19日，株洲县首批林业碳汇项目正式签约

2017年12月20日，国家重点项目潜江至韶关输气管道工程线路四标段举行开工仪式

2017年3月23日，株洲县举办第二届小学足球基本功比赛

2017年6月10日，株洲县“文化月月乐”活动“三湘蒲公英”专场落幕

2017年7月26日，株洲县举行“欢乐潇湘·幸福渌湘”大型群众文艺汇演决赛

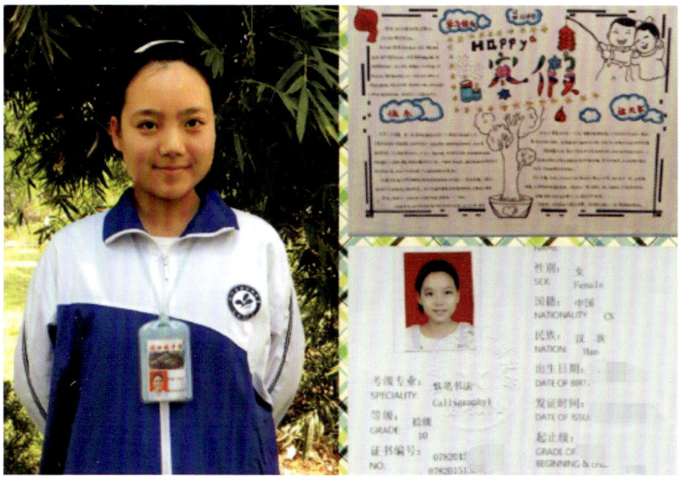

2017年2月11日，渌口镇中学八年级学生刘诗哲荣获全国“最美中学生”称号

2017年9月20日，株洲县体育月月赛“渌湘集团杯”篮球赛开幕

2017年9至10月上旬，株洲县图书馆开展“书香株洲·红星闪闪耀童心活动”图为初赛现场

2017年9月19日，气象专家向师生讲授气象观测和记录方法

新材料新工艺　水厂焕发新生机

2017年度株洲县省级贫困村农村饮水安全工程项目——龙门镇花冲村集中供水工程

凤凰山风力发电项目

特载

不懈奋斗　狠抓落实
在开启基本现代化新征程中展现新作为

——2018 年 3 月 3 日在全县三级干部大会暨产业项目建设年工作动员会上的讲话

县委书记　罗绍昀

同志们：

今天的会议，主要目的是总结 2017 年工作，表彰先进，动员全县上下贯彻县委十届五次全会暨县委经济工作会议精神，不懈奋斗、狠抓落实，在开启基本现代化新征程中展现新作为。下面，我讲三点意见。

一、回顾奋斗历程，总结工作成绩

习近平总书记在 2018 年新年贺词中指出，幸福都是奋斗出来的。回顾 2017 年的工作，我们深刻感受到，只有奋斗，才能战胜一切困难挑战，收获发展成果，创造美好生活。一年来，面对错综复杂的经济形势和诸多挑战，县委团结带领全县上下激情干事、务实担当，推动改革发展稳定和党的建设各项事业取得了长足进步，株洲县的发展迈上了新台阶。

多项工作出新出彩。一年来，我们以学习宣传贯彻中共十九大精神为主线，抓重点、补短板、促全局，推动各项工作取得丰硕成果。社会治安综合治理、计划生育继续获评省先进，综治民调总成绩继续保持全市第一，基层党建述职测评列全市第一，多项工作做出了成绩、打造了亮点、树立了标杆，得到了上级和群众的高度评价。这一年，我们战胜了历史罕见的洪涝灾害，确保了湘渌两江河堤安全，未垮一库一堤，无一人因灾伤亡，也没有因为工作原因造成灾害损失，被评为全省抗洪救灾先进集体。面对高标准、严要求的中央环保督察，我们动真碰硬，对 7 批 17 件交办件实行全程跟踪、办结销号，一大批环保问题得到有效解决，生态环境明显改善。强力推进第二轮征地拆迁“百日攻坚”行动，两次攻坚行动开展以来共签订协议 1462 户，拆除房屋 1251 栋，征地 9100 亩，29 个项目实现清零，为项目建设提供了坚实的用地保障。不断夯实基层基础工作，投入 1 个多亿抓基层党建，村级运转经费达到村均 21.2 万元/年，新建、改扩建和维修 139 个村级服务平台，启动 6 个镇周转房建设。

发展实力更加强劲。一年来，我们克服各种不利因素，全力稳增长、保投资、补短板，经济社会发展呈现出又好又快的良好势头。全年实现GDP140.9亿元，同比增长8%；一般公共预算收入14.4亿元，增长9.8%，税比66%；固定资产投资120.3亿元，增长14.6%，多项主要经济指标增速位居五县市前列。扎实开展“项目攻坚年”“企业帮扶年”活动，产业发展后劲增强，项目建设全面提速，渌口大桥、亚胺薄膜一期等重点工程相继建成，一大批基础设施和产业项目取得重大突破。通过一年多来大规模的征地拆迁、大手笔的项目建设、大力度的招商引资，加速融城的基础更加夯实，加快发展的动力更加强劲。

干群关系更加紧密。一年来，我们始终践行以人民为中心的发展思想，大力推进“十大民生实事”“民生100工程”，各项民生支出达到15.6亿元，连续多年占财政支出的70%以上。以决胜冲刺的姿态推进脱贫攻坚，县级扶贫专项资金增长159%，推出了“最美扶贫笑脸”、社会扶贫“三个一”等创新举措，健康扶贫、就业扶贫、危旧土坯房整治等多项工作成为全市先进典型。全年完成减贫550户1803人，10个贫困村全部退出，贫困发生率下降至1.48%，顺利通过省市考核验收，实现全县整体脱贫。城区学位扩容、教师周转房建设、中医院改扩建工程等一大批民生项目相继实施，教育、医疗、文化、养老、就业、收入、居住、环境等方面的民生问题得到有效解决，群众的获得感、幸福感不断增强，对我们工作的满意度、信任度明显提升，党群干群关系进一步密切。

干事氛围更加浓厚。一年来，我们深入推进全面从严治党，切实加强党的政治建设、思想建设、组织建设、作风建设和纪律建设，深入推进反腐败斗争，党的建设水平不断提高。坚持以共同的事业凝聚团结、以民主的方式增进团结、以包容的姿态维护团结，形成了真正团结、真心团结的良好局面。倡导分工不分家，县委既全面加强对县人大、县政府、县政协和法检两院的领导，又全力支持他们履行职能、开展工作，在作出重大决策前，充分听取县人大、县政府、县政协的意见建议，同时向民主党派、工商联、人民团体、无党派人士征求意见，精诚团结、共谋发展的氛围日益浓厚。在县委的坚强领导和示范带动下，干部法纪观念和规矩意识不断增强，干部作风和社会风气不断好转，营造了山清水秀的政治生态。

这些成绩的取得，是市委、市政府坚强领导的结果，也是社会各界鼎力支持的结果，更是全县干群努力拼搏、不懈奋斗的结果。在此，我代表县委、县人大、县政府、县政协、县人武部，向奋斗在全县经济社会发展各条战线的同志们致以崇高的敬意，向受到表彰的模范集体和先进个人表示热烈的祝贺，向长期以来关心支持株洲县发展的社会各界人士表示衷心的感谢！

二、坚定奋斗目标，突出工作重点

一切过往，皆为序章；事业未竟，奋斗不止。2018年是贯彻落实中共十九大精神的开局之年，也是加速融城、加快发展的关键之年。前不久召开的县委十届五次全会暨县委经济工作会议，明确了今年的工作思路，接下来，就是要围绕既定思路不懈奋斗、狠抓落实。全县上下务必统一思想、统一步调，深入学习贯彻中共十九大精神，以习近平新时代中国特色社会主义思想为指导，坚持稳中求进、进中求好的总基调，坚持新发展理念，紧扣社会主要矛盾变化，按照高质量发展的要求，以供给侧结构性改革为主线，以“产业项目建设年”活动为抓手，抢抓撤县设区机遇，加速融城、加快发展，统筹做好稳增长、促改革、调结构、惠民生、防风险各项工作，突出抓好产业培育、乡村振兴、项目攻坚、融城建设、民生改善、改革创新、党的建设等重点工作，奋力建设更高水平的全面小康社会，开启基本现代化新征程。对今年工作，县委十届五次全会已经作了全面部署，大家务必按照全会要求抓好贯彻落实，今天，我再着重强调三个方面的重点工作。

1. 实施乡村振兴战略。株洲县有广阔的农村地区，农村既是我们加快发展的短板所在，也是机遇和潜力所在。要借势中央实施乡村振兴战略这股强劲东风，按照产业兴旺、生态宜居、乡风文明、治理有效、生活富裕的总要求，加快推进农业农村现代化，谱写新时代乡村全面振兴新篇章。

第一，要突出重点，解决好抓什么的问题。以全域美丽乡村建设为统揽，深入推进农村建房管控、环境卫生整治、基础设施完善、农业产业发展、村风民风整治等重点工作，切实解决当前农业农村发展中最突出最紧迫的问题。一要加强农村建房管控。严格执行《株洲市农村村庄规划建设管理条例》，加强乡村规划编制，划定生产、生活、生态空间，构建重要景点、重要农业点、村庄居民点空间体系，把规划落实到每一寸土地上。严格农村建房审批程序，按照“一户一宅、一村一图”的原则，引导农民集中建房，统一外貌风格，严控用地面积，大力整治私搭乱建，使农村住房布局有序、风貌独特、和谐美丽。继续推进农村危旧土坯房集中整治，全面完成整治任务，特别是影响村容村貌、存在安全隐患的空心破败房、废弃闲杂屋要坚决拆除、全面清零。县委、县政府成立了农村村庄规划建设管理工作领导小组，各镇也要成立规划建设管理委员会，因地制宜制订工作方案，编制村庄规划，配备专职人员，从规划编制、建房审批、施工管理、竣工验收等各个环节加强监督管理。各村要配备村级建房管理人员，做好建设过程中的技术指导、日常巡查上报及协助监管等工作。规范农村建房是一项系统工程、长期工程，需要多年甚至是几代人的努力，要有功成不必在我的理念，常抓不懈、长管长严，直至形成共识、风化俗成。二要开展农村环境综合整治。加强农村主干道和公共区域卫生管理，落实农户“三包”制度，大力整治乱丢扔、乱摆卖、乱搭建、乱张贴、乱堆放、乱停放“六乱”行为，确保农村道路可视范围和房前屋后没有垃圾。加强农村集市管理，通过扩容、新建、“农改超”等方法解决“马路市场”无序经营问题。加大农村污水处理设施建设力度，推进改水改厕，开展畜禽养殖污染排放专项治理，坚决杜绝任何畜禽污染物直排。实施农村绿化工程，抓好辖区内道路两边、水系岸边、农户屋边“三边”绿化工作，大力倡导农户“见缝插绿、拆围透绿、拆旧建绿”，鼓励有条件的村镇推行庭院花果化、道路林荫化、镇村园林化，保护好绿水青山和清新清净的田园风光。要加大对各责任部门和镇村的考核力度，实行每月考核排名，严格落实奖惩制度，进一步压紧压实工作责任。三要完善基础设施和公共服务。加大农村危房改造力度，让困难群众享受更加安全、更加舒适的居住条件。进一步完善水利、电力、公路、通讯等基础设施建设，切实改善农村生产生活条件。特别要针对去年洪涝灾害中暴露出来的水利设施短板，加大修建力度，提升防灾抗灾能力。推进优质教育、医疗、文化等公共服务资源向农村延伸，逐步消除政策上的差异，缩小标准上的差距，让农村居民享受更加公平的公共服务。四要大力发展农业产业。加快建设农业产业体系、生产体系和经营体系，推进粮经饲统筹、农牧渔结合、种养加一体，促进农村三次产业深度融合发展。深入推进种植结构调整，以市场需求为导向，依托各地资源优势，发展特色种养，确保农产品“种得出、卖得了、有效益、可持续”。加快并规范农村土地流转，积极发展多种形式适度规模经营。支持龙头企业、种养大户做大做强，提升品质、塑造品牌，鼓励引导农户加盟合作，起到“做强一个、带动一片”的作用。优化农业从业者结构，开展各类农民技能培训，加快建设知识型、技能型、创新型农业经营者队伍，促进农村劳动力转移就业和农民增收。实施“全域旅游”计划，充分挖掘生态资源、人文资源，传承保护民俗风情、民间艺术，大力推介地方美食、乡间美味，包装打造一批乡村旅游景点和高档休闲农庄。五要淳化村风民风。大力开展移风易俗行动，遏制大操大办、厚葬薄养、人情攀比等陈规陋习。丰富农民群众精神文化生活，加强无神论宣传教育，抵制封建迷信活动，不断提高乡村社会文明程度。健全自治、法治、德治相结合的乡村治理体系，进一步推行“村规民约”，广泛开展文明村镇、星级文明户、文明家庭等群众性精神文明创建活动，确保乡村社会充满活力、和谐有序。推进反腐败斗争向基层延伸，大力开展“拍蝇”行动，严肃查处侵犯农民利益的“微腐败”。要把村风整治与“扫黑除恶”专项斗争结合起来，重拳打击群众深恶痛绝的“村霸”和黑恶势力，大力惩治聚众赌博、吸毒、地下六合彩、“两抢一盗”等违法行为。

第二，要注重方法，解决好怎么抓的问题。实施乡村振兴战略，是党中央立足新时代作出的新部署，没有老路可走，没有经验可循，必须有前瞻的思维和先进的理念，确保取得实实在在的成效。一要突出改革创新。坚持质量第一、效率优先，深入推进农业供给侧结构性改革，推动农业由增产导向转向提质导向，实现更高质量发展。加强顶层设计，大力推进涉农领域改革，坚决破除不合时宜的体制机制障碍，让各项工作效率更高、效果更好。要建立健全村庄建管机制、监督机制、评价考核机制，特别是环境卫生整治、污水处理、安全饮水等工作，要坚持先建机制、后建工程，确保各类设施建成并长期稳定运行。加大涉农资金整合力度，实现涉农项目统筹谋划，涉农资金统一管理，防止“撒胡椒面”，让零钱整用、小钱大用，集中力量办大事。二要注重塑造特色。实施乡村振兴战略，千篇一律不行，照搬照抄更不行，必须实事求是、因地制宜、因势利导。各镇村要理清思路、精准定位，结合地域特色和资源优势，找对贴合本地实际的路子，找准适宜本土发展的产业，宜农则农、宜游则游，按照“一镇一特色”“一村一品”的要求，实行差异化、特色化发展。要敢闯敢冒、先行先试，鼓励试点探索，力求形成一批可借鉴、可复制、可推广的经验，通过典型引路、以点带面，提升整体工作水平。要加大传统村落民居保护力度，弘扬农耕文化，留住乡土气息，留住浓浓乡愁。三要尊重群众意愿。把维护农民群众根本利益、提升农村生活品质作为实施乡村振兴战略的出发点和落脚点，广泛征求群众意见，充分尊重群众意愿，把群众所盼变成我们所为，把群众所悟变成我们所获。要加强调查研究，摸清吃透基层情况，拿出既接天线、又接地气的方案，做出上级肯定、群众认可的成绩。特别是在规范农村建房等工作中，要广泛宣传动员，充分发扬民主，充分尊重群众，把更多的话语权下放基层，把更多的选择权留给群众，寻求最大公约数。要坚持依法依规办事，公平公正处事，坚持一视同仁，一把尺子量到底，坚决杜绝“开口子”“走后门”等现象，以严格的执行捍卫制度权威，以严明的纪律赢得群众信任。

第三，要汇聚力量，解决好谁来抓的问题。乡村振兴战略是一项系统工程，必须系统思考、系统谋划、系统实施，凝聚强大工作合力。一要强化工作联动。各级各部门要牢固树立“四个意识”，坚持把“三农”工作摆在重中之重的位置，在干部配备上优先考虑，在要素配置上优先满足，在财力投放上优先保障。要深入调研、统筹谋划，制定出台美丽乡村建设、农村环境综合整治、村庄规划建设管理、涉农资金整合等各项工作方案和实施细则，并按照要求抓推进、抓落实。要统一思想、统一步调，既各负其责，又通力协作，坚决杜绝推诿扯皮、敷衍塞责等现象，努力营造齐抓共管、齐心协力的生动局面。二要发挥镇村作用。各镇要把乡村振兴作为当前和今后一个时期最重要的中心工作，深入思考、细化举措，发展什么产业、策划什么项目、资金从哪里来，都要装好盘子、拿出计划。村级党组织要发挥战斗堡垒作用，特别是党组织书记要发挥“头雁效应”，带动群众艰苦创业，用奋斗创造美好生活。要推动全面从严治党向基层延伸，持续整顿软弱涣散党组织，加大基础保障力度，确保基层党组织有人管事、有钱办事、有场所议事、有制度理事。三要引导社会参与。要巧借市场之手，鼓励社会资本参与农村产业发展和基础设施建设，实现多个渠道融资、多种方式运作，为乡村振兴引来源头活水，最大限度减轻财政负担。要坚持农民主体地位，充分发挥他们在乡村振兴中的主体作用，引导他们树立“自力更生、共建共享”的理念，调动他们的积极性、主动性、创造性，自觉参与美好家园建设。

2. 开展“产业项目建设年”活动。“产业项目建设年”是“项目攻坚年”和“企业帮扶年”的延续和升级版，省市对这项工作抓得紧、看得重，作出了明确部署。要认真落实省市工作要求，扎实开展项目攻坚、规划引领、园区升级、设施配套、环境优化“五大行动”，以更大的招引力度、更优的发展环境、更活的工作机制，推动产业发展扩容增量、提质增效。

第一，要实现项目争引大突破。把更多的时间和精力放到谋项目、引项目、争项目上来，切实解决项目不多不优的问题。一方面，要强化招商引项目。围绕株洲市主导产业配套区的定位，积极对接沿海地区和长株潭产业转移，积极对接国际国内和行业“500强”企业，力争引进一批大项目、好项目。依托现有产业基础，开展补链、强链、延链招商，重点发展新材料、高端装备制造等产业，壮大产业集群，加快形成“一主一特”的产业格局。创新“广撒网”和精准招商相结合的招商方法，加大对外宣传力度，通过中介机构、职业招商公司等延伸招商“手臂”，开发招商资源。大力开展“乡情招商”，引老乡、回故乡、建家乡，以乡情乡愁为桥梁纽带，成立、发展一批异地商会，充分挖掘好在外成功人士的招商人脉优势。另一方面，要强化对接争项目。在抓好产业项目招引的同时，全力策划、争取一批基础设施和民生项目，实现各类项目建设全面播种、次第开花。突出项目包装策划的前瞻性，扎实做好项目建设前期准备工作，不断充实重点项目储备库、滚动库、实施库，形成梯次推进格局和良性循环机制。保持敏锐的机遇嗅觉，精准把握国家、省、市项目投资动向，加强政策梳理和研究，积极跑“市”进“省”，想方设法争取更多的项目和资金，着力增强项目接续能力和发展后劲。

第二，要实现发展环境大改善。抓招商引资和项目建设，比的是承载能力，比的是发展环境，比的是干部作风。要坚持硬环境与软环境双管齐下，打造产业项目建设适宜气候和良好环境。要注重“筑巢引凤”，强化硬支撑。大力推进设施配套行动，重点在园区升级、交通畅通、县城提质等方面下功夫，提升城市对产业项目的承载力和吸引力。提质南洲新区整体规划，优化园区空间布局，进一步完善水、电、路、气、污水处理等基础设施，提升新区整体实力。坚持产城融合，重点开发南洲生态新城，完善新区生活配套设施，将更多的城市功能向新区延伸，让企业和人才愿意来、留得住、发展好。加快建设渌枫大道、湘江流域（株洲县段）东岸综合治理、渌水二桥等骨干道路建设，搭建融城发展“大动脉”，切实解决交通拥堵、出行不便的问题，真正让区位优势变成发展胜势。开展旧城提质行动，推进棚户区、老旧小区改造，实施城市绿化、亮化、美化工程，让市民开窗见绿、出门见景。加强交通治理、道路养护、环卫保洁等工作，努力营造干净、舒适、健康的生活环境。要注重“放水养鱼”，优化软环境。深化“一门式”“最多跑一次”政务服务改革，建立项目审批“代办服务”机制，为企业提供“保姆式”服务。大力推行网上政务，加快“智慧渌口”建设，尽快实现平台上线运行。按照“机制不变、队伍不散、工作不断、力度不减”的要求，继续开展企业帮扶活动，构建“亲”“清”新型政商关系，做到“不叫不到、随叫随到、服务周到”，让企业安心经营、放心发展。人人都是环境，个个代表形象，要像保护生命一样保护发展环境，坚决打击破坏发展环境、阻碍产业发展的人和事，以良好的环境擦亮招商名片，提升对外形象。

第三，要实现项目推进大提速。坚持一切围着项目转，一切围绕项目干，按下项目建设“快捷键”，跑出经济发展“加速度”。一要强化责任落实。严格执行县级领导联系服务项目工作机制，各联点领导要责任上肩、靠前指挥，一线分解任务、一线解决问题。各有关单位要敢于担当、主动服务，决不能遇到困难就绕道，一有矛盾就上交，特别是涉及规划、土地、环保等方面的问题，要善于找准上级政策与自身实际的最佳结合点，加强向上对接，争取最大支持，千方百计确保项目早日开工建设、早日建成达效。二要强化要素保障。坚持劲头不松、力度不减，继续推进征地拆迁攻坚行动，大力开展“集中清零行动”，科学规划征拆时序，足额保障重点项目供地。保持拆违控违的高压态势，严控增量，减少存量。加大土地报批力度，用好用活土地增减挂钩政策，为产业项目建设提供坚实用地保障。加强政银企合作，发展壮大续贷转贷帮扶基金，为那些发展前景好、成长空间大、但暂时存在资金困难的企业提供支持，帮助他们渡过难关。政府平台公司要牢固树立市场理念，提高管理水平，提升经营效益。要着力解决新形势下融资难的问题，坚持“多条腿走路”，积极向上争、向银行贷、向社会融，通过科学融资、合理举债，为项目建设提供资金支持。三要强化督促调度。全面推行“一单四制”，对每个重点项目制定任务书、时间表和路线图，实行挂图作战，根据项目进度，实时更新挂图作战表，实现实时调度和节点预警。对节点任务完成滞后的项目，要列出问题清单，实行问题交办制、台账制、销号制、通报制，确保问题及时解决、项目有序推进。要加强督查，以目标倒逼进度、以督查倒逼落实。要加强考核，强化结果运用，将项目建设成效与面子、票子、位子挂钩，最大限度激发干部抓产业、抓项目的积极性。

3. 致力改善民生。坚持以人民为中心的发展思想，千方百计保障和改善民生，不断满足人民日益增长的美好生活需要。一要打好脱贫攻坚战。深入贯彻中央和上级扶贫工作会议精神，以巩固脱贫成果、提升脱贫质量为核心，按照“帮扶关系不变、工作力度不松、政策支持不减”的原则，持续提升贫困村、贫困户增收致富能力。以“七个一批”“六大工程”为总抓手，尽锐出战，精准施策，补短板、强弱项，强化政策落实，夯实脱贫基础。要抓住产业扶贫这一关键，鼓励引导龙头企业和新型经营主体参与产业扶贫，想方设法带动贫困户增收致富。进一步优化驻村帮扶和结对帮扶，统筹推进贫困村与非贫困村的均衡发展，重点抓好12个贫困村、10个重点推进村和13个重点指导村的帮扶。要把扶贫和扶志、扶智结合起来，大力推进贫困群众“智志”双扶工程，强化就业培训，引导激励贫困群众自力更生，不断增强脱贫内生动力。要进一步凝聚各方合力，浓厚攻坚氛围，确保全面完成省定减贫任务，奋力夺取脱贫攻坚的新胜利。二要发展民生事业。始终把群众所需所盼作为工作的出发点和落脚点，切实解决群众最迫切的民生问题。实行最严格的环境保护制度，打好污染防治攻坚战，深入推进湘渌江保护与治理，铁腕整治扬尘、油烟、黄标车等群众反映强烈的环保问题。要把教育放在优先发展的位置，推进基础教育综合改革，抓好质量提升各项工作，努力打造“名校工程、名师工程、名校长工程”，办人民满意的教育。落实“健康中国”战略，提升城乡公共医疗卫生服务水平，做好重大疾病防控，普及健康生活，建设健康环境，发展健康产业。加快公共文化设施建设，广泛开展各类群众文体活动，丰富文化底蕴，提升文化实力。认真解决群众关心的收入、社保、养老、居住等民生问题，推动各项民生事业全面发展。三要维护社会和谐稳定。畅通信访渠道，加强源头治理，加大历史遗留信访突出问题化解力度，消化存量，遏制增量。切实抓好安全生产工作，加强重点行业领域监管，坚决防止各类安全生产事故发生。强化食品药品安全源头治理和全程监管，确保人民群众“舌尖上的安全”。深化平安建设，健全完善公共安全体系，加强社会治安综合治理，努力营造安居乐业的良好环境。深入开展“扫黑除恶”专项斗争，既突出抓农村、又兼顾抓城市，既抓涉黑组织、又抓后面的保护伞。要重点打击把持基层政权、操纵破坏基层换届选举、垄断农村资源、侵吞集体资产；利用家族宗族势力横行乡里、称霸一方、欺压百姓；在征地、租地、拆迁、工程项目建设等过程中煽动群众闹事；组织策划群众非法集访；强揽工程、恶意竞标、非法占地、滥开滥采；欺行霸市、强买强卖、收保护费；操纵经营黄赌毒、非法高利放贷、暴力讨债、插手民间纠纷等各类黑恶势力，迅速形成扫黑除恶的压倒性态势。四要密切党群干群关系。开展“网格走亲、党群同心”大走访活动，建立联系和服务群众的长效机制，提升网格化服务管理水平，打通服务群众的最后一公里。要带着感情走，树立公仆意识，从内心深处把群众当亲人、把诉求当家事，将县委常委联镇、县级领导联片、单位联村（社区）、党员干部联户的四级服务网格覆盖全县每一块土地，覆盖全县每家每户，实现服务群众“零距离”。要明确任务走，重点做好宣讲党的政策、调查研究、及时排忧解难、助推经济发展、弘扬文明乡风、文明创建、环境整治、应急处置等8个方面的工作，公开“您有困难找我们、您要咨询政策找我们、您需要代办服务找我们”的服务承诺，真正把惠民政策宣传到千家万户，把工作部署落实到神经末梢，把问题诉求解决在田间地头，把矛盾纠纷化解在萌芽状态。要坚持经常走，每位联户党员干部每月进村入户不少于1次，走访联系户全年不少于6次，杜绝“做样子”“走过场”，让基层群众经常看得到党员干部的身影，感受得到党委政府的真情，真正做到“脚上多沾泥土，心中多攒真情”。要强化问题收集和化解，建立工作台账，定期研究调度，分层分类解决。联点的县级领导干部要率先垂范，带头落实走访要求。村级党组织要充分发挥党员作用，增强广大党员的宗旨意识和服务意识，加强对非重点户的联系，确保网格走亲覆盖每家每户。

三、发扬奋斗精神，狠抓工作落实

习近平总书记指出，“新时代是奋斗者的时代”。在开启基本现代化新征程中，需要我们每一个人发扬奋斗精神，吹响奋斗号角，担起奋斗责任，让不懈奋斗在株洲县蔚然成风，让狠抓落实成为工作主旋律。

奋斗，必须要锤炼坚强党性。艰苦奋斗是党的优良传统，也是共产党人的政治本色。有坚强的党性，才会有精神支柱和力量源泉，才会有如山定力和似火激情。一要旗帜鲜明讲政治。政治问题是管根本的大问题，只有把方向摆正，才能沿着正确的道路奋斗下去。要牢固树立“四个意识”，坚定“四个自信”，坚决维护党中央权威和集中统一领导，坚决维护习近平总书记在党中央、全党的核心地位，坚定执行党的政治路线，严格遵守党的政治纪律和政治规矩，在政治立场、政治方向、政治原则、政治道路上同党中央保持高度一致。要认真贯彻中央、省、市决策部署，不讲条件、不打折扣、不搞变通，确保上级各项决策部署在株洲县落地见效。二要为民服务讲宗旨。坚持以人民为中心的发展思想，把人民放在心中最高位置，始终把为民履职、为民用权作为干事创业的座右铭。要以造福人民为最大政绩，时刻想着百姓的“急难愁盼”，抓住群众的“柴米油盐”。要把脚步跨入群众门槛，以真情走进群众心坎，及时反映好人民群众的心声和诉求，千方百计推进问题的解决，努力让人民群众的“呼声”变成“掌声”、“民意”变成“满意”。三要履职尽责讲奉献。习近平总书记指出，“奋斗是曲折的，‘为有牺牲多壮志，敢教日月换新天’，要奋斗就会有牺牲，我们要始终发扬大无畏精神和无私奉献精神”。广大党员干部要甘于奉献、乐于奉献，以只争朝夕、寝食难安的紧迫感，夙夜在公，勤勉工作，全身心投入，高标准履职，不折不扣地完成县委交办的各项任务。要甘做时代的“微尘”，以满腔热情做好每一件小事、每一项工作，在每一个工作岗位上默默坚守、发光发热。

奋斗，必须要练就过硬本领。绳短不能汲深井，浅水难以负大舟。面对复杂多变的工作新形势，我们必须一刻不停地补足能力上的短板、克服本领上的不足，不断掌握新知识、熟悉新领域、开拓新视野。一要加强学习。能力不会从天上掉下来，学习永远在路上，唯有广泛学习才是克服本领恐慌的最佳途径。要砥砺“吾生也有涯，而知无涯”的学习态度，永葆“入山问樵，入水问渔”的求知精神，既要主动学文件法规、学会议精神，也要深入学业务知识、学管理技能，提升各方面的工作能力。

要大兴调查研究之风，深入开展“抓重点、补短板、强弱项”大调研活动，多到基层了解情况，多听群众肺腑之言，不断增强解决问题、破解难题的本领。二要创新方法。不尝试就检验不了对错，也辨别不了好坏，更探索不了道路。要坚决摒弃“守”的观念、“怕”的心理，把创新精神贯穿工作始终，敢于突破传统，不满足现状，敢于大胆尝试，不安于平庸。只要不违背法律法规，只要不违背上级精神，都可以大胆创新，积极探索，特别是对乡村振兴、产业培育、项目建设、信访维稳等重点难点问题，一定要寻找新思路、拿出新举措、开拓新局面。要善于学习借鉴外地典型经验和有益探索，打开眼界、启迪思维，采他山之石以攻玉，纳百家之长以厚己。三要注重效果。大力弘扬“工匠精神”和“钉钉子”精神，以追求卓越的目标去谋事，以精益求精的心态去做事，坚决摒弃“差不多、过得去”的消极思想，对每一项工作都坚持高标准、高质量、高效率，积小胜为大成，积跬步至千里。

奋斗，必须要敢于拼搏担当。习近平总书记指出，大事难事看担当，顺境逆境看襟度。广大党员干部要敢于担当、善于担当，以昂扬向上的姿态，主动担负起加快发展的历史使命。一要有“敢为人先”的勇气。勇立潮头、敢为人先，不是无知者无畏，而是有志者有为。面对发展机遇，时间等不得，定位低不得，标准降不得，要始终保持奋勇争先的自我要求，以“先行”的意识、“标尖”的定位、“争先”的作为，咬定目标、实干担当、攻坚克难。既要立足自身实际，又要跳出株洲县看株洲县，站在全市乃至全省的发展大格局中找准奋斗目标，在大的“参照系”中比学赶超、争先创优。二要有“舍我其谁”的豪气。避事无为平生耻。要敢于负责、敢于担当，困难面前不绕道，问题面前不推诿，风险面前不畏惧，不以任何理由推卸责任，不以任何借口延误工作。当然，主动担当就会有“洗碗效应”，经常洗碗的人难免会偶尔失手打碎几个碗，引来闲言碎语，但县委的导向是明确的，“宁用打碎碗的，不用不洗碗的”，只要大家出于公心，不为私利，不违反党纪国法，县委将旗帜鲜明地保护改革者、鼓励探索者、宽容失败者。为敢于担当者担当，为敢于负责者负责，绝不是一句空头口号。三要有“攻城拔寨”的锐气。要崇尚实干，不驰于空想，不骛于虚声，以真抓的实劲、敢抓的狠劲、善抓的巧劲、常抓的韧劲来抓工作、促落实，真正做到抓铁有痕、踏石留印。要有“等不起”的紧迫感、“慢不得”的危机感、“坐不住”的责任感，发扬马上就办的工作作风，说了就办、定了就干，不干则已、干则必成。特别是对于征地拆迁、项目建设、脱贫攻坚、信访维稳等任务重、战线长的工作，一定要有打“持久战”的意识，常抓不懈，久久为功，不破楼兰终不还、不达目的誓不休。

奋斗，必须要培树清风正气。作风正则人心齐，人心齐则事业兴。有严明的纪律规矩、良好的政治生态，奋斗的激情才能被保护，奋斗的氛围才能更浓厚。一是纪律要严。要认真贯彻落实中央八项规定实施细则精神，驰而不息改作风、纠“四风”，力戒形式主义和官僚主义，重点整治表态多调门高、行动少落实差等突出问题。广大党员干部特别是领导干部，要率先垂范，顾全大局，严格遵守各项纪律制度，不折不扣执行县委的决策部署，坚决克服工作中责任缺位、办事拖拉、推诿扯皮的现象，坚决纠正干部中纪律松散、有章不循、有规不守的问题，以严明纪律促进作风转变、保障工作落实。二是风气要好。没有好风气，就没有好的干事氛围。这两年的征地拆迁工作之所以得到了群众的支持和拥护，就是因为我们动了真格、出了重拳，严惩了干部，维护了公平，真正拆出了正气、拆出了正义。在政治生态上，县委也将旗帜鲜明地匡正风气，坚决反对搞两面派、做两面人，坚决反对自由主义、圈子文化，努力铲除歪风邪气，培树浩然正气。广大党员干部要弘扬忠诚老实、公道正派、实事求是、清正廉洁等价值观，任何时候都做到知敬畏、存戒惧、有底线、守规矩。三是导向要正。这两年，新一届县委坚持正确的用人导向，注重用好“十类干部”，一大批在脱贫攻坚、项目建设、征地拆迁、信访维稳等中心工作中脱颖而出的干部得到了提拔重用。县委将继续坚持正确用人导向，更加突出政治标准，更加注重干部能力、实绩和口碑，在急难险重任务、突发事件处理、县委重大决策部署落实中发现干部、重用干部，真正让那些想干事、能干事、干成事的干部登上舞台、施展才华，让那些不干事、怕干事、干不成事的干部失去市场、无处安身。

“上面千条线，下面一根针”。在座的村书记，你们是农村发展的顶梁柱、稳定的压舱石、致富的带头人，长期以来，你们扎根基层、无怨无悔，艰苦奋斗、默默奉献，为县域发展和农村建设作出突出贡献，县委是充分肯定的，也是十分满意的。步入新时代，呼唤新作为，在开启基本现代化的新征程中，广阔农村应有所为，也大有可为。希望你们砥砺忠诚老实、公道正派的政治品格，发扬艰苦奋斗、奋勇拼搏的工作作风，保持甘于平凡、甘于奉献的胸怀境界，发动带领基层党员群众，积极投身发展事业，为县域经济社会发展做出更大贡献。一直以来，县委对村组织书记高看一眼、厚爱一分，我们将一如既往地支持你们的工作，改善你们的工作条件，努力为你们解决后顾之忧。

同志们，“幸福都是奋斗出来的，奋斗本身就是一种幸福，只有奋斗的人生才称得上幸福的人生”。新时代的号角已经吹响，新征程的目标催人奋进，让我们更加紧密地团结在以习近平总书记为核心的党中央周围，坚持以习近平新时代中国特色社会主义思想为指引，深入学习贯彻中共十九大精神，在省委、市委的坚强领导下，不忘初心、牢记使命，不懈奋斗、狠抓落实，为建设更高水平全面小康社会，开启基本现代化新征程做出新的更大贡献！

株洲县人大常委会工作报告

——2018 年 1 月 13 日在株洲县第十二届人民代表大会第三次会议上的报告

县人大常委会主任　罗禧瑰

各位代表：

我代表株洲县第十二届人民代表大会常务委员会，向大会报告工作，请予审查。

2017 年的主要工作

2017 年，是我县各项事业取得新的重大成就的一年，也是我县人大工作取得显著成绩的一年。在县委的坚强领导下，县人大常委会坚持以习近平新时代中国特色社会主义思想为指引，认真履行各项职权，全年共召开 8 次常委会会议、19 次主任会议，听取审议“一府两院”39 项工作报告，开展视察、执法检查 3 次，作出决议、决定 14 项，发送各类审议意见 7 个，圆满完成了全年各项目标任务。

一、把握正确方向，人大工作成为“一盘棋”

自觉维护县委总揽全局、协调各方的领导核心作用，坚持人大决定与县委决策、法律法规有机统一，人大工作在全县改革发展稳定大局中形成“一盘棋”。

落实第一目标，促进经济社会健康发展。一年来，就全县农村村庄规划建设管理、南洲生态新城建设、财政决算和预算调整等重大事项依法作出决议、决定。审议批准了防洪治理工程政府购买服务、城中村棚户区改造等项目融资议案，支持平台公司融资 16.6 亿元。先后对征地拆迁补偿标准执行情况、交通建设、项目建设、招商引资等工作组织调研或听取汇报，组织代表对重点项目开展视察督查，推动加速融城、加快发展。组织 18 个相关单位召开脱贫攻坚座谈会，听取和审议工作情况，强化责任落实，凝聚扶贫合力。动员各级代表积极参与精准帮扶，全力推进扶贫攻坚。持续关注生态环境保护，深入镇村、社区广泛征求对大气污染防治、农村垃圾处理等意见建议，以环保专项工作评议为切入点，督促生态保护工作落到实处。

牢记第一使命，推动民生持续改善。先后听取和审议我县广播电视发展、贯彻落实《义务教育法》等情况的汇报，对实施新农合和药品零差率、学前教育发展等审议意见的落实进行跟踪督办，开展“三湘农民健康行”“民族团结进步行动”，推进社会各项事业均衡发展。开展农村安全饮水情况调研，推动饮用水工程建设，保障群众饮水安全。把整治农村村庄规划建设管理作为重要监督内容，督促政府职能部门推出农村房屋建设推荐式样。听取移民后扶工作专项汇报，提出移民是不能忘记的群体，要给予政治上的尊重，生活上的关怀，生产工作上的帮助，要让三峡移民有“第二故乡”的归属感、幸福感。对为民办实事项目组织代表进行专题调研和视察，推动政府把好事办好、实事办实。

履行第一职能，维护社会公平正义。作出关于开展“七五”法治宣传教育的决议，督促普及法律知识，弘扬宪法精神，践行法治理念。认真开展《禁毒法》《义务教育法》《种子法》等执法检查，推进依法行政。坚持维护国家法制统一的底线，发挥常委会法律专家咨询组作用，开展6件规范性文件备案审查。深化“司法公正渌湘行”活动，听取县人民政府关于禁毒工作情况汇报，视察公安禁毒工作；作出关于全面推进公益诉讼工作的决议，听取和审议县法院执行工作汇报，组织县人大代表听审评议5起诉讼案件；开展司法监督专项行动，全面掌握司法、执法人员依法履职情况，协调解决公检法司在执法过程中的突出问题。认真做好群众和人大代表来信、来电、来访事项登记、交办、督办、答复等工作，积极引导群众合理表达诉求，促进信访矛盾依法合理解决。

抓好第一支撑，依法开展人事任免和监督。坚持人大依法任免与党管干部有机统一。常委会对县委研究、“一府两院”提请任命的人员，严格实行任前调查、任前法律知识考试、任前履职承诺、颁发任命书、向宪法宣誓等制度，全年任免国家机关工作人员42人次。强化任后监督，定期安排人大任命人员向人大报告工作并形成制度，先后有县公路局、司法局、食药工商质监局、经信科技局和人防办等政府部门一把手、县政府3名副县长报告履职情况，有效增强了被任命干部的法律意识、人大意识、履职意识和为民意识。

重视第一任务，主动参与县委中心工作。按照县委要求，县人大通过写建议、向时任副省长戴道晋和省交通厅长汇报、分团审议发言等渠道，为最终促成沪昆南移线醴娄高速南洲新区互通口的设立做出了努力。根据县委统一安排，常委会领导多次到洁宇日化、华升雪松等企业和项目走访调研，帮助企业解决困难和问题，助推华冉科技实现扩大生产。面对洪灾严峻形势，常委会领导响应县委号令，第一时间到各自联系的镇、村实地指导抗洪救灾。强力推动征地拆迁，第二批储备用地地块三、高家湾储备地等征拆工作顺利推进，县人大办负责的航空大道征拆房全部如期签约和拆除。机关干部与龙门镇果田村开展结对扶贫，效果良好。一年来，无论是项目攻坚、征地拆迁、精准扶贫，还是企业帮扶、联村办点、联系学校、信访包案维稳，常委会领导都能按照县委的要求，主动担当，积极作为，展现出“关键时刻站得出、重难点工作干得好”的“一线”精神。

二、坚持探索创新，人大工作成为“一池活水”

牢牢把握“推动人民代表大会制度与时俱进”的基本要求，着重在创新履职方式、规范履职程序、细化履职标准、提高审议质量等方面务实开拓，积极创新。

理念创新，探索人大工作新境界。贯彻落实中央、省委、市委和县委关于进一步加强县乡人大工作和建设的文件精神，围绕新时代人大工作“做什么、怎么做、靠谁做”开展调研。为确保文件落地见效，常委会坚持“三个导向”：一是坚持以问题为导向，通过专题研究抓落实。二是坚持以需求为导向，观念上实现从“想怎么做就怎么做”的盲目性、主观性、随意性，转变到“要怎么做该怎么做”的法治化、制度化、规范化；力量上实现从主要依靠县镇人大机关，转变到主要依靠县镇人大代表；路径上实现从各自为政互为一方的封闭式，转变到上下联动左右互通的开放式。三是坚持以创新为导向，重点解决县镇人大工作是什么、有什么，贯彻文件为什么、做什么，着力在操作上重视“新”的情况、“并”的情况、“兼”的情况。

方法创新，开创人大工作新局面。对常委会和主任会议审议议题，推行“一次课题研究、一次专项调查、一次民意征集、一次特邀发言”的“四个一”工作法。一是对每个审议议题，在审议之前进行课题立项研究，以此提高审议深度。二是针对一些近期需解决又能解决的重大事项，开展专项调查，研究相应建议，以此提高审议精度。三是对审议的每个议题，每个镇都安排县人大代表在各自选区收集社情民意，由议题对口委办加以分析和合理采纳，以此提高审议广度。四是根据民意征集成果，挑选代表列席会议并做特邀发言，以此提高审议可信度。全年完成综合课题报告13个，专项审议发言26人次，提出问题84个、建议102条。8个镇的183名县人大代表，先后有122名代表按计划参与了13次民意征集活动，共征集到1532名选民的意见建议431条。“四个一”工作法，使审前调查的作用发挥越来越明显，审议发言的氛围越来越浓厚，审议意见的落地也越来越顺畅，得到了各方面的鼓励、肯定和好评。

制度创新，构建人大工作新平台。实行“选区公开代表信息”和“代表报告履职情况”的“阳光代表”两项制度，在全县72个县属选区的村务公开栏，公开了183名县人大代表的姓名、照片、手机号码、工作单位及职务等信息；各镇人大有序安排县镇人大代表向所在选区报告履职情况，并对每位县人大代表履职情况进行年度登记。进一步健全“双联系”工作制度，按照“全覆盖、制度化、常活动”的要求，在各镇完善人大代表联系群众工作室，坚持每月15日开展代表联系群众工作，县、乡代表每年到工作室开展活动不少于2次，保证了老百姓在家门口就能把民情、民意、民忧、民生传导到党委和政府。下发了《关于开展镇人大工作“十有”规范化建设的通知》，明确各镇人大要有牌子、有人员、有阵地、有制度、有台账、有会议、有活动、有培训、有经费、有创新。制定了常委会组成人员及委办联系镇人大工作制度，常委会分管领导和委办主动到各镇开展代表履职培训，加强代表工作交流。

工作创新，拓展代表联动新途径。构

建代表与"一府两院"、代表与选民、代表与代表之间信息互通、工作互动的联动机制。新一届县委实行了邀请基层人大代表出席全县重要会议与重大活动制度。县人大注重拓宽代表知情知政渠道,有序安排代表列席县人大常委会会议,参加调研视察、执法检查、建议办理、行政听证、法院案件听审评议和专项工作评议等活动。要求每名县人大代表联系所在选区选民10人以上、村1个以上,倾听群众呼声,反映群众诉求。用心承办省、市人大来县开展的工作调研、建议督办和驻县市代表活动。建立人大工作QQ群、人大代表微信群,各镇建立人大微信公众号,做到信息共享、紧密互联,全县人大工作形成上下联动、整体推进的良好局面。

三、打造特色品牌,人大工作成为"一张名片"

树立标杆意识,认真抓大事议大事决大事,做到真监督真支持真促进,努力让人大工作在服务大局中多一些亮色。

精心开展专项评议,强化监督有特色。对县卫计局、政务服务中心、财政局、环保局、民政局开展工作评议,组织37名干部到各镇和相关单位进行调查,召开座谈会17次,走访相关单位31个,征求意见79条。各被评议单位把人大评议与推进工作结合起来,主动对照检查,做到以评促改。各调查组把着力点放在帮助被评议单位查摆问题、转变作风、推进工作、加快发展上,较好地发挥了关心支持与鞭策促进的双重效应。随机确定60名县人大代表参加评议大会,开展专题询问,并当场进行满意度测评,其中四个单位获评"满意单位",一个单位被确定为整改单位并列为2018年继续评议对象。开展了对20个单位审计后问题整改专项工作评议,实现了审计结果从"包起来""露出来""关注起来",到审计查出问题移交有关部门、向人大报告、开展询问调查问责等"整改起来"的新阶段。人大专项工作评议,已成为维护县委权威、落实县委决策的具体行动;成为推进"一府两院"及其工作部门依法履职、有效履职的阳光平台;成为人大寓支持于监督、寓服务于监督的有力抓手。

用心审议重大事项,促进发展有力度。视察全县5个具有代表性的重点项目建设情况,指出推动株洲县高质量发展是一代又一代渌湘人民的心声,是一届又一届县委、县政府的使命,是一年又一年株洲县干部的担当。要保障精品项目、攻坚重点项目、选择"两型"项目、服务所有项目;强调项目意识要成为第一意识、项目力度要成为第一力度、项目保障要成为第一保障、项目环境要成为第一环境、项目考核要成为第一考核;提出要落实领导负责制、项目部门责任制、项目推进奖惩制。在关键时刻、重要节点,县人大常委会调研并审议了征地拆迁工作,认为新一届县委决策的征地拆迁"百日攻坚"战,见证了征拆从无序乱象到有序太平,从"想作为、难作为"到"有作为、大作为",从"非议多、不满多"到"认可多、支持多、褒奖多";征拆工作是发展大事、民生大事、民心大事,"退不得、慢不得、粗不得、乱不得";要努力做到“阳光征拆”“规范征拆”“精准征拆”。作出加强农村村庄规划建设管理的决定,强调要认识更高一点,实施村庄规划建设管理是大好事、大实事、大难事;信心更足一点,落实要有勇气,执行要有底气,作风要有正气;引领更好一点,要有机构,有预算,有示范;坚持更久一点,要将落实《决定》纳入部门和镇村工作考核体系,要求各级各部门为打造我县农村村庄新面貌、建设美丽乡村全力担当。

尽心督办代表建议,落实办理有亮点。重视代表建议办理并作为“牛鼻子”工程来抓。精准施策,认真督办,做到对建议办理一件不少、对承办单位一个不漏地督办到位。82件代表建议,全部实行了集中交办。将群众特别关注的13件建议列为重点督办件,由主任会议成员率队、相关副县长参加,实行集中巡回督办,并开展办理工作专项评议。《关于加大对农村偏远山区教育投入的建议》《关于打击整治地下六合彩的建议》《关于推进我县非公经济发展的建议》等一批建议得到有效办理和落实。建议办理的针对性、实效性不断增强,建议办理工作从“答复型”走向“落实型”。

潜心唱响人大好声音,工作交流有影响。《实行“四个一”工作法,提高常委会审议质量》在省委召开的全省加强县乡人大工作和建设推进大会上作为经验交流,被省人大常委会领导誉为“加强县乡人大工作和建设的湖南样板”。《做好新时期县乡人大工作的几点思考》等调研报告,受到全国、省、市有关方面的好评。县人大常委会领导代表株洲市参加全省人大工作座谈会,工作做法与经验获好评;参加全国人大系统人大常委会主任培训班,在小组讨论会上的工作交流发言获广泛点赞。《“四个全面”语境下地方人大行使重大事项决定权的困境与路径选择》的论文,在全省人大系统理论研讨会上作交流发言。《株洲县人大代表定期向选民述职》《株洲县人大:让民调真正为群众代言》等一批工作报道在《人民之友》《株洲日报》和省、市人大微信平台发表。人大工作影响力得到新提升,醴陵市、长沙市的望城区、岳麓区和江西省上犹县、金溪县等市县区人大先后来我县人大考察交流。

四、加强自身建设,人大系统成为“一方净土”

把政治建设作为一种使命,始终保持对党绝对忠诚。认真开展组织生活,严格党内规矩,对查摆出来的问题限期整改到位。推进“两学一做”学习教育常态化、制度化,定期开展专题学习研讨,人大党组成员带头讲党课,邀请刘少奇故里管理局局长和县纪委书记上党课,积极开展主题党日活动。机关老干党支部创建省级示范性老干支部,承办了全县老干支部组织生活观摩会。认真学习宣传中共十九大精神,要求常委会机关干部做到原原本本学、突出重点学、结合实际学、按照上级要求学,强化“四个意识”,把向党中央看齐、向习近平总书记看齐、向党的理论和路线方针政策看齐、认真贯彻县委重大决策部署作为首要的政治规矩,形成团结、民主、和谐的良好氛围,树立忠诚、干净、担当的队伍形象。

把加强学习作为一种责任，不断提升履职素质能力。强化思想理论武装和人大专业知识学习，提出勤学习，提升思维层次；勤履职，提升工作层次；勤服务，提升协同层次；勤探索，提升价值层次等“四个提升”的工作要求，督促机关干部按照“缺什么补什么，弱什么强什么”的原则，制定全年学习计划，采取集体学习、专题讲座、组织培训等方式，加强对经济建设、政治建设、文化建设、社会建设、生态文明建设等各个领域的学习思考，补短板、强基础、促提升，机关干部平均每人有1万字以上学习笔记，撰写调研文章24篇，其中《对人大常委会议决重大事项的株洲县探索》获2017年全省人大系统理论征文二等奖。

把制度管理作为一种自觉，不断提高工作效率水平。按照百姓至上是人大制度根基、百姓作主是人大工作主线、百姓满意是人大价值追求和百姓之家是人大力量源泉的工作理念，坚持法律至上、大局至上、百姓至上的工作目标，遵循将人大工作置于渌湘全盘工作中去思考去作为、将人大事业置于渌湘全局事业中去谋划去推进、将人大队伍置于渌湘全体队伍中去锤炼去提升、将人大机关置于渌湘全部机关中去探索去建设的工作原则，进一步修订了各项规章制度。新出台了常委会、主任、副主任、常委和各委办职责93条，常委会党组向县委请示报告制度6条，重大事项决策制度、人大情况通报制度14条，主任会议制度、常委会议事规则45条，从而有力规范了人大工作的运行机制，实现了人大系统工作有规则、服务有标准、运转有效能。

把作风建设作为一种追求，不断营造勤政廉政氛围。在人大机关倡导“做一个公民要坚守本分，才能安然无恙；做一个干部要坚守本职，才能安身立命；做一个党员要坚守本色，才能安于泰山”的“三守三安”行为规范。组织常委会组成人员和机关干部参观了县党风廉政建设警示教育中心，机关干部签订了党风廉政建设责任状，全体党员重温了入党誓词，强化了11条机关财务管理制度、8条常委会会议纪律和6条机关会议纪律。常委会领导和机关干部严格遵守中央八项规定精神、省委九项规定和县委“三个严禁”及作风建设“十二分”制规定，不断在实际工作中锤炼作风、检验作风、引领作风。

各位代表，一年来，县人大常委会在县委的正确领导下，工作有声有色，成绩可圈可点，经验弥足珍贵。同时，我们也清醒地看到，人大工作还有亟须克服的困难和应当正视的问题：一是监督工作的力度和实效还需增强，询问和质询、特定问题调查等刚性监督手段应用不多；二是代表活动的方法形式和履职保障还需要进一步改善，代表建议的落实解决率和主题活动的有效性还有待提高；三是人大干部自身素质与新时代新任务新要求还有差距。这些问题和不足，都需要在今后的工作中切实改进、加紧解决、不断完善。

2018 年的主要任务

各位代表，中共十九大作出了中国特色社会主义进入新时代的科学论断，明确了新时代的历史使命。2018 年，县人大及其常委会总的指导思想是：高举习近平新时代中国特色社会主义思想伟大旗帜，坚持以中共十九大精神为指引，坚持党的领导、人民当家作主、依法治国有机统一，进一步加强县人大“四个机关”建设，紧紧围绕县委“加速融城、加快发展，打造‘三区一中心’，推进‘四个一体化’”的工作思路，推动各项工作迈上新台阶、再上新水平。

一、落实政治机关的要求，在加强自身建设中锤炼提升

张德江委员长在推进县乡人大工作和建设经验交流会上指出，“人大及其常委会是国家权力机关，是十分重要的政治机关。”旗帜鲜明讲政治是做好人大工作的根本，要把学习宣传贯彻中共十九大精神作为当前和今后的首要政治任务，切实把人大系统和人大代表的思想统一到中共十九大精神上来，把力量凝聚到实现十九大确定的各项任务上来，更加自觉把人大工作置于党的领导之下，不断提高政治站位和政治定力，牢固树立政治意识、大局意识、核心意识、看齐意识。坚持向县委定期报告工作和重大事项请示报告制度，大事要事勇于担当，善于作为，努力使县委的主张经过法定程序成为全县人民的共同意愿和行动。要紧紧围绕县第十次党代会确定的目标和任务、推动高质量发展、“产业项目建设年”活动等事关全局的重大问题，开展调研视察，作出决议决定。不折不扣地完成县委交办的各项中心工作。坚持不懈抓好自身建设，改进工作作风、密切联系群众，夯实人大履职的民意基础。落实各项学习培训制度，提高常委会组成人员、机关干部依法履职的能力素质。完善常委会运行机制、议事程序和工作规范，不断提高工作质量和工作水平。进一步加强与各镇人大的工作联系，采取县镇联动的方式开展视察、执法检查等活动，推动县镇人大工作有序开展、均衡发展。

二、发挥权力机关的作用，在履行监督职能中尽责作为

习近平总书记在庆祝全国人民代表大会成立 60 周年大会上强调指出，“全国人民代表大会是最高国家权力机关，地方各级人民代表大会是地方国家权力机关。”按照《宪法》和《地方组织法》的规定，作为国家权力机关，县、镇人民代表大会分别需要履行十五项和十三项职权，县人大常委会需要履行十四项职权。这些职权，都是宪法和法律赋予的，不做就是失职渎职。要进一步依法通过各种途径和形式，管理国家事务，管理经济和文化事业，管理社会事务。围绕县委十届五次全会提出的目标任务，突出监督重点，完善监督方式，形成专题询问常态化机制，探索运用质询、特定问题调查等刚性监督方式，加强督促落实和跟踪问效，推动县委重大决策、重点部署、重要举措落地抓实。要对去年常委会和主任会审议议题整改落实情况全面开展“回头看”，对各项审议意见进行跟踪督办。对县教育局、食药工商质监局、国资中心、环保局、水利局等单位开展专项工作评议。视察并审议园区基础设施和产业项目推进情况、调研并听取南洲生态新城开发建设情况，推动园区经济高质量发展；视察并审议生态环境整治情况，推动美丽家园建设；听取并审议我县农业产业化发展情况、调研并听取农村土坯房整治情况，推动乡村振兴发展；听取并审议我县创建公共文化服务体系建设情况、《农村村庄规划建设管理条例》《促进科技成果转化法》《人民调解法》贯彻落实情况、治安安全监控防护情况，维护民生民利；听取审计查出问题整改情况并对整改效果进行满意度测评、听取并审议政府性债务管理情况和县政府整合涉农资金情况汇报、听取县法院和县检察院半年工作报告，推动“一府两院”切实改进工作、解决问题。贯彻落实国家监察体制改革试点方案，依法选举产生县监察委员会并支持其按法定职责开展工作。

三、履行工作机关的职责，在服务发展大局中恪尽职守

中共十九大报告指出，要“使各级人大及其常委会成为全面担负起宪法法律赋予的各项职责的工作机关，成为同人民群众保持密切联系的代表机关”。人大及其常委会作为工作机关，是建立在大量具体的、经常性的工作之上，人大及其常委会只有真正成为工作机关，才能真正成为国家权力机关。2018 年要制定县人大常委会法律专家咨询组履职服务补贴管理办法，进一步发挥法律专家的作用，探索机关委办初审、专家咨询组联审、常委会会议终审的“三审”联动机制，切实做好规章和规范性文件备案审查工作，代表人民看紧政府的“文”袋子。落实市人大“一县市区一项目”的立法工作要求，县人大与县政府联动开展《渌江开发保护条例》立法前期调研，广泛凝聚立法共识，发挥立法机关在表达、平衡、调整社会利益方面的重要作用。组织对《株洲市城市综合管理条例》《农产品质量安全法》《宗教事务条例》贯彻情况、财政同级审情况和同级审反映问题整改落实情况、计划和预算编制以及执行情况、财政预算联网监督改革情况、《株洲县城市总体规划(2001—2020)》修改成果执行情况、矿产资源管理、城镇污水处理、建筑工程质量、美丽乡村建设、农村土地“三权分置”等情况进行课题调研，让常委会每一项监督都建立在深入调研的基础上。常委会和主任会议要定期听取“一府两院”工作报告，由县政府分管副县长、县人民法院院长、县人民检察院检察长和政府职能部门报告工作。继续开展“农产品质量安全行”“三湘农民健康行”“民族团结进步行”和“司法公正渌湘行”活动。以更高的站位和水准做好人事任免、人大代表听审评议庭审案件、涉法涉诉信访等工作。

四、完善代表机关的功能，在发挥代表作用中凝心聚力

我国国家的根本性质，决定了人民是国家和社会的主人，决定了国家的一切权力属于人民。人大最大的优势是密切联系人民群众，最大的危险是脱离人民群众，只有充分发挥代表机关的作用，才能保持人大及其常委会的人民性。今年要进一步健全常委会联系代表和代表联系群众制度，继续开展代表向选民报告履职活动，推进代表工作室规范化制度化，完善代表履职服务平台，畅通社情民意反映和表达渠道。县人大各专门委员会都要组建专业代表小组，明确其职责，发挥其作用。要加强代表履职培训，制定代表履职服务保障办法。强化代表议案建议办理，加大建议跟踪落实和督办力度，使代表建议提得更准、办得更实、落实得更到位。建立政府为民办实事项目事先征求代表意见制度，探索“群众提、大家定、政府办”的为民办实事工作机制。健全代表履职激励和约束机制，制定镇人大工作情况和县人大代表履职情况考核办法，加强对镇人大工作的指导，开展先进代表小组、优秀代表小组长、代表履职积极分子和优秀代表建议的评选工作，进一步调动人大代表履职积极性，充分发挥人大代表的主体地位和主体作用。

各位代表，回顾过去，我们秉承初心，砥砺奋进；展望未来，我们壮怀激越，不懈前行。历史发展的重要关头，需要人大代表挺立潮头；民族复兴的宏图伟业，需要人大代表勇于担当。我们要在中共株洲县委的坚强领导下，牢记使命，忠诚履职，为把我县打造成为繁荣、宜居、幸福、文明的株洲城市副中心而努力奋斗！

政府工作报告

——2018年1月12日在株洲县第十二届人民代表大会第三次会议上的报告

县 长 刘克胤

各位代表：

现在，我代表县人民政府向大会作工作报告，请予审议，并请县政协各位委员和其他列席同志提出意见。

负重加压 砥砺前行
新一届政府实现良好开局

2017年，在市委、市政府和县委的正确领导下，在县人大、县政协的监督支持下，我们团结依靠广大干部和人民群众，适应新常态，开拓新思路，落实新举措，实现了经济社会持续健康发展。预计全年实现GDP142.8亿元，同比增长8%；完成一般公共预算收入14.4亿元，同比增长9.8%，税比达到66%，全面完成省、市“两个坚决”目标；完成固定资产投资120.8亿元，同比增长15%；完成社会消费品零售总额46.2亿元，同比增长11.5%；城镇、农村居民人均可支配收入分别为31532元、17388元，同比增长8.4%、8.8%。主要经济指标中，一般公共预算收入增幅、税比等居五县(市)第一。

——这一年，我们聚焦项目攻坚，产业升级加速推进。扎实开展“项目攻坚年”活动，57个市县重点项目进展顺利。一产业，预计实现农业总产值32.6亿元，农产品经营收入增长19.8%。农产品加工企业达到70家，建立基地68万亩，带动农户1.1万户。湘春蕨菜、银丹皮蛋等企业发展壮大。继续保持产粮先进县、生猪调出大县等国字招牌，成功创建全省家庭农场示范县、畜禽水产品质量安全示范县。二产业，预计完成规模工业增加值41.2亿元，同比增长7.2%；实现高新技术增加值14.5亿元，同比增长12.9%。按期建成亚胺薄膜等7个项目，相继开工时代芳纶等6个项目，签约引进节能环保产业装备制造园等21个产业项目，支持时代电气等35家企业技术改造。园区集聚度进一步增强，标准厂房租售面积达21万平方米，入驻中小企业31家，入驻率达到90%以上。三产业，预计实现三产业增加值47亿元，增长11.3%。商贸物流产业长足发展，商贸综合服务体电商平台正式运营。休闲旅游取得突破，打造省五星级乡村旅游示范点2个，创建省旅游扶贫示范点1个，紫涵湖温泉度假酒店建设加快。成功举办乡村文化旅游节，杨得志故居获批省爱国主义教育基地。房地产销售面积达40万平方米，完成建安产值86.6亿元。株洲珠江农商行挂牌营业，全县金融机构存款余额为171.1亿元，贷款余额为74.7亿元，同比分别增长17.6%、20.8%。

——这一年，我们聚焦无缝融城，城乡面貌持续改善。坚持生态优先，坚持建设与管理、开发与保护并重，城乡一体化水平有所提升。基础建设不断完善。提质改造渌口老城区，实施棚户区改造2587户，升级改造城区农贸市场4个，渌湘大厦、渌湘市场竣工验收。致力打造“南北畅通、东西联通”融城通道，湘江东岸综合治理项目启动建设，东城大道、渌枫大道、渌水二桥、二线船闸加速推进。新改建农村公路200公里、新设一批城市公交亭、农村客运招呼站。集中整治车辆超限超载，干线公路优良率达到90%以上。实施龙潭水库除险加固、河包防洪保护圈、昭陵港治理等重点水利工程，建设“小农水”项目82处，修复水毁工程177处。管理力度不断加大。开展“四大专项行动”，市容市貌持续改观，城市品位持续提升。统筹实施农村环境综合整治，促进城乡环卫一体化，基本实现常态保洁、长效管理。深入推进征地拆迁“百日攻坚”，实施“清零扫尾”专项行动，完成征地5109亩，拆除房屋643栋。制止违建2.5万平方米，拆除违建3.6万平方米，违建存量清零121处2万平方米。生态环境不断改善。积极配合中央环保督察，集中整改交办问题17件。全面加强大气污染综合治理，开展页岩砖企业废气、城区餐饮油烟等十大专项整治，空气质量优良率达78%，较去年提高3.2个百分点。着力打造农村污水治理示范县，基本建成南洲污水处理厂，启动建设龙门、龙船、龙潭三个镇级污水处理厂，县城污水处理率达92%。大力推行县镇村三级河长制，开展水环境治理专项行动，关停非法码头和非法洗砂场6个，湘江沿岸1公里范围内规模养殖场全部关闭退出，水资源保护工作全面加强。

——这一年，我们聚焦改革创新，发展动能不断增强。推动改革创新，促进对外开放，发展环境越来越优，县域形象越来越好。以改革增强内生动力。10大类38大项78小项改革任务全面铺开。深化放管服改革，积极开展“减证便民”工作，清理规范行政审批事项169项、公共服务事项229项，取消行政审批中介服务事项23项，精简幅度达30%。深化商事制度改革，推动多证合一、证照联办。积极推行“互联网+政务服务”，“智慧渌口”建设进展顺利，“掌上渌口”正式运营，网格化服务管理体系初步建立，全国基层政务公开标准化规范化试点县创建工作扎实推进。以创新增强发展潜力。建立健全创新创业扶持政策体系，新增4家创业孵化基地，打造2个示范平台，渌口镇获评市级“双创”示范镇。创新企业帮扶机制，推出“24小时见面制度”，共收集交办企业各类问题150个，办结率100%。率先在全市打造中小企业公共服务平台，顺利开通湖南股交所株洲县经济专板，首批50家企业集体鸣锣挂牌。科技创新有新的进步，申请专利172

件,申报市级科技专项9个,完成“百项科技成果转化”任务8项。以开放增强区域活力。引进内资项目91个,到位资金42.3亿元。进出口企业3家破零、2家倍增,完成外贸进出口总额1350万美元,增幅居全市第一。新增市场主体2000余个,省市名牌产品达26个。坚持引资引智并重,稳步实施人才规划,引进各类人才200多人。

——这一年,我们聚焦民生事业,幸福指数再攀新高。各项民生支出达到15.6亿元,“民生100”工程全面完成。社会保障水平提高。紧扣脱贫工作目标,全力推进精准脱贫“七个一批”、基础设施扶贫“六大工程”建设,实现脱贫550户1803人,10个贫困村全部退出,贫困发生率下降至1.48%,顺利通过省市考核验收。开展农村危旧土坯房专项整治,拆除危旧土坯房3885户。发放创业担保贷款1053万元,新增农村劳动力转移就业1537人,城镇就业2411人,实现零就业家庭援助全覆盖。开展劳动维权专项行动,追回农民工工资770万元。减负惠农政策全面落实,农村低保清理整顿圆满完成。基本实现城乡居民基本养老保险全覆盖,养老保险和城乡低保持续提标扩面。完善社会救助体系,发放农村五保、城乡低保、大病医疗、救灾救济等各类社会救助资金5767.4万元,救助困难群众2万余人次。新增养老床位142张,县社会福利中心被确定为全国养老机构改革试点单位。全面启动河西片区等12处安全饮水工程,解决了1.9万人的安全饮水问题。社会事业全面进步。投入7200多万元改善50个学校办学条件,完成48所薄弱学校改造,建设114套教师周转房,推进3所城区小学扩建增容,实现公办幼儿园各镇全覆盖。国家基本药物制度、分级诊疗等系列医改政策进一步巩固。县中医院门诊住院楼建设进展顺利,县疾控中心通过“县级乙等”达标验收,淦田、朱亭中心卫生院获评“全国群众满意乡镇卫生院”。计生工作获评全省优秀单位。深入推进国家公共文化服务体系示范区创建,群众文体活动蓬勃开展。社会大局和谐稳定。开展安全生产大排查大管控大整治百日行动,强化食品药品安全、道路安全和消防安全监管措施,全县安全形势平稳可控。开展企业周边环境集中整治行动,圆满完成华新水泥周边电费清缴工作。社会治安综合治理获评省先进,综治民调全市居第一。有效应对二十年一遇的特大洪涝灾害,被评为省抗洪抢险先进集体。

——这一年,我们聚焦自身建设,行政效能日益提升。坚持依法行政,坚持重大问题向县委常委会报告,全面执行县人大及其常委会决议和决定,自觉在县人大、县政协和社会各界监督下开展工作。充分吸纳各民主党派、工商联、无党派人士和社会各界的意见、建议,认真办理人大代表建议和政协委员提案,及时处理县长热线和县长信箱中的群众咨询、建议和投诉。推进“两学一做”学习教育常态化制度化建设,落实全面从严治党“两个责任”,严格执行中央、省、市、县委关于改进作风的规定,廉政建设和反腐败斗争取得积极成效,行政效能和服务水平进一步提升。

成绩属于过去。前进的道路上我们还

面临不少困难和挑战,主要是:经济总量不大,重大投资特别是产业项目投资后劲不足;城乡发展不平衡,教育、卫生、文化等公共产品供给能力相对不足;少数干部担当精神不足,改革创新、狠抓落实、服务群众的本领有待增强,投资环境仍需进一步优化,等等。我们要高度重视,下大力气予以解决。

精准发力 奋勇争先
新时代谱写融城发展新篇章

今年,是贯彻落实中共十九大精神的开局之年,是改革开放40周年,也是我县由全面小康向基本实现现代化迈进的开启之年。做好今年的政府工作,必须全面贯彻中共十九大精神,以习近平新时代中国特色社会主义思想为指导,全面落实中央、省、市及县委决策部署,坚持稳中求进、进中求好的总基调,坚持新发展理念,紧扣社会主要矛盾变化,按照高质量发展的要求,以供给侧结构性改革为主线,以产业项目建设年活动为抓手,统筹做好稳增长、促改革、调结构、惠民生、防风险各项工作,抢抓撤县建区机遇,加速融城,加快发展,着力建设更高水平的全面小康社会,开启基本现代化新征程。

今年发展的主要预期目标是:GDP增长8.5%左右,一般公共预算收入增长7%左右,规模工业增加值增长7.5%,固定资产投资增长12%,社会消费品零售总额增长11%,城乡居民人均可支配收入高于经济增长速度,完成省市下达的节能减排任务。在此基础上,确保各项社会事业都有新发展。具体路径是:以“十大产业项目、十大基础工程、十大民生实事”建设为抓手,重点做好五个方面的工作。

一、加快融城步伐,在提升承载能力上实现更大突破

围绕撤县设区目标,准确把握城市特征和属性,坚持按区规划、片区开发、精细管理,致力打造精品之城、魅力之城、宜居之城。

城镇建设提速。主动承接株洲市南进战略,按照“大方大气、特色特点、品质品味、依法依规、效率效益”的原则,以更新理念、更宽视野、更高标准编制规划,以更强决心、更大手笔、更高品质强基础扩空间。加快推进湘江风光带东岸(株洲县段)建设,开发建设南洲生态新城,以伏波生态区和南洲新区开发建设为节点,推动城区北融南进。按照“特色鲜明、产城融合、惠及群众”的思路,重点推进朱亭、淦田等特色小镇建设,着力构建独具特色、功能完善、布局合理的新型城镇体系。

城镇功能提质。以开展“城市双修”为契机,统筹里子与面子、地上与地下、硬件和软件,不断提升城市承载能力。开展地产升级行动,科学设置住房容积率,合理增加停车位配比等规划指标,提高住宅品位。完善公共服务设施,拓展公共活动空间,打造优质的生活环境。开展交通畅通行动,开工建设航空大道,加快建设渌枫大道,实现东城大道、渌水二桥建成通车,拓展与市区无缝对接的“大动脉”。启动漉浦东路延伸段、漉浦西路延伸段、桑园北

路提质改造工程，加快建设梅苑支路、黎绍路、黄金东路延伸段等城区道路，畅通城市道路“微循环”。开展城市美化行动，大力推进棚户区、老旧小区提质，启动县城路灯节能改造，整合改造腾置用地和城市公共用地“零碎片”，做好重点地段的绿化补植，实现增绿于城、还绿于民。推进城镇污水处理厂建设，逐步实现污水处理镇村全覆盖，打造全国农村污水治理示范县。挖掘文化底蕴，保护好自然风光，讲好渌湘故事，让城镇建设融入自然、保留特色，让居民望得见山、看得见水、记得住乡愁。

城镇管理提效。深入开展文明城管、文明交通、文明社区等“十大文明行动”，进一步提升城市文明程度，提高市民文明素质。加快推进“智慧渌口”运行使用，提升管理“网格化、智能化”水平。深化城管体制改革，强化环卫保洁、园林绿化、市政养护、渣土运输等精细管理。完善全天候全覆盖城区保洁网络，健全农村生活垃圾收集体系，推进生活垃圾收集转运市场化、综合处理无害化。严格市场管理，全面创建“放心市场、卫生市场、平安市场”。实施“精准拆迁”行动，确保土地、资金等要素发挥最大效益。严格落实“即查即拆”，坚决打击违建行为，确保违建数量“零增长”、存量违建“负增长”。

二、突出园区建设，在加快产业升级上实现更大突破

开展“产业项目建设年”活动，突出规划引领、园区升级、项目攻坚、设施配套、环境优化，着力构建县域产业发展新局面。

重效益，提高产业项目的影响力。强化顶层设计，完善产业规划体系，明确新材料为主导产业、装备制造为特色产业，通过对园区产业进行“一主一特”规划布局，推动园区集聚集约、差异竞争、特色发展。围绕株洲市区主导产业，依托重点企业重点项目，吸引上下游企业入园发展，实现产业链精准配套，提高承接产业转移的主动性和针对性，增强建设株洲主导产业配套区的实力。加快建设新材料、电子科技、装备制造等“三大园中园”，促成株冶锌合金、广祥新材料等履约开工，推动亿杰科技、华升雪松、湘火炬汽配等加快建设，确保时代芳纶、兆能电磁线等竣工投产。建立招商引资项目服务协调机制，统筹招商队伍，凝聚招商合力，积极参加“沪洽周”“厦博会”等招商活动，对接各地湖南商会，广交商界朋友，汇集招商资源，吸引客商投资。紧盯实力央企、行业翘楚、上市公司，着力引进市场潜力大、经济效益好、带动能力强的龙头产业项目。全年力争引进过亿元项目 5 个，过 5 亿元项目 1 个，过 10 亿元项目 1 个。

活机制，提高决胜园区的战斗力。按照“权责一致、精干高效”要求，理顺园区管理体制，优化园区协调领导机构，整合归并内设机构，实行层级管理扁平化、日常工作项目化。建立健全权、责、利相统一的管理机制，赋予园区在项目审批、土地开发、财政收支等方面更多的自主权，增强园区自我发展意识、自我决策能力和自我造血功能，推动园区可持续发展。设立产业发展和基础建设专项资金，确保园区重点项目资金优先安排，园区用地指标优先保障。创新园区人事管理制度，支持经开区和产业公司高管以下人员实行聘任制和绩效制，公开选聘一批高层次行业领军人才。鼓励引导民间资本、社会资金和有实力的大企业参与新区开发。

优环境，提高服务企业的亲和力。整合中小企业公共服务平台，开辟项目审批“绿色通道”，为企业提供全方位、全天候、全过程服务。加快推进县域经济专板建设，着力引进科技中介、人才培训、检验检测等机构，提升服务企业市场化水平。规范涉企检查行为，全面执行《中小企业促进法》，坚决落实上级产业扶持政策，如实兑现我县促进工业发展的奖励政策，建立健全“企业融资风险补偿基金”等相关配套政策，着力营造亲商安商富商的产业发展环境。

三、致力乡村振兴，在统筹城乡发展上实现更大突破

按照产业兴旺、生态宜居、乡风文明、治理有效、生活富裕的总要求，加快推进农业现代化，让农村成为安居乐业的家园。

让农业强起来。有效整合涉农资金，为农业基础设施建设、产业发展提供资金保障。推进水毁修复工程，加强中小河流治理，狠抓病险水库除险加固，建设防洪保护圈，构建“高效安全、保障有力”的水利网。加快粮食产能建设，建设高标准农田3万亩，主要农作物标准化生产面积达到80%以上。深入开展农业面源污染治理，强化土壤污染管控和修复，完成土壤改良3.5万亩。发展S211南部沿线农业产业带，规划建设朱亭特色农业产业园，打造农业结构调整精品区、转型发展样板区、三产融合示范区、产业扶贫主导区。深入探索“龙头企业+基地+合作社+农户”的经营模式，新发展市级龙头企业5家，省级龙头企业2家。进一步巩固油茶大县地位，新造5000亩，低改抚育3万亩，大力发展森林康养、碳汇经济、林权转让、林下经济等新型林业产业。

让农村美起来。严格落实《株洲市农村村庄规划建设管理条例》，实现全县村庄规划编制全覆盖，引导村民按统一规划有序建房，实现既有新房又有新村。实施全域美丽乡村建设，有机整合山、水、洲、城旅游资源，着力打造紫涵湖温泉度假区、花冲航空滑翔基地、朱亭古镇等旅游景点，重点建设一批“远看是公园，近看是花园，生活其中是乐园”的样板美丽乡村。开展退耕还湿试点项目，合作开发国有林场碳汇项目。深入开展湘江保护治理第二个“三年行动计划”，压实县镇村三级河长管水治水护水职责，纵深推进流域环境综合治理，严守生态保护底线，严格禁止山砂采挖。开展农村人居环境综合整治行动，统筹抓好大气、土壤、水质等其他污染防治工作，持续巩固中央环保督察反馈意见整改成果，坚决打好污染防治攻坚战，让良好生态环境成为全县人民生活质量的增长点。

让农民富起来。全面贯彻落实中央、省、市要求，深入推进产业扶贫、健康扶贫、教育扶贫、危房改造等项目工程，增强精准扶贫、精准脱贫的针对性，确保计划

脱贫对象实现如期脱贫，新发生贫困对象得到及时救助，贫困村退出后基础设施持续完善、基本公共服务能力不断提高。深入推进农业供给侧结构性改革，全面完成农村承包地确权发证工作，鼓励农业适度规模经营，推动家庭农场、专业大户等新型农业经营主体发育发展。统筹推进三级惠民综合服务体系建设，积极发展农村电子商务，改造提升农资农副产品、日用消费品经营服务网络，切实提高涉农产品流通水平。建立覆盖城乡的公共就业服务平台，开展“一户一产业工人”“双十资助”等职业培训，培育新型职业农民，实现农村劳动力转移就业 1500 人。

四、强化创新引领，在推进改革开放上实现更大突破

以改革开放 40 周年为新起点，把改革开放作为破解难题、推动发展的法宝。

挖掘改革深度。深化“放管服”改革，结合“智慧渌口”建设，积极推广“互联网+政务服务”工作，重点推进“最多跑一次”改革，圆满完成全国基层政务公开标准化规范化试点工作。深化财税体制改革，完善预算管理，建立健全事权和支出责任相适应的财政管理制度，落实增值税、消费税、个人所得税等配套改革。加强账户管理，完善集中支付制度，提高直接支付比例，确保直接支付达到 80%。深化投融资体制改革，拓宽融资渠道，发挥投资对优化供给结构的关键作用。深化农村综合改革，以“三权”分置为重点，推进农村集体产权制度改革试点。统筹推进教育、医疗、文化等领域改革，力争在新型城镇化、两型社会等“国字号”改革试点上形成新经验新模式。

拓展开放广度。积极对接“湘东开放型经济带”和“一核一圈一廊”战略，完善开放政策体系，建设县域开放平台，努力使我县成为集聚生产要素、承接经济辐射的开放高地。加快非公经济发展，发挥民营企业在对外开放中的主力军作用。放宽市场准入，优化项目审批，减少经营许可，持续降低企业成本。启动渌口港区建设，规划建设南洲新区物流园、湘江 2000 吨级货运港和株洲市一级客运南站。启动商业网点布局规划，推进商品市场转型升级，加快百城千镇县乡流通再造工程，加快推进“农超对接”“农商对接”，引导更多企业开展电子商务业务。

提升创新高度。围绕土地经营、平台融资、项目建设等重点难点工作，进一步解放思想，务实创新，突破要素保障瓶颈。加大科技成果转化力度，加快搭建转化孵化平台，重点打造新材料、装备制造等关键技术领域的研发平台，培育高新技术企业 2 家，申请专利数增长 12%。探索建立科学有效的引进培养、作用评价和分配激励机制，加大知识型、技能型、创新型人才的引进力度。激发和保护企业家精神，鼓励更多社会主体创新创业。大力弘扬劳模精神和工匠精神，营造劳动光荣的社会风尚和精益求精的敬业风气。

五、完善保障体系，在增进民生福祉上实现更大突破

坚持以人民为中心的发展思想，抓住人民群众最关心最直接最现实的利益问题，全力解难事、干实事、办好事。

统筹民生“热点”。深入实施“民生100”工程，从解决好人民群众普遍关心的热点问题入手，办好一批惠民实事。实施整县农村安全饮水巩固提升工程，实现“城乡供水一体化、区域供水规模化、工程管理专业化”。实施农村危房改造400户，完成棚户区改造1282户，发放住房租赁补贴700户，扎实推进农村危旧土坯房整治，着力解决住房难题。推行殡葬改革，启动建设南山生态陵园。加快建设生物资源科学利用中心，实现病死畜禽无害化处理全覆盖。实施农村电网提质改造，新增改造线路410公里。推进“四好农村路”建设，落实农村公路畅通工程200公里，安保工程、养护工程和窄改宽工程各100公里，新建农村客运招呼站18个、城市公交站亭20处，改造标准化渡口码头4个、危桥2座，开通环南洲新区工业园公交线路，进一步改善出行条件。强化交通疏导，完善交通管理，增设社会停车场，升级路面泊位，着力解决停车难问题。

保障民生“支点”。坚持教育优先发展，继续实施“全面改薄”工程，推进标准化学校建设。实施农村中小学教师周转房建设工程，新建教师周转房100套。完成育红小学改扩建项目建设，新增城区义务教育阶段学位400个。深入推进“健康渌湘”建设，加快县中医院、淦田镇中心卫生院改扩建项目，全面升级120急救系统，构建县内30分钟医疗急救圈。深入推进公立医院改革，夯实分级诊疗基础，加速构建县内医共体。深入落实家庭医生签约服务，提高公共卫生服务的可及性、规范性和均等化水平。全面提升出生人口素质。创建国家公共文化服务体系示范区，深入推进文化惠民工程，大力推进文体设施建设，不断丰富群众文体生活，完成送戏下乡30场、送电影下乡3000场。稳步实施全民参保，确保应保尽保，新增企业养老保险参保人数1000人以上。健全低保标准增长机制，最低生活保障月人均补差提高10%以上。加强民生托底保障规范化管理，提高特困人员、扶贫兜底对象等保障标准。加强规范化敬老院建设，新增护理型床位120张，重点解决失能老人护理问题。保障妇女儿童合法权益，加快发展公共慈善事业。发展残疾人事业，加强残疾康复服务。

稳固民生“基点”。深入推进“七五普法”，增强全民法律意识。深化平安渌湘建设，严厉打击各种违法犯罪行为，集中整治酒驾毒驾、涉牌涉证等交通违法行为。夯实公共安全基层基础，推动平安城市三期建设，积极构筑“警网”“民网”“天网”三网合一的立体化社会治安防控体系。启动渌口派出所整体搬迁，新建南洲新区消防站，全面建成“两所一中队”。持续推行“阳光信访、责任信访、法治信访”，重点做好矛盾纠纷排查调处、信访案件源头治理、反邪打非等专项整治。强化防灾抗灾体系建设，持续加强以防汛抗旱、森林防火、城市消防等为重点的各类应急演练，着力提升应急处置能力。统筹推进质量强县战略，提升食品快检能力，强化食药监管执法，确保群众“舌尖上的安全”。健全“属地监管、行业主管、企业主体”安全生产责任体系，严格执行“一单四制”，确保安全生产形势平稳可控。

勇于担当 高效务实
努力建设人民满意政府

各位代表，面对发展的重任、竞争的态势、群众的期盼，我们将以更加饱满的热情、更加扎实的作风、更加有力的举措，全面加强自身建设，努力打造人民满意政府。

一、坚持依法行政，打造法治政府。坚决落实“三重一大”制度，认真落实公众参与、专家论证、风险评估、集体讨论、合法性审查等依法决策程序，使行政决策更加科学民主。严格按照法定权限和程序履行政府职能，切实做到法无授权不可为、法定职责必须为，使行政行为更加规范有序。主动接受人大法律监督、政协民主监督、社会舆论监督，不断提高人大代表建议、政协委员提案办复率和满意率，使行政权力运行更加公平公正。

二、坚持高效履职，打造效能政府。坚持“马上就办、真抓实干”，凡事马上就来、马上就办、马上就好，干在一线、干到一起、干出一流，彻底打通“中梗阻”、惩治“散慢乱”，确保政令畅通。推行“五问工作法”，切实增强全县干部的清单意识、紧迫意识和争先意识，浓厚你追我赶的干事氛围。实施“挂图作战、列表干事”，以计划推进工作，以目标倒逼进度，以结果检验过程，全力推动政府工作提速、提质、提效。

三、坚持创新管理，打造服务政府。精简审批事项，优化工作流程，缩短办理时限，打通服务企业、联系群众的“最后一公里”。推行“互联网+政务服务”，让“数据多跑腿，群众少跑路”。将共建共享的理念融入各项工作当中，引导各类社会组织参与社会治理，改变政府唱“独角戏”的局面，调动全社会的积极性，营造全民参与、人人受益的良好氛围。

四、坚持从严治政，打造廉洁政府。强化政府系统党的建设，把政治建设摆在首位，自觉用习近平新时代中国特色社会主义思想武装头脑、指导实践、推动工作。严格落实中央八项规定，驰而不息改作风、纠“四风”，重点整治表态多调门高、行动少落实差等问题。筑牢廉政“防火墙”，强化行政监察、审计监督、行业监管，确保公共资金高效使用、公共资源合理配置、公共权力阳光运行。

各位代表，使命呼唤担当，奋斗创造精彩。让我们紧密团结在以习近平总书记为核心的党中央周围，在县委的正确领导下，求真务实，开拓进取，为全面完成今年的各项任务，为建设更高水平的全面小康社会，开启基本现代化新征程作出更大的贡献！

名词解释：

1. 两个坚决：坚决完成一般公共预算收入增长预期目标，坚决采取有力措施降低非税收入占比。

2. 四大专项行动：纠正乱停乱放、占道经营、流动叫卖、农贸市场周边拥堵等专项整治行动。

3. 城市双修：生态修复、城市修补。

4. 碳汇经济：以降低二氧化碳的排放为发展标

准的低碳经济、环保经济、绿色经济。

5. 双十资助：每年评选10个自主创业就业个体工商户和10家创新创业带动就业优质初创企业予以奖励。

6. 百城千镇县乡流通再造工程：在全省100个左右县级城市、1000个左右乡镇建设集聚商业要素和满足农村消费需求的流通综合体，实现县乡流通格局再造。

7. 农超对接：农户和商家签订意向性协议书，由农户向超市、菜市场和便民店直供农产品的新型流通方式，主要是为优质农产品进入超市搭建平台。

8. 农商对接：农民专业合作社和商家通过签订意向性协议，以直供方式搭建合作平台，构建产销一体链条。

9. 四好农村路：把农村公路建好、管好、护好、运营好。

10. 一单四制："一单"即重大事故隐患清单，"四制"即交办制、台账制、销号制、通报制。

中国人民政治协商会议
株洲县第九届委员会常务委员会工作报告

——2018年1月12日在政协株洲县第九届委员会第三次全体会议上的报告

县政协主席 王亚男

各位委员,同志们:

我代表政协株洲县第九届委员会常务委员会,向大会报告工作,请予审议,并请列席会议的同志提出意见。

一、2017年工作回顾

刚刚过去的一年,在中共株洲县委坚强领导下,县政协常委会团结广大政协委员,以习近平新时代中国特色社会主义思想为指引,紧紧围绕县委"加速融城、加快发展,打造'三区一中心',推进'四个一体化'"发展思路,牢牢把握团结和民主两大主题,认真履职,扎实工作,为全县改革发展稳定大局作出了积极贡献。

(一)以紧扣中心为主线,积极服务发展大局

一年来,我们紧紧围绕县委发展思路,认真协商大事,致力服务大局,为全县改革发展集聚真知灼见,贡献智慧力量。

重协商求实效。按照"三在前,三在先"的要求,不断完善协商机制,拓宽协商渠道,务求协商实效。在九届二次全会期间,县委、县政府领导参加小组讨论,与委员零距离接触,面对面交流,共商全县改革发展大计;委员们认真履职,对政府工作报告和其他报告进行广泛协商讨论,提出了许多建设性意见,积极展示了责任担当。在县政协九届三次常委会议上,政协常委对全县上半年经济社会发展情况专题协商,提出了完善基础设施、加快重点项目建设等建议。政协专委会与对口联系的职能部门,政协各活动组与当地党委、政府和县直单位,就项目建设、城市精细化管理等协商恳谈,有关意见建议得到采纳。如龙潭镇活动组在视察镇中学时,关注到学校门口未设置减速带,立即协调交警等部门进行了整改。

谋良策出实招。我们以协商为平台、调研为载体、专委会为主体,围绕美丽乡村建设、征地拆迁工作等开展主席会议视察,找准重点工作与建言献策的结合点。在视察前,通过调研走访掌握全面翔实的第一手素材,做到视察建言有基础;在视察中,发挥政协人才库、智囊团的优势,做到协商建议有深度;在视察后,综合各方

意见，形成视察报告，报送县委县政府相关领导，确保建言献策有成果。如就征地拆迁视察中委员们的建议，形成主席会议视察报告，提出成立征拆小分队、实施精准征拆、加速清零交地等建议，为推进征拆工作献计出力。

抓评议帮实忙。2017年，对县住房和城乡规划建设局、县畜牧兽医水产局、县文体广新和旅游局进行民主评议，制定实施方案，成立三个评议小组分别进行一对一指导。我们坚持“促工作是目的、找问题是重点、抓整改是关键”的原则，帮助被评议单位发现问题，有针对性地补齐工作短板，实现了政协评议和部门工作“两不误、两促进”。在走访调查中，共发放测评表、征求意见表等149份，召开座谈会16次，收集意见建议278条，原汁原味地向被评议单位反馈；组织召开了民主评议测评会，与会的60名政协委员现场评分，测评结果现场公布。结果显示，三个单位均被评为民主评议工作优秀单位。

（二）以履职为民为主旨，全力助推民生改善

一年来，我们不忘为民服务初心，在为民谋福祉上持续用功，让人民走进政协，让政协服务人民。

大会发言有深度。大会发言是政协委员为民生建言的重要形式。在九届二次全会上，围绕全县发展重心，精选建言课题，10位委员就加速融城发展、对接“一谷三区”建设、加快推进我县分级诊疗制度实施、加快学前教育发展等进行参政议政发言。上述建言得到了县委县政府领导的充分肯定，县委书记罗绍昀现场作了批示，县政府将委员所提建议纳入政府工作部署中作出了具体安排。

提案办理有力度。一年来，共收到委员提案94件，立案67件，涉及我县政治、经济、文化和社会事业等领域，主要为优化经济发展环境、加快重点项目建设、推进教育均衡发展等，提案涉及面广、质量高、操作性强，对当前社会重点、民生热点问题把握准确，充分体现了委员的参政议政热情。为促进提案成果转化，我们对《破解拆违控违难的几点建议》《关于有效控制贫困户返贫的建议》《关于加强农村公路改造升级和养护管理的建议》等6个提案重点督办。其中，以优化项目建设环境为主要内容，举办第四期电视问案，让基层委员、市民代表与相关单位负责人面对面咨政、沟通、协商，并首次通过“掌上渌口”APP进行现场直播，取得了良好反响。

专题调研有广度。我们围绕服务企业促发展、朱亭古镇开发、县城停车场建设等三个课题，组成调研组，开展多种形式的调查研究。到全县25家工业企业调查走访，听取企业负责人的意见建议，了解企业发展中的难点问题；召开朱亭古镇开发专题座谈会，听取有关专家的意见建议，为古镇开发“把脉问诊”；到县城各适建场所勘察，实地了解县城内停车场现状以及泊位总量，分路段提出具体解决方案。三个课题调研组分别形成了《做优做实服务，助推企业发展》《关于对朱亭古镇旅游开发建设情况的调研报告》《关于县

城停车场现状的调研报告》等调研成果，供县委县政府决策参考。同时，各活动组充分发挥自身优势深入调研。其中，农林活动组到军山、凤凰山林场就林业生态环境保护与发展专题调研；工交科技活动组和农林活动组到养殖专业户中联合调研，并就大多数养殖户抱团发展愿望，协调县科协牵头成立了县农村专业技术联合会。

（三）以团结民主为主题，广泛凝聚各方共识

一年来，我们注重发挥优势，增强包容性，扩大团结面，就助推全县经济社会发展进一步凝聚共识。

加强联络沟通。发挥渠道畅通优势，积极为民主党派、工商联、无党派和社会各界人士创造协商空间，优化议政环境。在市政协组织开展的“项目攻坚年”、优化经济发展法治环境、市级养老体系建设、分级诊疗制度建设、公共文化服务体系建设等调研视察中，组织民主党派、工商联、无党派的委员参加，为他们履职建言搭建舞台。重视与民主党派、各界别阶层人士的沟通联系，县政协主席会议成员通过走访和座谈等形式，增进彼此了解、表达党政关怀、传递党政信息。积极发挥驻县市政协委员的作用，协调住县市政协委员通过大会提案、小组发言等形式发声建言，向市政协提交了《对接南进战略，打造产业聚焦新园区》《支持株洲县段湘江东岸风光带建设》等多篇提案和社情民意，为我县发展争取上级支持。

投身中心工作。密切配合全县“项目攻坚年”“企业帮扶年”活动，主席会议成员按照县委统一部署，积极投身全县中心工作，在项目攻坚、抗洪救灾、信访维稳等工作中深度参与、积极助力。政协全体机关干部在征地拆迁、精准扶贫、招商引资等工作中全力以赴、积极作为，为全县中心工作推进出谋出力、添砖加瓦。我们发挥组织优势，开展了丰富多样的公益活动。其中，教育活动组委员开展扶贫志愿活动，为龙门镇李家村 36 户贫困户发放降暑物资和慰问品；文艺活动组委员积极开展家庭教育理念讲座和心理咨询服务，传播正能量。我们倡导委员发挥自身优势，全面参与委员助力脱贫攻坚“三个一”主题活动（即政协委员帮扶一户贫困户家庭增收、帮助一名困难人口就业、帮助一名贫困学生就学），坚持常走访、常联系、常帮扶，将政协人的关怀和温暖送到贫困家庭：郭立华委员向龙潭镇贫困大学生捐款 5000 元，帮助其继续学业；张文委员为淦田镇易水莲等 3 位贫困群众送鸡苗和饲料，并组织义工帮助他们销售土鸡；周文斌委员发挥公司市场作用，为贫困户提供农林果蔬种植技术服务，并吸纳 30 多名贫困群众就业。

挖掘文史资源。充分发挥文史资料“存史、资政、团结、育人”的作用，传承县域优秀文化，展现渌湘文化特色。开展“我与株洲县”征文活动，吸引全国各地的县籍人士积极投稿，共征集到稿件 60 多篇，吸引了更多渌湘在外成功人士关注家乡、心系发展。在此基础上，我们组织力量编写了我县文史资料，定名《渌口故事》，全书共 4 章 16 篇 30 多万字，以身边的人和

事为线索，反映渌湘日新月异的变化，展现我县在历史文化、民俗风情、城市建设等方面的多彩面貌。

（四）以教育培训为主轴，不断加强自身建设

一年来，我们以委员培训、“两学一做”学习教育为主轴，不断提高队伍整体素质，增加工作动力、增添履职活力。

强化制度建设。坚持以制度化为引领，推进规范化、程序化，不断健全政协工作制度。为加强管理，发挥好各专委会、活动组的作用，我们制发了《政协株洲县委员会委员履职考核办法》《政协株洲县委员会关于对镇和城区活动组工作考核办法》等文件，加强对委员及活动组履职的考核管理，强化制度保障，促进规范履职。强化能力建设。换届后，我们始终注重委员履职能力提升。在县政协九届一次常委会上，市政协文教卫体委主任石慧彬来县，就政协章程的主要内容辅导解读。举办全体委员培训班，由省政协常委、经科委主任吴金明和省社会主义学院副院长周述杰、县政协副主席陈代陆分别就“2017年经济形势与协商民主”“习近平总书记关于统一战线的新思想、新论断”“政协委员如何参政议政”等，进行专题授课。组织骨干委员赴井冈山开展学习教育，通过现场教学、访谈教育等形式，感悟体验“井冈山精神”。多形式、多层次的学习培训，让委员对人民政协的性质、地位、作用的认识得到提高，履职自觉性进一步增强。我们还在委员中推广应用“政协云”，全面部署“微建议”试点工作，收集微建议105条，交办39条，有效拓宽了委员的履职途径。

强化机关建设。按照县委总体部署，政协机关精心组织并扎实推进“两学一做”学习教育，落实支部主题党日活动制度，开展中国共产党第十九次全国代表大会（以下简称“党的十九大”或“十九大”）重要精神、廖俊波先进事迹等学习；狠抓“两个责任”落实，着力在转变思想观念、完善体制机制上下功夫，党的建设进一步加强。一年来，我们认真做好机关日常管理工作，积极参与全县中心工作，全心全意为委员服务，确保了服务理念更新、工作标准提升，政协机关形成了团结和谐、奋发进取的良好氛围。

各位委员、同志们，回顾过去一年的工作，我们深深感到，所有这些成绩的取得，是中共株洲县委坚强领导的结果，是县人大、县政府、县人武部及社会各界大力支持的结果，是广大政协委员、各民主党派、工商联、无党派人士、各人民团体积极参与、共同努力的结果。在此，我谨代表县政协常委会，向所有关心、支持县政协工作的各位领导、同志们、朋友们和全体政协委员，表示崇高敬意和衷心感谢！

同时，我们也看到，面对新时代、新思想、新征程，县政协工作还存在一定差距，主要表现在：促进履职成果转化的机制有待进一步健全；委员主体作用发挥尚不充分，履职意识和履职能力仍需提升；政协履职为民的平台载体还需进一步丰富等。对此，我们必须高度重视，认真研究，着力改进。

二、2018年工作意见

2018年，是深入学习贯彻落实党的十九大精神的关键之年。新的一年，县政协工作的指导思想是：在中共株洲县委的领导下，以习近平新时代中国特色社会主义思想为指导，全面学习贯彻落实党的十九大精神，按照县委全会的总体部署和要求，牢牢把握团结和民主两大主题，认真履行政治协商、民主监督、参政议政职能，为全县经济社会发展贡献智慧和力量。

（一）认真学习，全面贯彻落实党的十九大精神

把学习贯彻十九大精神作为当前和今后一个时期的头等大事和首要政治任务，以十九大精神统领政协各项工作。

以十九大精神确保工作方向。我们将组织开展政协主席会议班子、政协常委、全体委员和政协机关等不同层面的学习培训，引导全县政协组织、政协委员和各界人士，切实把思想和行动统一到十九大精神上来，统一到省市县委的决策部署上来，不断增强政治意识、大局意识、核心意识、看齐意识，自觉维护好县委对政协工作的领导，确保政协各项工作服从服务于全县经济社会发展大局。

以十九大精神指导工作实践。我们将自觉落实党的十九大对人民政协工作的新要求，提高政治站位，放大工作格局，把协商民主贯穿政治协商、民主监督、参政议政全过程，努力提升民主协商水平。将按照县委统一部署，完成主席会议成员承担的联系重点项目和重点工作任务，引导委员在“打造‘三区一中心’，推进‘四个一体化’”的建设热潮中，履参政设谋之责、尽协调联络之力。

以十九大精神促进团结合作。我们将按照十九大关于“着力增进共识、促进团结”的精神，突出团结、民主两大主题，充分发挥政协组织联系面广、包容性强的优势，积极组织各民主党派、工商联和无党派人士参加政协各项活动，进一步畅通协商议政、建言献策的渠道。

（二）扎实履职，努力做好新时代人民政协工作

自觉聚焦全县改革发展大局，充分发挥民主协商的主渠道作用，把政协工作放到推进社会主义协商民主的整体布局中思考谋划，在服务新时代、新发展中进一步彰显政协价值。

深层次开展政治协商。把政治协商的重心放在县委、县政府重大决策部署上，紧扣“产业项目建设年”这一主抓手，围绕城镇发展、园区建设、行政体制改革以及“乡村振兴”战略推进、“一门式”政务服务实施等进行专题协商，进一步规范政治协商的内容、形式和程序，更加重视协商议政成果的转化，全面提高政治协商的质效。

全方位推进参政议政。我们选择“党政所需、群众所盼、政协所能”的课题，以新的视角、新的见解、新的对策，深入调查研究，提高调研报告的含金量，为县委县政府决策提供重要参考。积极探索做好提案工作的有效途径，加强重点提案遴选督办，继续选取一个重点提案开展电视问案，确保提案落实率、办结率和委员满意

率不断提高。

多形式加强民主监督。继续加强和完善民主评议工作，在知情、沟通、反馈等环节上健全机制，今年继续确定三个单位开展民主评议。支持委员以行风监督员等身份参与多种形式的民主监督，定期向委员通报全县中心工作开展和重点建设项目推进情况，为委员开展民主监督搭建平台、创造条件。引导委员把民主监督融入协商议政、调研视察、反映社情民意及撰写“微建议”等日常工作之中，进一步拓宽监督渠道。

（三）关注民生，助推实现人民向往的美好生活

牢固树立人民政协履职为民的理念，深入体察民情，积极反映民意，助推全面加强和改善民生。

聚焦民生。选择事关社会和谐稳定的重大民生问题，通过多层次协商、多方式视察，切实助推民生实事落到实处。扩大提案督办内容，加大民生类提案督办力度。继续开展委员助力脱贫攻坚“三个一”主题活动，进一步开展捐资助学、扶贫帮困等社会公益活动，真心实意为民办实事、解难事、做好事。

畅通民意。发挥人民政协位置超脱、渠道畅通的优势，协助县委县政府做好群众利益问题的协调处理工作，倡导通过协商途径解决问题、化解矛盾，更好地保障广大群众的切身利益。结合精准扶贫、征地拆迁等中心工作，认真宣传党的各项惠民政策，为广大群众增添信心、增加动力。集中民智。组织委员深入基层、深入群众，认真听取和收集来自不同角度、不同视点的意见，通过调研、视察、提案、座谈、走访等多种形式，集中群众智慧，反映群众心声。加强微建议工作的探索实践，助推党委政府微协商、微服务工作，有效打通联系服务群众的“最后一公里”。

（四）锤炼作风，倾力强化人民政协自身建设

不断加强政协自身建设，继续完善相关工作机制，全面提高工作水平，为有效履行职能、充分发挥作用提供有力保障。

切实增强履职能力。我们将继续开展委员学习培训，把学习贯彻十九大精神作为学习培训的重要内容，提高培训的针对性、有效性，让委员履职更加准确、高效；进一步加强对政协委员履职的考核和管理，建立委员履职台账，完善评优评先、进入退出机制；完善有序参与民主监督的工作制度，吸纳更多的委员参与政协各种活动。

切实增强工作活力。强化政协专委会的基础作用，密切专委会与对口单位的联系，并加强对界别和委员的指导。发挥政协各活动组的作用，倡导开展形式多样的履职活动，提升委员履职的组织化水平。我们将大力宣传政协委员在各项工作中的突出贡献，树立委员榜样，展示委员风采，激发委员热情。

切实增强机关张力。进一步落实“两个责任”，组织机关全体党员开展“不忘初心，牢记使命”主题教育；加强党风廉政建设，筑牢思想防线，进一步营造风清气正、团结干事的良好氛围；将年度重点工作逐项分解到各委办，落实责任到人，确保按

时优质完成；动员和组织机关干部继续在精准扶贫、征地拆迁、招商引资等中心工作中主动融入、积极作为。

各位委员、同志们，新时代新使命，召唤新气象和新作为！让我们在中共株洲县委的坚强领导下，倍加珍惜时代机遇，倍加珍惜组织重托，倍加珍惜人民期盼，忠诚履职、团结奋进，为创造株洲县更加美好的未来而努力奋斗！

专辑

湖南省爱国主义教育基地——杨得志故居

杨得志故居坐落在株洲县南部交通便利的南洲镇湘渌村(原南阳桥乡三望冲村),是湖南省省级文物保护单位、株洲市爱国主义教育基地。2011年1月3日杨得志故居开馆,实行对外免费开放,故居每年接待游客10万人次以上。2010年,为纪念杨得志将军诞辰100周年,株洲县按照“修旧如旧”的原则,对故居进行了修缮和加固,修缮后的杨得志故居占地面积789.5平方米,展厅面积400平方米,布展陈列分2个展厅,分别为杨得志生平业绩展和杨得志故居复原陈列。2013年新建游客服务中心,2014年、2015年新建人民英雄纪念碑、抗战浮雕墙、军事博物馆、大型纪念广场并树立铜像,2016年新建景区门楼、新修进景区道路。2017年1月,杨得志故居被湖南省确定为爱国主义教育基地。

株洲湘江七桥竣工通车

株洲湘江七桥(K2+522)位于渌水湘江出口上游约400米。株洲航电枢纽下游约5公里处。桥梁全长957.13米,其中主桥长650米、引桥长307.13米。桥宽28.0米,双向六车道。株洲湘江七桥总投资3.35亿元,于2014年10月20日正式开工,2017年3月21日竣工通车。

株洲县获评全省综治工作考核先进县

2017年,株洲县委、县政府以“实施六五长安工程”为抓手,以“构建平安和谐渌湘”为目标,扎实推进全县社会治安综合治理,县委书记任综治委主任,将综治工作纳入县委、县政府中心工作来统筹安排。全县共安排综治专项经费200万元,县综治办增设一名副主任和一名综治专干。镇一级从事综治维稳的人员不少于5人,村一级不少于3人,全年共评选县级“平安家庭示范户”1300余户,镇级“平安家庭示范户”8000余户,同时加大对巡防宣传、矛盾调处、管教帮教力度,创办“平安渌湘”电视新闻专栏,将省、市驻县单位纳入综治考评体系,对群众反映强烈以及其他需要重点治理的治安突出问题进行挂牌督办,限期治理。经省委、省人民政府考核评估,株洲县获评全省综治工作考核先进县。

株洲“珠江农行银行”挂牌营业

株洲珠江农商银行的前身为株洲县农村信用社,该社成立于1953年,2011年完成统一法人改革。下辖33个营业网点。2017年,株洲县委、县政府按照省、市政府有关工作要求,积极履行政府主导责任,把株洲县信用联社改制作为深化县域农村金融改革的重要举措和重点工程统筹推进。县政府成立了筹建工作小组,多次召开专题会议,明确“加快发展、资产置换、溢价募股、引进战略投资”四管齐下的改革思路。同时，大力支持株洲县用联社开展不良贷款清收，开展房屋、土地类固定资产确权，给予土地资产置换不良资产等政策支持，优化改制环境，减轻改制主体负担。12 月 26 日，株洲珠江农村商业银行股份有限公司正式开业。

举办乡村文化旅游节

2017 年，株洲县委、县政府通过将生态农业、乡村旅游、文化活动有机融合，充分展示生态松西子、人文株洲县的美丽形象，进一步促进旅游产业的发展，开发松西子生态休闲旅游，推动公共文化服务体系示范区和国家 AAA 级景区的创建。成功举办“‘花约松西子’庆‘三八’”、“金色松西子”摄影、“妙手绘花海”绘画写生、“我最油菜花”晒图拿奖等活动。通过登山、观花、摄影、绘画活动的开展，丰富了乡村文化旅游节内容。

全方位扶贫

2017 年，株洲县共认定贫困人口 3342 户，10058 人，贫困村 12 个；异地搬迁 137 户，427 人；改造房屋 537 栋，发放扶贫小额贷款 496 户，1720.9 万元；培训贫困劳动力 2000 余人，聘用 130 名贫困户劳动力为生态护林员。帮扶企业 131 家，开展贫困户技能培训 55 次，培训人员 2946 人；12 个贫困村均建有合作社；建立电商服务中心，8 个镇开放农家商店 200 家，投入 676.27 万元在 12 个贫困村建立村级光伏电站 726 千瓦，户用电站 110 千瓦。建立健康扶贫防线、大幅减轻扶贫户就医负担，为贫困学生统一购买平安保险和相关教辅资料，发放各类助学金 279.6 万元；不断完善临时救助、医疗救助制度，率先在居民医保报销单上增设“民政医疗”救助模块，将农村最低生活保障标准提高到每人每月 280 元。设立 1000 万元产业扶持基金，扶持带领企业 17 家。年内贫困户注册 3897 人，社会爱心人士注册 3193 人。在湖南省 2017 年度脱贫攻坚工作考核中，株洲县在二类县市区中位列 26 名。

王十万黄辣椒

株洲县龙船镇（于 2015 年 11 月由堂市乡、王十万乡合并）地处株洲县西南湘江之滨，属中亚热带季风湿润气候区，大陆性气候特征比较明显，具有气温高，光照足，降水多，无霜期长等特征，生物资源丰富，农作物繁多。其中最具盛名的是黄辣椒。其果实呈手指状，顶端渐尖且常弯曲，未成熟时为绿色，成熟后成独特的金黄色，皮透明，比普通辣椒辣，微甜、香脆，口感极佳。王十万黄辣椒种植已有 1400 多年的历史，其独特的品质主要源于由湘江支流河口泥沙淤积形成的特殊砂质土壤——青夹泥。青夹泥母质为第四纪红色黏土，湖积物和板页岩，石灰岩风化物等，pH 值呈弱碱性。仅有河包、长源、榜头、赤石、神山等几个靠河口的村种植的黄辣椒具有独特的品质，产品畅销省内外。（张恺鹏）

县情综述

行政区划

2017年,株洲县辖8个镇,1个场,共有129个村民委员会,10个居民委员会,3289个村(居)民小组。土地总面积1053.6平方千米。耕地保有量25364.38公顷,基本农田保护面积20811.35公顷。户籍总人口35.2万人,常住人口29.83万人,城镇化率46.16%。出生人口4056人,出生率为11.6‰,死亡人口5707人,死亡率16.3‰,人口自然增长率-4.7‰。

株洲县2017年度国民经济和社会发展概况

2017年，株洲县面对复杂多变的国内外经济发展环境，在县委、县政府的坚强领导下，全面贯彻落实中共十九大精神，以习近平新时代中国特色社会主义思想为指导，坚持稳中求进的工作总基调，紧紧围绕“加速融城、加快发展，打造‘三区一中心’，推进‘四个一体化’”发展思路，以提高发展质量和效益为中心，着力稳增长、调结构、惠民生、促改革，优环境等各项工作，县域经济实现持续健康发展。

一、综合

初步核算，地区生产总值140.9亿元，同比增长8.0%。其中，第一产业增加值22.3亿元，同比增长3.6%；第二产业增加值71.3亿元，同比增长7.4%；第三产业增加值47.3亿元，同比增长11.3%。按常住人口计算，人均地区生产总值为47336元。

三次产业结构由上年的16.8∶51.5∶31.7调整为15.8∶50.6∶33.6。一、二、三次产业对GDP增长的贡献率分别为7.2%、49.4%、43.4%，拉动GDP增长0.6个、3.9个、3.5个百分点。

二、农业

实现农业总产值32亿元，比上年增长3.8%。粮食种植面积3.64万公顷，同比增长2.1%，粮食总产量24.4万吨，同比增长1.4%。稻谷种植面积3.47万公顷，同比增长1.7%，稻谷产量23.5万吨，同比增长0.9%。玉米产量0.27万吨，同比下降3.2%；蔬菜产量27.6万吨，同比增长9.8%；水产品产量11764吨，同比增长0.8%；禽蛋产量5720吨，同比下降12.9%；出栏生猪60万头，同比增长9.5%。

成功创建全省家庭农场示范县、畜禽水产品质量安全示范县。农产品加工企业达到70家，省级龙头企业3家，市级龙头企业22家，建立基地45333.33公顷，带动农户1.1万户。湘春蕨菜、银丹皮蛋等企业发展壮大。升级改造4个城区农贸市场，完成县级美丽乡村建设村8个、人居环境整治村10个、新农村示范片1个。

三、工业和建筑业

全部工业增加值39.6亿元,同比增长7.1%。规模以上工业增加值38.5亿元,同比增长7%。在规模以上工业中,分经济类型看,国有企业增长0.6%,集体企业下降76.5%,股份制企业增长7.9%,外商及港澳台商投资企业增长17.8%,其他经济类型企业下降4%。

规模以上工业中,农副食品加工业增加值比上年增长1.6%,医药制造业增长20.3%,通用设备制造业增长13.2%,计算机、通信和其他电子设备制造业增长18.3%,电气机械和器材制造业下降8.6%。六大高耗能行业增加值增长4.4%。其中,非金属矿物制品业增长9.8%,化学原料和化学制品制造业下降10.3%,有色金属冶炼和压延加工业增长1.1%,黑色金属冶炼和压延加工业增长14.3%。

规模以上工业企业实现主营业务收入120.7亿元,同比增长6.3%,其中包括:国有企业主营业务收入2.4亿元,增长10.9%;股份制企业主营业务收入114.4亿元,增长6.6%。

建筑业实现增加值31.7亿元,增长7.9%。具有资质等级的总承包和专业承包建筑企业完成总产值86.6亿元,增长22.1%。完成房屋施工面积624.4万平方米,同比增长11.1%;房屋竣工面积421.9万平方米,同比增长12.6%。

四、固定资产投资

完成固定资产投资120.3亿元,增长14.6%。在固定资产投资中,第一产业投资18亿元,增长33.3%;第二产业投资28.2亿元,下降17.1%;第三产业投资74.1亿元,增长28.9%。剔除跨区项目和房地产:按经济类型分,国有投资55.1亿元,同比增长40%;非国有投资53亿元,同比增长8.9%,其中民间投资39.9亿元,增长5.3%;按投资方向分,其中产业投资23亿元,同比下降12.9%;基础设施投资51.3亿元,同比增长27.2%,占固定资产投资的47.4%。全年施工项目285个,增长22.3%。其中,新开工项目234个,增长12%。

房地产开发投资11.3亿元,同比下降9.6%。其中住宅投资7.4亿元,同比下降27.3%,商品房屋销售面积40.4万平方米,同比增长10%。住宅销售面积31.5万平方米,同比下降9.4%。商品房销售额13.8亿元,增长20.2%。住宅销售额10.5亿元,同比增长0.8%。

五、国内贸易和旅游

社会消费品零售额达46.1亿元,增长11.3%。按消费形态统计,批发业1.5亿元,同比增长8.5%;零售业38.9亿元,同比增长11.1%;住宿业0.3亿元,同比增长7.9%;餐饮业5.5亿元,增长13.2%。按地区统计,城镇消费38.7亿元,同比增长11.8%;农村消费7.4亿元,同比增长8.5%。在限额以上企业商品零售额中,粮油、食品类零售额增长7.9%,饮料类零售额增长13.4%,烟酒类零售额增长26%,化妆品类增长35.2%,日用品类增长38.1%,中西药品类增长28.1%,石油及制品类下降8.1%。新增市场主体2000余个,省市名牌产品达26个。

进出口总额（海关口径）1364万美元，比上年增长95.1%。引进内资项目91个，合同引进县外资金152.9亿元，实际到位县外资金42.3亿元，比上年增长14.6%。实际利用外资5199万美元，比上年增长13.5%。

接待国内外游客98.6万人次，同比增长19%；实现旅游总收入5.9亿元，同比增长20%。成功打造省五星级乡村旅游示范点2个，创建省旅游扶贫示范点1个，成功举办乡村文化旅游节，杨得志故居获批省爱国主义教育基地。

六、交通运输与邮电

公路货运量1286万吨，比上年增长19.1%。公路货运周转量29319万吨千米，同比增长19.7%。完成农村通畅工程100千米，新改建农村公路200千米，标准化渡口码头改造10座。完成农村公路安保设施100.8千米，窄改宽公路41.7千米，危桥改造8座，农村客运招呼站18个。打造“南北畅通、东西联通”融城通道。“三纵”路网加快建设，东城大道、渌枫大道、渌水二桥、二线船闸加速推进。

实现交通运输、仓储和邮政业增加值2.3亿元，比上年增长5.8%。其中邮政业务收入3990.6万元，同比增长16.6%。年末拥有固定电话用户1.57万户，移动电话用户22.5万户，互联网宽带接入用户4.2万户。

七、财政和金融

完成一般公共预算总收入14.4亿元，比上年增长9.8%。其中，税收收入9.5亿元，增长14.3%。地方收入9.9亿元，增长1.5%。上划中央收入3.6亿元，增长39.7%；上划省级收入0.93亿元，同比增长14.9%。完成一般公共预算支出26.2亿元，增长16%，其中社会保障和就业支出3.6亿元，增长32.4%。

年末，金融机构本外币各项存款余额171.1亿元，同比增长15%，居民储蓄存款111.8亿元，同比增长9.1%。本外币各项贷款余额74.8亿元，同比增长19.6%。

八、教育和科学技术

共有基础教育校（园）135个。其中，幼儿园65所，教学点22个，小学23所，初中5所，一贯制学校14所，普通高中4所，职业高中2所，有在校学生31665人。其中，学前教育7233人，小学教育13722人，初中教育5539人，高中教育5171人。2017年高考二本以上录取508人，录取率44.88%。在编在职教师2314人。共发放助学金1058万元，资助贫困学生1.145万人次。购买普惠性民办幼儿园园位3452个，完成48所薄弱学校改造，建设114套教师周转房，推进3所城区小学扩建增容，实现公办幼儿园各镇全覆盖。

实现高新技术产业总产值42.2亿元，比上年增长7.9%；实现高新技术产业增加值13.2亿元,增长7.2%。承担重大开发（及转化）项目8项，完成专利申请172件，增长4.9%。共有农业科技示范户1278户，科技下乡2.5万人次。申报市级科技专项9个，完成“百项科技成果转化”任务8项，1

人获评市级科技创业领军人才。

九、文化、体育和卫生

现有文化馆1个，公共图书馆1个，广播台1座，电视台1座，有线电视用户18318户。成功举办“欢乐潇湘·幸福渌湘”等大型文体活动。两馆一所免费开放，其中杨得志故居接待9.8万人次。开展送戏下乡30场，完成送电影下乡3000场，实现综合文化站覆盖率100%。开展非物质文化遗产传承人培训班，培训30余人。非物质文化遗产传承示范基地在松西子田园山庄成立。

体育设施达到531个。其中，室内体育设施12个，室外体育设施519个。总场地面积56.1万平方米，人均设施面积1.9平方米。成功申报昭陵社区多功能运动场和淦田镇农民健身工程项目。县代表团参加株洲市第十三届运动会取得较好成绩。

现有医疗卫生计生单位18个，其中，县直医疗卫生计生单位6个、乡镇卫生院12个，村卫生室159个。共有医疗卫生人员1346人，包括拥有高级职称的医务工作者45人、中级职称254人、初级职称857人。平均每千人有卫生技术人员4.6人；拥有开放床位1363张，每千人拥有床位4.7张。农村适龄妇女“两癌”免费筛查8011人，孕产妇免费产前筛查3943人，确保贫困人口健康档案建档率100%，健康管理率100%。公开招聘专业技术人员61人，引进高层次卫生专业技术人才8人。淦田、朱亭镇中心卫生院获全国“群众满意乡镇卫生院”。

十、资源、环境和安全生产

初步核算，规模工业综合能源消费量20.2万吨标准煤，比上年增长7.2%。空气优良天数比例78.1%，较上年提高3.2个百分点。4个省环保厅认可的水质环境监测点位饮用水源地水质达标率为100%，农村垃圾集中处理率90%，集中整改中央环保督查交办问题17件。报批项目用地218.1公顷，严格落实耕地保护目标责任制，确保耕地保有量25364.38公顷，基本农田保护面积20811.35公顷。新增管输天然气用户391户，城镇化污水处理率92%，水质综合合格率99%，绿化覆盖率32.9%。棚户区住房改造2587户，危房改造429户，公租房（含廉租房）完成开工建设4981套，拆除农村危旧土坯房429余栋（处），关停非法码头和非法洗砂场6个。实施征地拆迁“清零扫尾”专项行动，签订房屋征拆协议576户，拆除房屋643栋。

发生各类安全事故9起。其中，工贸行业发生事故0起，道路交通事故9起，同比下降10%。直接经济损失71万元，同比增长40%。未发生一起较大及以上生产安全事故。

十一、人口、人民生活和社会保障

截至2017年年末户籍总人口35万人，常住人口29.83万人，城镇化率46.16%。根据公安户籍数据显示：全县出生人口4056人，出生率为11.6‰，死亡人口5707人，死亡率16.3‰，人口自然增长率-4.7‰。

全县居民人均可支配收入21190元，

比上年增长8.8%。城镇居民人均可支配收入31545元，同比增长8.4%。其中，工资性收入16876元，同比增长9.1%。农村居民人均可支配收入17362元，同比增长8.6%。其中，工资性收入11094元，同比增长7.1%。城乡居民人均生活消费支出14093元，比上年增长8.3%，其中，文教娱乐服务消费支出2563元，占消费总支出比重为18.2%。城乡居民人均住房面积70.6平方米，同比增长4.7%。

发放创业贷款1053万元，新增城镇就业2411人，新增农村劳动力转移就业1537人，大力推进脱贫攻坚，实现脱贫550户，1803人。养老保险、城乡低保、医疗保险持续提标。共发放城乡低保资金3796.8万元，发放集中和分散供养五保资金1278.5万元，城乡低保人均救助水平分别由2016年320元和112元每月提高至336元和128元每月。农村五保人均补助由2016年300元每月提高至316元每月。新建改扩建敬老院2所，推进居家养老示范点建设1所，新增养老服务床位142张。年末参加城乡居民基本养老保险人数18.6万人；参加城镇居民基本医疗保险人数24297人；参加机关事业单位养老保险人数9717人；参加工伤保险人数23397人；参加生育保险人数14304人；参加失业保险人数11100人；参加新型农村合作医疗保险人数270340人，参保率为99%。

（资料来源：县统计局）

注：

1. 本公报数为初步统计数。

2. 生产总值、各产业增加值绝对数按现价计算，增长速度按可比价计算。

3. 部分数据采取四舍五入，与总数会有出入。

4. 数据来源：本公报中安全生产数据来自县安全生产监督管理局；交通运输数据来自交通局；邮政、电信数据来自邮政局和三大网络运营商；对外经济数据来自商粮局；财政数据来自财政局；金融数据来自各银行；环保数据来自环保局；资源数据来自国土、住建、房产局、征拆办；教育、卫生、科技和文化体育旅游数据分别来自教育局、卫生局、经科局和文体广新旅游局；社会保障数据来自人社局、民政局、扶贫办。

大事记

大 事 记

1 月

3 日　市政府党组成员、副市长提名人选顾峰到县参加株洲市第三次全国农业普查入户登记启动仪式。

12 日　中共株洲县委十届三次全体(扩大)会议暨县委经济工作会议召开。

23 日　市人大常委会副主任钟燕调研龙门镇李家村脱贫攻坚工作。

25 日　县第十二届人民政府召开第一次全体(扩大)会议。

2 月

12 日　省督查组到县督查安全生产工作。

12—14 日　县政协九届委员会召开第二次全体会议。

13—15 日　县十二届人民代表大会召开第二次全体会议。

14 日　省高级人民法院党组书记、院长康为民到县调研法院司法改革工作。市委常委、政法委书记杨玉芳,县委书记罗绍昀、县政协主席王亚男参加调研。

16 日　由工业和信息化部副部长徐乐江带队的国务院水泥玻璃淘汰落后产能专项督查组到县开展专项检查,实地查看华新水泥公司水泥窑协同处理生活固废项目。市委副书记、市长阳卫国,副市长何朝晖,县委书记罗绍昀,县委副书记、县长刘克胤参加督查。

△ 市人大常委会副主任刘春生到龙门镇花冲村调研扶贫攻坚,走访慰问贫困家庭。县委书记罗绍昀、县人大常委会主任罗禧瑰参加调研。

21 日　省建筑设计院院长蒋涤非到渌口镇调研城镇设计建设工作。县委书记罗绍昀出席座谈会。

29 日　株洲县荣获湖南省 2016 年度“外资外经工作先进单位”称号。

3 月

2 日　市人大常委会党组书记、常务副主任刘光跃,副主任刘柏生到县开展人大工作专题调研。县委书记罗绍昀,县人大常委会主任罗禧瑰参加调研。

△ 省畜牧局副局长王元宝一行到县督查春季养殖业农资打假行动开展情况。

6日　株洲县新媒体中心正式挂牌，“掌上渌口”APP(手机客户端)同步上线。

7日　市委常委、副市长田卫军到县调研经济社会发展情况。县委书记罗绍昀，县委副书记、县长刘克胤参加调研。

△ 广东中山湖南商会考察团一行到县考察投资环境。县委书记罗绍昀参加考察。

21日　株洲渌口大桥正式通车。

△ 市人大常委会副主任钟燕、市人大老领导鲁立彬深入龙船镇挽洲小学、古岳峰镇栗树坪小学开展乡村小规模学校提质攻坚专题调研。

31日　市委常委、市纪委书记赖馨正到县就防汛、村(居)“两委”换届和企业帮扶等工作进行督查。副市长黄芳，县委书记罗绍昀参加督查。

4月

12日　市人大常委会副主任钟燕到龙门镇李家村调研脱贫攻坚工作，看望贫困户。

17日　省检察院党组副书记、副检察长常智余到县检察院调研工作。

19—20日　市人大常委会副主任、市总工会主席王建之到县开展“实施‘7+6’脱贫攻坚”专项工作评议调研。县委书记罗绍昀，县人大常委会主任罗禧瑰参加调研。

28日　“2017湖南(香港)投资贸易洽谈周”期间，株洲(深圳)动力产业专题对接推介会在深圳市举行。株洲县成功签约3个项目，合同引进资金12亿元人民币。

5月

4日　省人大常委会研究室主任祁圣芳到县调研贯彻落实中办发〔2017〕10号文件精神、加强人大讨论决定重大事项工作机制建设等情况。

5日　县政协委员培训班期间，特邀省政协常委、经科委主任吴金明和省社会主义学院副院长周述杰进行专题授课，学习“习近平总书记关于统一战线的新思想、新论断”。

11日　省国税局局长刘明权到县调研国税工作。

17日　市人大常委会副主任、市总工会主席王建之到县调研“一户培养一产业工人”工程。

23日　省交通运输厅党组成员、副厅长肖文伟到县调研治超工作。县委书记罗绍昀参加调研。

24日　市委常委、纪委书记赖馨正深入青龙湾城乡一体化示范区和株洲航电枢纽二线船闸现场，调研经济发展和项目建设情况。县委书记罗绍昀，县人大常委会主任罗禧瑰参加调研。

25日　市人大常委会副主任刘柏生率驻株省人大代表视察南洲工业园和株洲航电枢纽工程，了解县域经济建设发展情况。县委副书记、县长刘克胤，县人大常委会主任罗禧瑰参加视察。

27日 市人大常委会副主任刘柏生到县调研脱贫攻坚工作。

6月

1日 市人大常委会副主任冯建湘到朱亭镇政花村调研脱贫攻坚工作。

3日 市委副书记、市长阳卫国到龙潭镇砖桥村、朱亭镇政花村调研脱贫攻坚工作,走访慰问贫困群众。县委书记罗绍昀,县委副书记、县长刘克胤参加调研。

5日 副市长、公安局长李晓葵到朱亭镇湖南湘春农业科技开发有限公司开展企业帮扶工作。

14日 株洲市“一户一产业工人”培养工程工作推进会在株洲县召开。市委副书记雷绍业出席并讲话。县委书记罗绍昀、县委副书记朱江出席会议。

16日 市政协副主席周雪辉到县调研“项目攻坚年”工作。

21日 株洲军分区司令员李波到县调研人民武装工作。县委书记、县人武部党委第一书记罗绍昀参加调研。

22日 全国妇联副主席、书记处书记谭琳到县调研基层妇联组织改革工作。市委副书记雷绍业,县委书记罗绍昀参加调研。

26日 市委常委、纪委书记赖馨正到县检查防汛工作。县委书记罗绍昀参加检查。

△ 市人大常委会党组书记、常务副主任刘光跃到淦田镇南塘村调研脱贫攻坚工作。县委书记罗绍昀、县人大常委会主任罗禧瑰参加调研。

27日 国家统计局湖南调查总队和株洲调查队到县核查春播面积、调研早稻生产形势。

7月

2日 市委副书记、市长阳卫国到县督查湘江险情处置工作,查访防汛值守情况。

3日 市委书记、市人大常委会主任毛腾飞到县督查防汛工作。

20—21日 省人大常委会法工委副主任胡雪清到县调研规范性文件备案审查工作和《湖南水上交通安全条例》实施情况。

27日 县政协以优化项目建设环境为主题举行第四期“电视问案”。

28日 市委常委、纪委书记赖馨正到县讲授“学党章党规、学系列讲话,做合格党员”学习教育专题党课。县委书记罗绍昀,县委副书记、县长刘克胤,县委副书记朱江、县人大常委会主任罗禧瑰,县政协主席王亚男参加学习。

8月

18日 株洲军分区司令员李波到县调研人民武装工作。

22日 省委督查组一行到县开展信访工作专项督查。

23日 市委书记、市人大常委会主任

毛腾飞，市委副书记、市长阳卫国到县调研园区和产业发展工作。县委副书记、县长刘克胤参加调研。

24日　由湖南股权交易所和株洲县人民政府主办的“湖南股权交易所株洲县经济专版”暨首批50家企业集体挂牌仪式举行。市委常委、副市长田卫军，县委副书记、县长刘克胤出席仪式。

27日　省委副书记、省长许达哲到县调研转型升级、园区建设、产业发展、环境保护等工作。市委书记、市人大常委会主任毛腾飞，市委副书记、市长阳卫国，县委书记罗绍昀，县委副书记、县长刘克胤参加调研。

30日　国家发改委国际合作中心考察组一行实地考察青龙湾城乡一体化示范区、南洲镇湘渌村、南洲工业园和株洲航电枢纽二线船闸。

9月

7日　市委常委、宣传部部长聂方红到县调研基层文化工作。县委书记罗绍昀参加调研。

△ 市委常委、政法委书记杨玉芳到朱亭镇调研文化旅游特色小镇建设。

12日　市委常委、统战部部长覃万成到县调研统战工作。

13日　住房和城乡建设部城镇供水规范化管理考核组一行到县考核城镇供水规范化和二次供水设施建设管理情况。

14日　市委书记、市人大常委会主任毛腾飞，市委副书记、市长阳卫国深入东城大道项目建设现场，督查建设进度，协调解决具体问题。副市长何朝晖，县委书记罗绍昀参加督查。

△ 亿杰电子科技产业园项目举行开工仪式。市政协主席蔡溪宣布项目开工，副市长、市公安局局长李晓葵，县委书记罗绍昀，县委副书记朱江，县人大常委会主任罗禧瑰，县政协主席王亚男出席开工仪式。

18日　市人大常委会副主任邓尚文到龙潭镇砖桥村调研精准扶贫工作。

19日　市委常委、统战部部长覃万成到龙门镇花冲村、淦田镇南塘村开展脱贫攻坚“三走访”活动。县委书记罗绍昀，县委副书记、县长刘克胤参加走访。

△ 市委常委、统战部部长覃万成到县调研统战工作。县委书记罗绍昀参加调研。

21日　市人大常委会原副主任汤少云率驻县市人大代表视察税收工作。县人大常委会主任罗禧瑰参加视察。

30日　副市长何朝晖到龙潭镇新燕村慰问贫困户。

10月

10日　省教育厅副厅长王玉清到县调研城乡义务教育一体化改革和义务教育发展情况。县委书记罗绍昀参加调研。

16日　省委常委、宣传部部长蔡振红到县调研广播电视宣传工作。市委副书记、市长阳卫国，市委常委、宣传部部长聂方红，县委书记罗绍昀，县委副书记、县长刘克胤参加调研。

17日 市人大常委会党组书记、常务副主任刘光跃到县督办市人大代表建议办理情况。市委常委、常务副市长何剑波、市人大常委会副主任刘柏生，县委书记罗绍昀，县委副书记、县长刘克胤，县人大常委会主任罗禧瑰参加督办活动。

21日 市委副书记、市长阳卫国到朱亭和龙潭镇调研乡村振兴工作。县委书记罗绍昀参加调研。

24日 市人大常委会2018年立法计划调研座谈会在株洲县召开，市人大常委会副主任邓尚文、县人大常委会主任罗禧瑰出席会议。

31日 株洲市提升高中教育教学质量建设会议在株洲县召开。副市长杨胜跃出席会议。

11月

2日 市委副书记雷绍业到县调研脱贫攻坚、美丽乡村建设等工作。县委书记罗绍昀，县委副书记、县长刘克胤参加调研。

6日 市委书记、市人大常委会主任毛腾飞到县调研脱贫攻坚“三走访”工作。市委常委、市委秘书长毛朝晖，副市长顾峰，县委书记罗绍昀，县委副书记、县长刘克胤参加调研。

7日 市委副书记雷绍业到县调研东城大道建设情况。

8日 市人大常委会副主任王建之到县调研工业园区建设情况，县委书记罗绍昀、县人大常委会主任罗禧瑰参加调研。

13日 市委副书记雷绍业到县调研东城大道建设情况。

14日 国家发改委城市和小城镇中心主任徐林到县调研青龙湾城乡一体化项目。副市长谭可敏，县委书记罗绍昀，县委副书记、县长刘克胤参加调研。

24日 株洲县举行学习贯彻中共十九大精神市委宣讲团报告会暨县委理论学习中心组集中(扩大)学习会。市委宣讲团成员、市委宣传部常务副部长颜峻作专题报告，县委书记罗绍昀主持并讲话。

12月

5日 省政协副主席、民盟省委主委杨维刚到县调研盟务工作和“盟员之家”建设。市委副书记雷绍业，县委书记罗绍昀，县政协主席王亚男参加调研。

12日 市人大常委会副主任李智到龙潭镇新燕村督查脱贫攻坚迎省检工作，走访看望结对帮扶贫困户。县人大常委会主任罗禧瑰参加督查。

13日 市委副书记、市长阳卫国到县召开座谈会，就《政府工作报告》听取意见建议。市政府秘书长龙志华，县委书记罗绍昀，县委副书记、县长刘克胤，县人大常委会主任罗禧瑰，县政协主席王亚男，攸县、醴陵“四大家”主要负责人，以及部分市人大代表、政协委员出席会议。

△ 市政协主席蔡溪到淦田镇调研特色小镇建设。县委书记罗绍昀，县委副书记、县长刘克胤参加调研。

14日 市人大常委会副主任刘柏生

到朱亭镇龙凤村督查脱贫攻坚迎省检工作，走访慰问贫困户。县人大常委会主任罗禧瑰参加督查。

17日 市委副书记、市长阳卫国到县调研美丽乡村建设和土坯房集中整治工作。副市长顾峰，县委书记罗绍昀，县委副书记、县长刘克胤参加调研。

19日 副市长顾峰巡视湘江株洲县段，督查河长制工作落实情况。县委书记罗绍昀参加督查。

20日 国家重点项目潜江至韶关输气管道工程线路四标段开工仪式在朱亭镇马桥村举行。副市长谭可敏出席开工仪式。

△ 省水利厅厅长詹晓安到县调研水利工作。副市长顾峰，县委书记罗绍昀，县委副书记、县长刘克胤参加调研。

22日 全市政府法制工作务虚会在株洲县召开。

26日 省政府考核组到县考核质量工作。

△ 由株洲县农村信用合作联社改制而成的株洲珠江农商银行正式挂牌。广州农商银行行长易雪飞，市委常委、副市长田卫军，县委副书记、县长刘克胤出席挂牌仪式。

28日 湘江流域（株洲县段）东岸综合治理项目正式开工建设。县委书记罗绍昀宣布项目开工，县委副书记、县长刘克胤，县人大常委会主任罗禧瑰，县政协主席王亚男出席开工仪式。

△ 县委召开经济工作务虚会议。县委书记罗绍昀主持并讲话。

政治

中国共产党株洲县委员会

【概况】 2017年,中共株洲县委辖基层党委12个,党总支部134个,党支部626个,有党员17077人。县委紧紧围绕"加速融城、加快发展,打造'三区一中心',推进'四个一体化'"的发展思路,带领全县上下激情干事、务实担当,推动经济社会发展和党的建设取得新的进步。全年完成GDP140.9亿元,同比增长8%;一般公共预算收入14.4亿元,同比增长9.8%,税比66%;固定资产投资120.3亿元,同比增长14.6%;规模工业增加值38.5亿元,同比增长7%;社会消费品零售总额46.1亿元,同比增长11.3%;城镇居民人均可支配收入31545元,同比增长8.4%;农村居民人均可支配收入17362元,同比增长8.6%。

多项工作出新出彩。县委以学习宣传贯彻中共十九大精神为主线,抓重点、补短板、促全局,推动各项工作取得丰硕成果。社会治安综合治理、计划生育继续获评省先进,综治民调总成绩继续保持全市第一,基层党建述职测评列全市第一。战胜历史罕见的洪涝灾害,确保湘渌两江河堤安全,未垮一库一堤,无一人因灾伤亡,没有造成重特大损失,被评为全省抗洪救灾先进集体。面对高标准、严要求的中央环保督察,动真碰硬开展生态环境整治,对7批17件交办件实行全程跟踪、办结销号,一大批环保问题得到有效解决,生态环境明显改善。强力推进第二轮征地拆迁"百日攻坚"行动,两次攻坚行动开展以来共签订协议1462户,拆除房屋1251栋,征地606.67公顷,29个项目实现清零,为项目建设提供了坚实的用地保障。

产业发展后劲增强。扎实开展"企业帮扶年"活动,34名县级领导与企业结对帮扶,承办问题150个,办结率100%。启动全市首家县级中小企业公共服务平台,开通湖南股交所株洲县经济专版,50家企业成功挂牌。工业发展明显加快,亚胺薄膜一期实现投产,兆能电磁线、时代芳纶、亿杰科技、西海岸优客创意园等产业项目开工建设,标准厂房累计租售面积达21万平方米,企业入驻率达90%以上。农业产业化水平不断提高,农产品加工企业达到70家,市级以上龙头企业达到25家。第三产业加速发展,规模以上服务业保持较高增速,株洲珠江农商行挂牌营业,一批三产项目不断发展壮大。

项目建设全面提速。扎实开展“项目攻坚年”活动，湘江流域（株洲县段）东岸综合治理、潇湘实验学校改扩建等10个市级重点项目如期开工，渌枫大道、航电枢纽二线船闸、青龙湾、紫涵湖温泉度假酒店等项目加快推进，广源家居等项目实现竣工。引进内资项目91个，合同引进县外资金152.9亿元，到位资金42.3亿元。推进国有资产盘活重组，挂牌成立渌湘投资集团，四家投资平台公司整合为两家，政府投资平台完成融资授信49.3亿元，到位资金36.6亿元。

社会民生提质提标。大力推进“十大民生实事”“民生100工程”，各项民生支出达到15.6亿元，占财政支出的70%以上。大力推进脱贫攻坚，县级扶贫专项资金增长159%，推出“最美扶贫笑脸”、社会扶贫“三个一”等创新举措，健康扶贫、就业扶贫、危旧土坯房整治等多项工作成为全市先进典型。完成减贫550户1803人，10个贫困村全部退出，贫困发生率下降至1.48%，顺利通过省市考核验收，实现全县整体脱贫。完成城区学位扩容工程、“全面改薄”、教师周转房等学校建设项目74个，中医院改扩建、淦田中心卫生院等项目加速推进。建设“美丽乡村”8个、人居环境整治村10个、新农村示范片1个，新改建农村公路200千米，龙潭水库除险加固、龙船荷包保护圈防洪工程、昭陵港治理等重点水利工程有力推进。紧绷思想和责任之弦，切实加强信访维稳、安全生产工作，加快推进网格化治理，做好中共十九大特护期信访维稳工作，全县社会大局平安稳定。

改革创新持续深化。主动对标中央和省市重大改革部署，行政审批、财政金融、商事等一大批重点改革取得突破。出台《行政机关事业单位经费支出管理实施细则》，进一步规范财政支出，节约行政开支。“智慧渌口”建设进展顺利，“互联网+政务服务”改革全面推进，政务公开获评市先进，入选全国100个政务公开标准化、规范化试点县，试点工作全面铺开。鼓励各级各部门实施自主改革，一批有力度、有亮点、有特色的改革方案和举措陆续出台实施。

党的建设不断加强。严格落实意识形态工作党委主体责任，营造了良好的思想舆论氛围。推进“学党章党规、学系列讲话，做合格党员”学习教育常态化制度化，深入开展“支部主题党日”“争当五个先锋”等主题活动。圆满完成村（居）“两委”换届，选出154名能人进入村（居）“两委”班子。扎实开展“基层党建提升年”活动，投入1亿多元抓基层党建，村级运转经费达到村均21.2万元/年，新建、改扩建和维修139个村级服务平台，启动6个镇周转房建设。坚持好干部标准和正确用人导向，一批在项目建设、征地拆迁、脱贫攻坚、信访维稳工作中表现突出的干部得到提拔重用。推进全面从严治党向纵深发展，压紧压实“两个责任”，详细分解任务，逐级传导压力。扎实开展“雁过拔毛”式腐败问题和“治陋习、树新风”专项整治，完成三轮县委巡察工作。深化监察体制改革试点工作全面铺开。加大监督执纪问责力度，对腐败现象“零容忍”，共立案312件，结案312件，党纪处分278人，政纪处分36人，组织处理364人。

【全县三级干部会议】 2月12日，县委、县政府召开全县三级干部大会暨项目攻坚年、企业帮扶年工作动员会，县委书记罗绍昀作题为《激情干事谋发展，务实担当抓落实》的主题报告，动员全县上下贯彻落实县委十届三次全会暨县委经济工作会议精神，激情干事谋发展，务实担当抓落实，奋力打造繁荣宜居幸福文明的株洲城市副中心。 （易络庚）

县委办公室工作

【概况】 2017年，中共株洲县委办公室以市委办“三满意”主题活动为载体，尽心当参谋、尽职优服务、尽责强保障，办公室工作科学化水平进一步提高，各项工作取得明显成效。县委办公室获评“株洲市党委办公室工作先进单位”。

督查工作。扎实履行抓落实的基本职能，推动上级和县委重大决策部署落地生根、政令畅通。完善机制，制定出台《关于进一步加强督查督办工作的通知》和《关于进一步加强督促检查、“马上就办”、党办信息、绩效考核、综合调研五项工作的意见》，建立健全决策督查、专项查办、工作报告、人民来信办理、人大代表建议和政协委员提案办理、通报编发等6项工作制度，“大督查”格局基本形成。组织参与各类督查活动72次，办理各级领导批示件和交办事项46件，编发《督查通报》42期、《督查专报》30期。连续两年被评为“湖南省党委督查工作先进单位”。

政研综调工作。先后承担县委十届三次、四次全会报告和全县三级干部大会讲话等重要材料的起草工作，在《株洲日报》发表署名文章5篇，完成各类汇报材料、讲话稿100篇，《打好农村危旧土坯房“歼灭战”》等文章被多家省市刊物选登。创办《工作调研》，对调研成果择优刊发，为县委、县政府科学决策提供参谋服务，也为各级各部门交流经验、展示工作搭建了良好平台。

文秘工作。规范创新公文办理工作模式，依托“智慧渌口”项目，学习并推广OA协同办公系统。丰富培训内容与课程模式，举办全县办公室系统业务培训班、信息工作专题培训班等多期培训班，全面提升全县党办系统业务水平。共办理收文1356件，办会170场。

信息工作。始终围绕参政议政主题，努力提高信息工作的质量和水平。在“大信息”工作机制的基础上，进一步加强与省、市及兄弟县市区信息部门的交流沟通，加强内部组室的信息资源共享，确保全方位了解、采编信息，及时、准确、全面地为县委和上级党委提供信息，切实将信息工作打造成展现县域工作的窗口和平台。共向省报送信息300余条，向市报送信息200条，编发《每日快讯》131期，《要情反馈》33期，为领导提供了快捷、畅通的信息渠道。2016—2017年，获评“湖南省党委信息工作先进集体”。

绩效考核工作。始终坚持以绩效促实效，以考核抓落实的理念。将涉及株洲县的52项指标逐项分解到各镇、各部门。根据各项指标任务运行情况，将所有指标分为红（可能扣分）、黄（暂未扣分但仍需努力）、绿（自评不会扣分）三类，实行挂图作战，细化量化每一项指标任务，明确时间表、路线图、责任单位和责任人，同时对指标任务进行一月一监测，进展缓慢的指标，对责任部门进行“点对点”督查调研，将督查情况在全县进行通报。重大问题呈县委、县政府主要领导亲自调度，确保各项问题均能得到不同层面的解决。准确掌控指标运行情况，及时化解突出问题，确保按进度要求均衡推进落实。

后勤保障工作。严格执行财务管理、公务用车、值班备勤、重大事项报告、信访接待等制度。对接待、会务、车辆管理等制度进一步规范，加强财务治理，压缩弹性支出，实行经费包干，专款专用，以“少花钱、多办事”为准则，高标准、严要求。严格落实公车改革实施方案，公务用车严格按程序申请、使用。优化办公环境和秩序，出台规范县委机关大院信访秩序的有关规定，明确相关单位信访接待职责，确保县委大院来访群众有人接待、有人协调、有人处理。分批次完成整栋楼的门窗更换和亮化工程，改善机关工作环境。压实机关事务服务中心责任，进一步加强对机关食堂管理，提升服务水平。

保密工作。以确保安全为准绳，切实做好保密工作。在新进公务员培训班、办公室系统培训班等多期主题班中开设保密专题课程，确保保密宣传常抓不懈、保密教育警钟长鸣。根据保密工作规律要素，提取《中华人民共和国保守国家秘密法》中常用实用条款，整理成“保密十条”，下发《关于进一步加强保密工作的通知》。坚持定期检查与重点抽查相结合，开展保密专项检查5次，保密抽查3次。召开互联网门户网站保密工作专题会议，指导1个主网站、33个子网站全面建立《信息公开保密审查制度》，规范信息公开保密审查操作流程，建立涉密信息周抽查，网站台账月更新工作机制，确保门户网站不发生失泄密事件。以“保密牵头、系统联动、即时上报、重在预防”的要求严格抓实高考保密工作，组织保密工作人员多次检查试卷保管室、考点监控室、安防设施设备、网络通信设备和考场准备等情况，全县高考保密工作受到湖南省国家保密局的充分肯定。

（马　灿）

纪律检查工作

【概况】 2017年，株洲县纪检监察机关旗帜鲜明讲政治，聚焦主责促发展，推动全面从严治党向纵深发展，党风廉政建设和反腐败工作呈现出良好态势。

压实“两个责任”。县委常委会多次专题研究部署党风廉政建设和反腐败工作，县委书记对纪检监察工作多次作出批示；县委书记与县纪委书记一起对县级领导干部、镇及县直部门主要负责人开展廉政谈话700余人次。县纪委对各镇、各部门落实“两个责任”情况实行常态化督查，落实全面从严治党要求。查出24个单位38人违规发放年终一次性奖金12.6万元,4个单位4人违规进行了工资异动,对违规发放的年终奖金全额上缴至县廉政账户,对4个单位及相关领导进行了问责约谈。

推进纪律建设。严把"党风廉政意见回复"关,认真做好干部廉政审查工作,出具廉政鉴定59批2831人次,出具不同意见95人次。加强换届选举风气监督,在村级换届过程中,开展检查60次,审查村居"两委"候选人1591人次,出具不同意见72人次。受理有关村级换届信访举报44件,立案32件,结案32件,党纪政纪处分32人,组织处理21人,下发通报2期。严肃查处了株洲市首例村级换届选举违纪案例——渌口镇湾塘村姚翠英和何卫兵母子贿选案。着力开展宣传教育工作,在中央、省、市各级媒体刊登宣传推介株洲县党风廉政建设和反腐败工作信息700余篇,排名全市第一。参加"清风株洲"廉洁文化创作活动,获得一等奖2个、三等奖1个。县预防腐败警示教育中心共接待县内外参观人数110批3000余人。

开展巡察工作。县委成立巡察工作领导小组及其办公室,制定有关文件制度,确定十届县委拟巡察单位党组织共92个。设立巡察组长、副组长库及巡察人才库,任命专职巡察组长、副组长4名。开展了三轮巡察,巡察党组织9个,开展个别谈话348人次,受理举报159件,召开座谈会16次,查阅相关资料5000余份,明察暗访27次,听取工作汇报19次,走访贫困户家庭36次,向被巡察单位提出整改意见84条,发现并移交各类问题线索137条。根据移送问题线索,纪检监察机关立案73人,党纪政纪处分67人,移送司法部门3人,批评教育72人,诫勉谈话8人,组织处理2人,收缴和清退违纪金额77.1万元。在全市率先提出牢固树立"巡察后意识",督促被巡察单位建立巡察整改"销账制",落实整改工作。

加强作风建设。持续完善制度。对干部作风"十二分制"进行第二次修订,记分办法、奖惩措施、结果运用更加科学合理,对责任主体、干部职工、临聘人员"三类人员"的监督管理也更加全面到位。将"红黄牌"制度引入会风会纪监督中,进一步以会风促作风。加强日常监管。紧盯重要时间节点、关键处所,密切关注"四风"问题新动向,巩固落实中央八项规定精神成果。在元旦、春节、清明、中秋、国庆等节假日期间,开展干部作风明察暗访。在中小学校、幼儿园门口蹲点检查公车私用情况20余次。下发作风通报15期,68名当事人和28名履职不力的责任主体被记分,对22名敢于担当的单位主要负责人进行奖分,对2名举报者各奖励现金1000元。县纪委参与县委全会、县人大、政协"两会"、纪委全会等大型会议会风会纪监督21次。紧盯专项整治。"治陋习、树新风"专项整治立案170件,结案170件,党纪政纪处分170人,组织处理116人。开展违规征订教辅材料专项整治,查出2014年秋季学期至2017年春季学期折扣款总计244万余元,立案3件,结案3件,党纪政纪处分3人,组织处理17人。开展清理国家公职人员违规参与涉砂涉矿等经营性活动专项整治行动，共有6137人填报了个人事项报告表，查处了县环卫处垃圾转运站站长违规与他人合办企业的问题。开展涉金融领域专项整治行动，立案1件，党纪政纪处分1人，组织处理1人。

严厉惩治腐败。充分运用好“四种形态”，做到问题线索精准处置。运用第一种形态处理335人次，占总量的52.1%；运用“第二种形态”处理267人次，占41.5%；运用“第三种形态”处理33人次，占5.1%；运用“第四种形态”处理8人次，占1%。坚持无禁区、全覆盖、零容忍，坚持重遏制、强高压、长震慑，以坚决的态度和果断的措施减少腐败存量，遏制腐败增量，巩固反腐败斗争压倒性态势。共立案312件，结案312件，党纪处分279人，政纪处分40人，双重处分7人，组织处理378人，处分乡科级干部47人。重点查处了陈远明、周恒立重大违纪违法案件，以及渌口镇、环保局、产业公司违反中央八项规定精神典型案例。聚焦民生、扶贫等领域项目资金，建设并利用“互联网+监督”平台，加大整治群众身边腐败问题的力度，不断增强人民群众的获得感。共受理信访举报件217件，立案处分86人。深入开展“雁过拔毛”式腐败问题专项整治，对8个镇计生优抚资金、特困救助资金和危房改造资金进行专项检查，发现虚报冒领、优亲厚友、截留挪用等问题线索126条，涉及资金168.41万元。“雁过拔毛”式腐败问题专项整治立案129件，结案129件，党纪政纪处分129人，组织处理71人。开展“到扶贫一线去”等一系列专项行动，进行扶贫领域专项督查8次。共发现扶贫领域问题线索30件，立案41件，党纪政纪处分41人，组织处理19人。

打造执纪铁军。组织全体纪检监察干部认真学习习近平新时代中国特色社会主义思想、中共十九大精神和党章党纪，选送多名干部参加省、市纪委举办的业务培训班，参加省委巡视、市委巡察，开阔视野、学习经验。坚持委局机关干部每周一集中学习制度，实行纪检组长、镇纪委书记及新任纪检监察干部到信访室、纪检监察室“跟班学习”制度。顺利完成县纪委派驻纪检组改革工作，由原有17个派驻纪检组改为8个派驻纪检组，各配备1名纪检组长和3名组员，对75家单位实现监督全覆盖。稳步推进监察体制改革试点工作，县委切实担负起主体责任，县纪委认真履行专责，检察院等相关部门全力配合。制定《2017年度纪检监察工作考核办法》等规章制度，定期召开工作调度会和镇纪委书记、内设室主任、派驻纪检组长述职会，开展纪检监察干部廉政家访，召开纪检监察干部警示教育会和家属廉政座谈会，进一步筑牢纪检监察干部廉洁自律的防线。强化办案安全责任机制，扩建县纪委谈话室，新建8个镇标准谈话室，实现纪律审查安全“零事故”。开展面向纪检监察干部的“三查”行动：查会风会纪、查酒驾醉驾、查违规领取津补贴问题。对4名开会迟到的纪检监察干部点名通报批评，并按干部作风“十二分制”记分，对2名违纪的纪检干部予以党纪处分，并调离

纪检岗位。（陈　静　阳强兴）

巡察工作

【概况】 2017年3月22日，中共株洲县委决定成立县委巡察工作领导小组，县委常委、纪委书记谭伟生任组长，县委常委、组织部长谭成华任副组长。根据株洲县机构编制委员会办公室《关于设立中共株洲县委巡察工作领导小组办公室的通知》（株县编办〔2017〕9号）精神，设立中共株洲县委巡察工作领导小组办公室（简称县委巡察办），作为中共株洲县委巡察工作领导小组日常办事机构，与中共株洲县委巡视工作联络办公室一个机构、两块牌子，设在县纪委，列入县委工作机构序列，规格为正科级。内设综合室和督查联络室。核定行政编制4名，工勤编制1名。行政编制中含主任职数（正科级）1名，副主任职数（副科级）1名。主要职责是负责传达贯彻中央、省委、省委巡视工作领导小组、市委、市委巡察工作领导小组、县委、县委巡察工作领导小组的决策和部署，以及向县委巡察工作领导小组、市委巡察工作领导小组办公室报告巡察工作情况；负责统筹、协调、指导县委巡察组开展工作；负责省委巡视组、市委巡察组、县（市）区异地交叉巡察组对株洲县开展巡视巡察工作的协调配合和联络服务等工作；负责制定巡察工作标准，规范巡察工作流程，完善巡察工作评价机制；承担调查研究、制度建设、服务保障等工作；对巡察发现的普遍性、规律性问题进行综合、分析和研究，形成专题报告，为县委决策服务；对县委、县委巡察工作领导小组决定的事项及巡视巡察移交事项进行督办；配合有关部门对巡察工作人员进行培训、考核、监督和管理；负责受理干部群众对巡察工作人员的举报和反映，提出处理意见；负责巡察信息处理和对外宣传公开工作；承担县委巡察工作领导小组的日常管理工作；完成县委交办的其他工作。

县委巡察办严格贯彻中央、省委、市委和县委有关决策部署，切实履行党章赋予的职责，以组织开展政治巡察为主责主业，着眼于发现株洲县基层党组织在党的领导、党的建设、全面从严治党等方面存在的问题，并推动问题的解决。

4月7日，县委研究通过《中共株洲县委巡察工作实施办法（试行）》《县委常规巡察工作流程》《巡察工作人员守则》，为株洲县巡察工作的开展奠定了基础。为强化内部管理，严格巡察纪律，县委巡察办制定一系列内部管理制度，包括《巡察抽调干部管理制度》《巡察机构内务管理制度》《巡察机构档案资料管理制度》《巡察保密工作和机要文件管理制度》《巡察办印章管理制度》《巡察机构收发工作制度》等，确保巡察工作平稳有序、精准有效。

全年开展三轮政治巡察工作，巡察基层党组织9个。根据市委巡察工作领导小组统一安排部署，十届县委第二轮及第三轮巡察为异地交叉巡察。在三轮巡察中，巡察组开展个别谈话348人次，受理举报154件，召开座谈会18次，查阅相关资料5000余份，明察暗访42次，听取工作汇报

22次，向被巡察单位提出整改意见92条，已整改到位90条，发现并移交各类问题线索138条。根据移送问题线索，纪检监察机关给予党纪政纪立案73人，党纪处分67人，移送司法机关3人，批评教育68人，诫勉谈话8人；组织部门组织处理2人，收缴和清退违纪金额1498692元。

10月12日，县编办下文成立专职巡察组2个，在县委巡察办的统筹、协调、指导下开展工作，各核定正科级领导职数（组长）1名，副科级领导职数（副组长）1名。10月13日，经县委研究，任命专职巡察组长、副组长各2人。除专职巡察干部外，县委研究建立巡察组长库、副组长库及巡察人才库。其中，组长库人数11人，为各单位正科级干部；副组长库人数13人，为全县各单位副科级干部；巡察人才库人数50人，为各单位后备干部。

（郑鸿川）

组织工作

【概况】 2017年，株洲县组织工作围绕中心，服务大局，扎实工作，稳中求进。县委书记履行基层党建工作责任述职评议考核，株洲县名列5个县（市）第一。在全市组织部长会议上，株洲县就基层党建工作作交流发言。

在服务大局中彰显作为。将“学党章党规、学系列讲话，做合格党员”学习教育与中心工作统筹推进，开展“岗位建功、融城先锋”主题实践活动。围绕发展需要选干部配班子，按照“20字”好干部要求，新一届县委提出了提拔重用“十类干部”标准。从基层党建、征地拆迁、项目建设、招商引资、信访维稳等各类攻坚一线提拔重用36名优秀干部，进一步树立重基层、重实绩、重口碑的用人导向。派出2270名帮扶干部、26支驻村帮扶工作队，全力以赴助力脱贫攻坚。

在克难求新中实现突破。以乡镇换届为契机，解决部分乡镇领导干部公务员登记的历史遗留问题。为部分科级干部办理调任公务员手续，有效规范领导干部任职。县财政投入1亿元到基层。村级转移支付达到2745.1万元，村均21.2万元，755名村干部工资实行按月打卡。投入5000多万元新建36个、改扩建76个村级综合服务平台，完成主体工程。投入2800多万元启动5个镇周转房建设。24个集体经济“空白村”实现全面“摘帽”。录制《我们是这样过组织生活的》微视频8个，让基层一看就懂、一学就会，提高党内组织生活质量。

在严抓严管中体现担当。全面完成超职数配备干部专项治理工作。运用职务与职级并行制度、干部交流、规范任职、以及领导干部能上能下等办法，扎实开展超职数配备干部专项治理工作。截至7月底，全县超职数配备的干部全部消化到位。开展干部档案清收专项行动，清查应收未收档案111本，审核入库档案92本。推行基层党建常态化巡查工作机制，对抓党建认识不高、措施不力的干部进行约谈，共约谈党委（党组）书记8人，分管副职17人。

在真抓实干中争创一流。建立健全内

部管理制度，组织一次业务知识闭卷考试，每季度进行一次党性大讨论，每两周开展一次集中学习，每名干部联系一个镇、帮扶一户以上贫困户、宣讲一次中共十九大精神，持续加强组工干部党性锤炼，提升专业化素质，提升组织部门的公信度和满意度。

完成村(居)“两委”换届。突出“能人治村”理念，新一届村(居)“两委”委员中大专以上学历 234 人、能人 154 人，其中 92 名能人当选为村党支部书记、村主任。为全县 139 个村(社区)各配备 1 名 35 岁以下、大专以上文化的党建专干。全覆盖抓培训，县本级举办 4 期示范培训班，县镇两级培训党组织书记和党务工作者 1057 人次。

组织开展主题为“我与渌湘同呼吸”的大学生暑期社会实践活动。40 名大学生通过“2+10”的活动模式，感知株洲县近年来经济社会发生的巨大变化，增强青年大学生的地域归属感和荣誉感。

县委常委以身作则，带头参加中心组学习、专题研讨、讲党课等活动。建立县级领导联系脱贫攻坚、软弱涣散党组织、美丽乡村、企业、学校 5 类党建联系点，组织编印《习近平总书记四个全面重要论述(摘编)》，要求基层党组织组织学习，以考促学，检验学习成效。开展“岗位建功、融城先锋”主题实践活动，以争当项目攻坚、企业帮扶、扶贫帮困、改革创新、服务群众“五个先锋”，引导党员干部立足岗位建功立业。全面推行“支部主题党日”活动，将活动与“学党章党规、学系列讲话，做合格党员”学习教育及“三会一课”相互融合。开展“双十双百”活动，即创建 10 个支部“五化”建设示范点，选树 10 名先进党员典型，培训百名基层党组织书记和百名党务工作者，分类别打造党建示范“画廊”。已上报 36 个党建示范点、28 个先进党员典型。

【开展“干部走亲、党群同心”大走访活动】 在“干部走亲、党群同心”大走访活动中，制作 17 万份挂历下发全县农户，公布镇村干部电话，公开“您有困难找我们、您要咨询政策找我们、您需要代办服务找我们”服务承诺，走访农户 8 万余户，收集问题 1.3 万余个，办结 1.1 万余个。

【出台《考察任用干部看党建暂行办法》】 探索出台《考察任用干部看党建暂行办法》，分为 8 条、23 个细类，要求在配备班子和选任干部时，突出政治标准，实行“双考察双任用”，即考察党员领导班子必看党建，主要包括保障人员、经费、阵地，执行民主集中制、党内组织生活制度、党组织班子建设等 5 个方面；考察党员干部必看党建，主要包括其履行党建工作责任情况以及在“四个合格”(政治合格、执行纪律合格、品德合格、发挥作用合格)方面的表现，对党建工作实绩突出的优先提拔重用，对党建责任落实不到位的严肃追责。

【清理因私出国(境)证件】 按照“应备尽备、一个不漏”原则，全县 67 个县直单位、8 个镇的所有副科级以上干部（含非领导职务干部、离退休干部)，以及涉及国家安全、机要、保密、财务等重点部门和重要岗位人员都纳入登记备案范围，共备案干部1993人。按照“应交尽交、一个不少”的原则，严格督促相关人员将所持有效因私出国(境)证件交由组织集中统一保管。登记备案人员在职干部有效因私出国（境)证照全部收集到位。按照“应防尽防、一个不放”的原则，以专项清理为契机，从严审查审批干部因私事出国(境)事项，自2017年1月1日起，将原来由县委组织部分管副部长审批调整为部长审批。共审批申请干部80人次。

【打造“一镇一品”工程】 县委组织部协调县经科局、农业局等部门，根据各镇的农产品分布、气候条件等实际情况，针对8个镇产业发展规划不一致的现状，因地制宜，明确各镇产业发展目标，依照“市场主导、科学规划”的原则，确定各镇的主题农产品品种，发展特色农业，并聘请高校专家、企业经理定期到各镇为种养户授课，传授科学的种养技术，培养农村本土人才，提高产品的竞争力。选派24名科技特派员定期到各镇进行技术指导，解决技术上的瓶颈，为农业产业基地增效、增收提供技术支持。（黄雨阳）

宣传工作

【概况】 2017年，株洲县宣传思想工作以迎接、宣传、贯彻中共十九大为主线，牢牢把握意识形态工作的主动权，坚持党管意识形态、党管宣传、党管媒体不动摇，为县域经济社会发展营造思想舆论氛围。

意识形态工作抓紧抓实。严格落实党委(党组)意识形态工作主体责任，县委常委会会议研究意识形态工作和宣传思想工作16次，推动意识形态工作责任制落实落细。进一步健全工作机制，制定《株洲县落实党委(党组)意识形态工作责任制操作流程》《株洲县党委(党组)意识形态工作责任制考核办法》，切实加强对意识形态工作的考核和指导。开展意识形态工作专项督查，督促各部门(单位)落实意识形态工作责任制。

理论学习加力升温。紧紧围绕迎接学习宣传贯彻中共十九大精神这条主线来开展工作。抓实抓细县委理论学习中心组学习，先后进行专题学习16天，组织学习研讨6次，参学率达99%。深入开展中共十九大精神“百家机关进百村、千名干部讲千场、万名党员入万户”理论宣讲活动，通过领导带头讲、专家专题讲、干部回乡讲、党员微宣讲等方式，深入机关、企业、乡镇、村组、学校宣讲近500场。扎实开展“贯彻发展新理念，转型升级补短板”讨论活动，荣获株洲市“优秀组织单位”称号。深入开展调查研究，向主流媒体推介领导署名文章30余篇。

主题宣传强劲有力。一是讲好融城故事。扎实做好“砥砺奋进的五年”主题宣传，《向党的十九大献礼·株洲县篇》《党徽在闪耀》《上下同心者胜》等30余篇专版报道在省市主流媒体的重要版面刊发，在市级以上主流媒体刊发新闻稿件1000余篇，扩大对外宣传的声势。县电视台开设“喜迎十九大”“新时代新气象新作为”等专栏，播发专题新闻2000余条，营造团结奋进的氛围。二是讲好脱贫故事。积极向外宣传推介健康扶贫、教育扶贫、就业扶贫、危旧土坯房整治等工作新成效，在市级以上媒体刊发稿件600余篇，其中央媒30篇、省媒90篇，为脱贫攻坚营造浓厚氛围。三是讲好榜样故事。新华社、湖南日报、红网等媒体对株洲县脱贫攻坚、抗洪抢险的典型经验和先进事迹进行了报道，传递正能量。钟存仁、龙育利、易海明、刘芬、刘惠兰、吴光强等先进典型的榜样故事得到大力推介，用身边事教育影响身边人。

媒体融合成效明显。成立新媒体中心，建设手机客户端为主体的新媒体，形成“两台两微一网一端”的媒体传播矩阵，打造全县权威的官方发布平台、全新的对外宣传阵地。“掌上渌口”客户端的注册用户达9.3万人。正面宣传声势扩大。通过“掌上渌口”客户端、“渌口发布”微信号、县新闻网等平台推发新闻稿件4000余篇，形成多渠道传播声势。与组织部门联合拍摄制作《我们是这样过组织生活的》系列微视频。举办“喜迎十九大、网聚正能量”首届网络文化节，引导群众积极参与，放大网络正面声音。舆情办理及时有效。进一步健全网络舆情办理工作机制和制度，压实网络舆情监管工作责任，细化网络舆情监看、交办、处置工作流程，提高舆情办理工作实效。全年交办网络舆情84件，处置网络舆情160多条，营造良好的网络舆论环境。

文明创建深入开展。深入浅出地宣传社会主义核心价值观，在县内宣传平台刊播“图说我们的价值观”公益宣传，组织开展各类主题教育活动，取得了新成效。深入开展“十大文明行动”，对重点单位、村镇、学校、窗口、社区进行分类指导，文明城市建设水平不断提升。开展最美女性、文明家庭评选和家风家训征集活动，倡导乡村文明新风。开展“我评议、我推荐身边好人”活动，获评中国好人1名、湖南好人2名。拓宽志愿服务领域，新建乡镇公益组织4个。积极开展扶贫帮困、敬老、环保等大型公益活动，博爱义工联、彩虹社、海明公益组织的志愿服务日益活跃，影响力不断扩大。

公共文化服务体系创建工作稳步推进。先后建成达标镇综合文化站8个，建成村（社区）综合文化服务中心129个。县文化馆、图书馆两馆达到国家三级标准。投入近100万元为12个贫困村配送文化器材。组织“金鸡闹元宵”舞龙舞狮大赛、端午龙舟赛、“古韵渌湘·大美芦淞”庆十九大书法篆刻联展、第二届“众心向善·微聚大爱”学雷锋志愿服务活动、“扶贫助学·大爱渌口”全民毅行活动、“中国梦·渌湘美”首届职工美术、书法、摄影作品大赛等大型群众性文化活动，营造积极向上的氛围。挖掘县域文化特色，组织编撰《株洲县地域文化》等书籍。原创节目《剪活儿》获全省“欢乐潇湘”三等奖。“三湘蒲公英”少儿专场文艺活动的参赛节目获省文化厅金奖。舞台剧《饭局》和微电影《不忘初心》获全市“清风株洲”金奖。

【“掌上渌口”手机客户端上线运行】 3月6日，株洲县新媒体中心挂牌成立，“掌上渌口”手机客户端同步上线。这是株洲县适应移动互联网时代发展趋势、巩固宣传文化阵地、抢占网络宣传高地、壮大主流思想舆论的一项改革举措，标志着株洲县推进媒体融合、建设新媒体传播矩阵迈出新的步伐。

“掌上渌口”是株洲县打造的首个移动端权威新闻发布平台、公共服务共享平台和市民生活服务平台，由县广播电视台负责运营。客户端融新闻宣传、政务服务、娱乐社交等功能于一体，设本地新闻、渌事百科、部门动态、活动广场等10余个板块。客户端的设立在宣传推介株洲县、传播党务政务信息、繁荣县域文化、服务基层群众等方面发挥了重要作用，让全县老百姓实现了在指尖上传递新闻资讯，在移动端享受政府服务，让新闻宣传更迅速、更贴近，让政务服务更便捷、更贴心。截至年底，客户端有注册用户9.3万余人。

【开展“百家机关进百村、千名干部讲千场、万名党员入万户”中共十九大精神宣讲活动】 自10月起，为深入学习宣传贯彻习近平新时代中国特色社会主义思想和中共十九大精神，根据中央和省委、市委的统一部署，株洲县深入开展“百家机关进百村、千名干部讲千场、万名党员入万户”中共十九大精神宣讲活动，通过领导带头讲、专家专题讲、干部回乡讲、党员微宣讲等方式，全县党员领导干部深入机关、农村、社区、学校、企业开展理论宣讲，让中共十九大精神在田间地头落地生根。

（文　鹤）

统战工作

【概况】 2017年，株洲县统战工作以“学习提高年”为主线，积极开展统一战线“三优两提一助”活动。县委统战部获评“2017年度株洲市统战调研先进单位”和“2017年度株洲市统战信息宣传先进单位”。民盟株洲县总支被民盟湖南省委评为优秀“民盟之家”一等奖。

学习宣传。完成13个课题的调研报告，信息采用90余条，统战信息宣传调研工作位居全市前列。成功举办统一战线喜迎十九大“同心共筑梦、助推大发展”主题演讲比赛活动，网络互动近3万人次。

合作共事。县内有4个民主党派基层组织，成员94人。其中，民盟株洲县总支46人，民进株洲县支部20人，民革株洲县小组13人，九三学社渌口支部13人，另外民建、农工党成员各1人。落实《2017年度政党协商计划》，组织各民主党派、县工商联主要负责人和无党派人士参加书面协商、约谈协商，征求对县委全会报告、政府工作报告的意见、通报法检两院工作情况，通报党风廉政建设和反腐败工作情况。各民主党派、县工商联、无党派代表人士服务县委、县政府中心大局，积极参与四同创建、精准扶贫、招商引资、征地拆迁等各项工作。利达茶业成功创建为2017年度市级“同心项目”示范点。开展“泛海”助学、“我新故我行”等活动，筹集善款

77.2万元资助贫困学生。

民族宗教。对16个宗教活动场所及2个少数民族联系点开展大调研活动，召开全县民族宗教工作会议，对相关问题逐一交办。牵头做好岳峰古寺建寺1390周年庆典和凤凰山寺“6·6”法会活动的安保工作。清真食品安全摸排、少数民族高考生加分审核、民间信仰摸底、宗教场所和教职人员换证申报工作有序推进。落实民族宗教和外事侨务机构设置要求，民宗工作已顺利移交县政府办。

非公经济。县工商联成立非公经济服务中心，实现8个镇基层商会的全覆盖，成立广东省湖南株洲县商会。加强政企银对接，着力解决非公企业融资难问题，签订多项银企合作协议，签约总金额达16.17亿元。积极开展“引老乡、回故乡、建家乡”活动，搭建各种信息平台，充分发挥商会、协会的招商主渠道作用，推进新型工业化和园区经济发展。积极对接清水塘工业转型升级工作，全力做好株冶的落地承接，主动对接时代新材，认真筹划新材料产业园建设。县工商联获评年度“全国五好县级工商联”和“全省五好县级工商联”。

港澳台及海外工作。在台属、侨眷中开展联络联谊，探望株洲县籍103岁回乡探亲台胞晏石珊，协助台胞刘开鑫开展“心德奖学会”颁奖活动。加强对台交流，接待台湾乔本生医股份有限公司董事长黄文田一行到南洲新区考察投资事宜。组织赴台经贸交流团，开展园区经济交流工作。协调侨属何明德解决邻里纠纷，帮助归侨黄中江、唐中亮改善住房条件。成立县侨联，与统战部合署办公。接待澳门德晋慈善会一行到县考察。

党外代表人士队伍建设。强化党外代表人士的政治引领工作，举办预防腐败警示教育、参观学习湖南党史陈列馆、统一战线骨干培训班、党外政协委员专题培训、骨干党外政协委员井冈山红色教育等培训5期，完成中央、省委、市委统战部调训8期22人次。不断完善《株洲县党外干部业绩档案管理办法》，形成党外干部人才梯队。做好党外代表人士的实职安排和政治安排工作，调整重用党外干部10人，提拔2人，全面落实政府工作部门配备2名党外正职和法、检两院配备党外1名副职的要求。完成县政协委员的届中增补工作，严把资格审查关、政策结构关，始终注重保持党外代表人士的先进性。

【改革民族宗教和外事侨务机构】 落实市委、市政府关于民宗机构改革的统一部署，县编办下发《关于规范株洲县民族宗教和外事侨务机构设置的通知》（株县编办〔2017〕40号）文件，将民族宗教和外事侨务行政管理职能从统战部划转至政府办，在政府办加挂株洲县民族宗教事务局牌子。从统战部随职能划转1名行政编制到政府办。原核定的株洲县民族宗教外事侨务办公室主任（高配副科级）予以核销。

【成立株洲县归侨侨眷联合会】 12月，根据中央、省委有关群团组织改革的规定，县编办下发《关于设立株洲县归国华侨联合会的通知》（株县编办〔2017〕60号），设立株洲县归国华侨联合会，列入群团机构序列，核定全额拨款事业编制2名，其中科级领导干部职数1名。

【开展“文化惠民·春联万家”活动】 1月13日，民进株洲市委、民进株洲县支部与株洲县书协联合，在中央时代广场举行“文化惠民·春联万家”免费送春联活动。两个半小时内，市民将500幅春联认领一空。

【株洲县“心德”教育奖学会举办第24届颁奖仪式】 8月20日，株洲县“心德”教育奖学会在朱亭镇高福村举办第24届颁奖仪式，21名成绩优秀的县籍中、小学生共获奖学金1.9万元。 （谢仁兴）

党校教育工作

【概况】 2017年，株洲县委党校有在编职工17人，其中专兼职教学人员11人，包括高级讲师4人、讲师2人、助理讲师1人。获评株洲市党校（行政学院）系统“教学工作先进单位”。

聚焦主业，教学工作扎实推进。按照《株洲县2017年干部教育培训计划》的安排，共举办培训班13期，培训人数1650人次，办班数量和培训人数创新高。学校加快教学资源整合，建立干部教育培训师资库，聘请省市县专家、领导为学员授课，外请课比例超过50%，丰富培训内容，提升学员学习兴趣。积极开展对外宣讲活动，充分发挥党校理论宣传阵地作用。共有6人参加县委中共十八届六中全会精神宣讲团和中共十九大精神宣讲团，到县直机关和镇进行理论宣讲50余场次。严格按照理论教育是根本、党性教育是关键的要求，专门设置理论教育和党性教育两个板块，将党性教育贯穿于学习培训的全过程，理论教育和党性教育占总课时的70%以上。综合运用讲授式、研讨式、现场体验式、情景模拟式、案例式等教学方法，运用多媒体教学手段，将互动式教学方法贯穿于教学全过程，提高教学效果。加大现场教学课的比重。如全县村（社区）党组织书记培训期间，学校组织学员到长沙县、天元区等地参观，学习基层党建和村级建设经验做法。在融城发展和乡科级领导干部学习和贯彻中共十九大精神专题轮训班中，组织学员到株洲市各区相关单位参观，学习市区产业发展情况，以及科学的发展理念、思路。

紧贴县情，咨政水平不断提升。县党校与县委办、县人大办、县政府办和县政协办联合构建“大科研”工作格局，承担的2个县情课题在县《工作调研》上发表。承接的县委组织部、统战部等部门调研课题，其调研成果均在县讯上发表。上交省市理论研讨会论文11篇，在全省党校系统理论研讨会中获评二等奖1名，三等奖1名。在全市党校系统理论研讨会获评一等奖1名，二等奖2名，三等奖3名，并将其中的优秀论文刊发在校刊《渌湘调查与研究》上。组织教师参与各种理论征文，如社区党建调研、农业家庭经营收益情况调查等，其中有2篇论文公开发表。学校在县委组织部的要求和部署下，组织全校教师编印株洲县干部教育培训教材《习近平总书记“四个全面”重要论述》及《新定位、新发展、新征程——省、市、县三级经济社会发展战略汇编》，共印10000册，发至各单位党员干部。学校将科研成果尽力转化为教学内容，有5篇论文和调研报告转化为教学专题，优秀论文转化为教学课题的转化率达到83%，实现了新课内容的“真材实料”。

筑基垒台，锻造一流干部队伍。以教育培养为抓手，加强教师队伍建设，共派出10人次到省委党校、中国人民大学、西南交大学习培训。组织部分教师到市委党校主体班听课，观摩学习新的教学方式方法。聘请一批领导干部、专家学者和基层干部担任兼职教师，充实更新党校教师师资库，师资结构不断优化。以抓实党建工作为载体深化作风建设，扎实推进“学党章党规、学系列讲话，做合格党员”学习教育常态化制度化，严格遵守“三会一课”制度，推行领导干部讲党课常态化。

（粮艳斌）

信访工作

【概况】 2017年，株洲县信访形势整体平稳可控，没有发生重大群体性事件、大规模进京集体上访和极端恶性上访事件。受理网上流转件350件，其中网上投诉件213件。被评为“株洲市文明单位”“株洲市信访工作先进单位”“株洲市信访工作基层业务‘十佳业务规范单位’”“特护期信访维稳先进单位”，信访工作在全市绩效考核中评为一类优秀，县绩效考核中评为优秀。

维护社会稳定。深入开展“百日攻坚”行动，突出日常来信来访办理工作。做好重点时期维稳工作。坚持把抓好重要敏感期和重大会议、重大活动期间的信访维稳劝返工作作为重要责任使命，极力维护株洲县良好形象。8个镇的来访接待工作得到进一步规范，群众工作网格化管理水平逐步提升，基层群众工作站实现全覆盖。引导各镇探索引入老干部、老教师、人大代表、政协委员参与信访接待和矛盾调处工作，形成化解矛盾纠纷的合力。全年组织排查信访矛盾隐患200件次，预防发生规模集体上访20余起。着力推进“互联网+信访”，全面实行“网上信访”新模式，网上信访系统“横向到边、纵向到底”，引导群众通过上网反映诉求，做到让群众少跑路、让数据多跑腿。

化解信访积案。深入开展“积案清零”行动，加大信访积案的领导包案力度，严格按照“五个一”（一个积案、一名领导、一套班子、一个方案、一抓到底）责任制，做到包情况掌握、包思想转化、包矛盾化解、包教育稳控、包息访息诉。全面落实习近平总书记提出的“三到位”总要求，大批信访积案得到解决，办结国家信访局交办件5件，省、市交办件18件，发出县长及领导交办件203件，均已全部办结。通过交办、督办解决一批群众的合理诉求，减少了信访案件存量。

健全信访工作体系。一是健全领导责任体系。县委常委会会议6次研究信访维稳工作，就县级领导包案化解信访积案、做好日常特别是特护期信访维稳工作、信访联席会议经费保障及乡镇信访补贴问题、规范机关院内信访秩序问题、信访维稳“百日攻坚行动”、信访维稳“百日攻坚再行动”及中共十九大期间维稳等事项进行安排部署。二是健全领导包案制度。将排查的52个重点信访维稳问题分3批向县级领导及责任单位进行交办。33名县级领导、26家县直单位及8个镇主要领导参与包案，压实基层维稳责任，领导包案后未发生行动过激的集访事件，信访秩序持续好转。（罗　华）

老干部工作

【概况】 2017年，株洲县共有离休干部42人，包括行政单位21人，事业单位10人，企业11人，其中厅级1人，县级6人，科级35人。县级退休老干部47人。其中，曾担任正处级领导职务6人，正处级非领导职务7人，副处级实职15人，享受副处级待遇19人。机构改革中批准享受副处级非领导职务医疗待遇42人。

加强离退休干部政治建设、思想建设和党组织建设，做好服务工作，积极引导他们为党和人民的事业增添正能量，切实为他们办实事做好事，全面提升老干部工作质量和水平。获评“株洲市2017年度文明单位”。

强化保障，加大离退休干部党建工作力度。强化组织保障。着力完善离退休干部党建工作体系，成立县委离退休干部工委，统筹推进离退休干部党建工作。强化工作保障。将离退休干部党建工作纳入党建工作总体布局，做到统筹考虑、全面部署、同步推进。强化资金保障。县财政将党工委工作经费列入财政预算，确保离退休干部党建工作正常运转。严格按湘办发〔2017〕32号文件要求，落实离退休党组织负责人工作补贴和党员干部学习活动经费。建立《株洲县特困老干部帮扶资金管理使用实施办法》，对生活特别困难的退休党员进行帮扶。

构建平台，激发老干部工作活力。创建关爱平台。充分发挥“五老”作用，突出抓好对青少年的培育和社会主义核心价值观教育，切实做好关爱帮扶工作，形成良好的社会政治氛围。创建服务平台。积极协助老年科协创建“百岁健康”村示范点建设和科技示范基地建设。在县农业局设置咨询服务中心，聘请专业技术人员，构建服务“三农”平台，让离退休干部向社会输入潜在能量。创建活动平台。根据老年人的要求和爱好，老年大学开设声乐班、乐器班、书法班、太极拳班、舞蹈班，聘请专业老师进行授课，多次开展送文化下乡活动。

注重实效，巩固离退休干部党建工作阵营。注重组织建设。着力推进离退休干部党员集中居住地，学习活动场所，兴趣爱好团体，涉老机构和社团组织建立基层党组织或临时党组织。各离退休支部，做到工作有计划、学习有制度、活动有场所，经费有保障。注重政治建设。强化党内教育，以“三会一课”为基本制度，以党支部为基本单位,全面推行党支部主题党日活动。组织离退休干部党组织党务骨干开展“做全面从严治党的坚定支持者和模范践行者”专题讲座,组织召开离退休党支部书记履行基层党建工作职责述职评议会议，构建老干部党建工作思想政治堡垒。注重阵地建设。对离退休党支部进行规范化建设,改善老干部活动中心设施,着力为老干部学习和开展党建活动创造良好的条件,助推离退休干部党建阵地建设提档升级。注重活动引导。定期组织老干部开展参观考察活动,积极为园区建设和美丽乡村建设建言献策。

积极适应新时期老干部工作新常态,推动离退休干部党建工作规范化、网格化、常态化、社会化和科学化发展,确保老干部工作取得实效。理顺工作机制,推动离退休干部党建工作规范化。完善老干部工作机制和工作制度,建立由县委离退休干部工委为轴心,各镇、各部门协调配合,横向到边，纵向到底的工作联动机制,统筹推进离退休干部党建工作。建立离退休干部工作党建工作考核机制,将老干部工作纳入各单位的综合考评内容,推行离退休党员干部积分管理考核制度,规范基层组织管理和党员行为,推动离退休干部党建工作规范、有序运行。深化细节管理,全面落实老干部各项待遇。坚持走访慰问。春节和重阳节，县委老干部局受县委、县政府委托慰问离休老干部和老干部遗孀300多人次,发放慰问品和慰问金60多万元。坚持入院探望。共探望生病住院老干部30多人次。按中央、省市文件精神,全面落实生活长期完全不能自理的离休干部护理费标准，由原每人每月1000元提高到每人每月2500元。完善管理手段,推动离退休干部党建工作网格化。建立离退休干部党组织基本情况信息库,实行动态管理。初步构建县委统一领导,离退休干部党工委与各单位、各镇、离退休党支部上下联动、横向贯通、全员覆盖的离退休干部党组织工作网络。拓展学习平台,推动离退休干部党性教育常态化。建立健全离退休干部学习制度，丰富学习内容,改进学习方式,着力提升学习效果。组织退休干部党员集中进行专题党课学习,引导“学党章党规、学系列讲话,做合格党员”学习教育向纵深推进。为离退休党员统一印发学习资料2000余份，征集学习心得57篇。对因病住院、行动不便的离退休干部党员送学上门。创新参与形式,推动老干部工作社会化。围绕“精准扶贫”主题,组织离退休党员干部开展“金秋助学·关爱渌湘”献爱心活动，为贫困学生捐款4.3万元,资助23位建档立卡,品质优良,家庭困难的学生。围绕“企业帮扶年、项目攻坚年”目标任务,引导广大离退休干部关注发展、支持改革,积极建言献策,投身到服务株洲县的中心工作上。（吴 坤）

机构编制

【概况】 机构编制管理。2017年,株洲县机构编制委员会办公室认真履行职责,积极开展行政审批制度改革和机构编制的日常工作。一是建设“机构编制云平台”。

收齐、汇总各单位部门的“三定”文件、历史沿革文件，完成“三定”方案及“权责清单”的录入，实现“三定”和“权责清单”云平台的动态管理和更新。二是夯实机构编制基础工作。组织各机关事业单位分年度建立 2012 年至 2017 年的机构和人员编制管理电子台账，包括机构台账、编制台账、在编人员台账、人员异动台账，制定相关制度，实现所有台账及时动态更新。制定、完善系列管理制度。制定《株洲县事业单位机构设置和编制管理暂行办法》《株洲县机构编制申请事项评估暂行办法》《株洲县从事生产经营活动事业单位改革工作方案》《株洲县 2017 年党政群机关消化超编人员方案》，进一步推动机构编制科学化、规范化、法制化管理。

机构改革。一是开展纪检派驻机构改革和巡察制度改革。设立县委巡察办公室，原纪委派驻纪检组 17 个改为 8 个，重新拟订纪委“三定”方案。巩固政府改革成果，对已完成政府机构改革的部门进行“三定”规定执行情况检查评估。拟订和修改完善部分事业单位“三定”规定。二是理顺重点建设项目管理职责。株洲县重点建设工程管理办公室更名为株洲县重点建设项目办公室，隶属关系由县住房和城乡规划建设局所属调整为县发展和改革局所属，同时撤销的县发改局下属重大项目前期工作办公室职责和人员编制划入重点建设项目办公室。三是理顺招商引资服务职责。招商引资服务职能、经济技术协作和内外贸易职责整合，撤销外来投资服务中心，组建株洲县投资促进事务服务中心，为县商务和粮食局所属公益一类副科级事业单位。四是调整民族宗教职责。民族宗教事务相关行政职能划入县政府办，在县政府办加挂民族宗教事务局牌子。五是加强部分单位领导力量。新核定县职业中专党总支书记、县五中党总支书记、县供销社监事会主任、县机构编制信息中心主任等职数。六是明确公共机构节能职能。确定由县机关事务服务中心承担全县公共机构节能管理职能。

放管服改革。一是“减证便民”工作。牵头组织对县直相关单位和各镇要求提供的证明事项情况开展自查自清。实行“清单之外无证明”，真正让群众少跑腿，让基层组织减负。二是推进行政许可标准化建设。形成《株洲县行政权力标准化事项目录》，包含行政许可事项 196 项，其中包含行政确认 6 项，行政给付 19 项，其他权力事项 2 项，涉及 29 个部门单位。形成《株洲县清理规范的县政府部门行政审批中介服务事项目录》，于 11 月由县优化办牵头发文公布，县政府部门行政审批保留中介服务事项共计 58 项，取消 23 项。梳理公共服务事项目录。汇总整理形成《株洲县公共服务事项目录（2017 版）（送审稿）》，目录中包含县级相关单位承担的公共服务事项 226 项，涉及 30 个部门，其中主动服务事项 154 项，依申请服务事项 72 项。下发《株洲县人民政府关于公布县本级取消的行政许可事项的通知》，取消行政许可事项 15 项。对梳理后的行政许可、行政确认、行政给付和依申请公共服务事项编制服务指南和实施清单，并录入省系统平台。同时梳理“最多跑一次”事项和下放镇村事项。三是“互联网+政务服务”改革。推动一窗受理,一网通办,加强商事制度改革,多证合一,证照联办,实现“互联网+政务服务”一体化平台融合发展,构建三级审批服务便民体系。

事业单位登记和域名管理。全县党政群机关和事业单位共注册中文域名 318 家，统一社会信用代码赋码工作完成 100%。事业单位法人 245 家,46家进行变更登记。事业单位法人年度报告提交率为 98%。 （李雪梅）

株洲县人民代表大会常务委员会

【概况】 2017年，株洲县人大常委会认真履行宪法和法律赋予的职责，共召开常委会会议8次，主任会议19次，听取和审议专项工作报告32项，作出决议决定14项，发出常委会会议、主任会议审议意见7份。

服务中心大局，坚持“一盘棋”工作思路。就农村村庄规划建设管理、南洲生态新城建设、财政决算和预算调整等重大事项依法作出决议决定。对征地拆迁补偿标准执行情况、交通建设、项目建设、招商引资等工作进行调研和听取汇报，推进加速融城、加快发展。听取和审议广播电视发展、移民工作等情况报告，对实施新农合和药品零差率、学前教育发展等审议意见的落实进行跟踪督办，开展农村安全饮水情况调研，开展“三湘农民健康行”“民族团结进步行动”，对为民办实事项目组织代表进行专题调研和视察，推动社会事业均衡发展。听取和审议脱贫攻坚工作情况，强化责任落实，凝聚扶贫合力。调研并审议征地拆迁工作，全力助推征地拆迁“百日攻坚”。依法开展人事任免和监督，任免国家机关工作人员42人次，听取县公路局、司法局、食药工商质监局、经科局和人防办主要负责人和县人民政府3名副县长报告履职情况。

坚持探索创新，激活“一池活水”工作格局。对常委会会议和主任会议审议议题，推行“一次课题研究、一次专项调查、一次民意征集、一次特邀发言”的“四个一”工作法。完成综合课题报告13个，专项审议发言26人次，提出问题84个、建议102条。实行“选区公开代表信息”和“代表报告履职情况”的“阳光代表”制度，在县属选区村务公开栏公开183名县人大代表相关信息。进一步健全“双联系”工作制度，按照“全覆盖、制度化、常活动”的要求，完善各镇人大代表联系群众工作室，坚持开展代表联系群众工作。制定县人大常委会组成人员及委办联系镇人大工作制度，开展镇人大工作“十有”规范化建设。

突出特色优势，打造“一张名片”工作亮点。视察重点项目建设，听取和审议渌口经开区建设和招商引资情况报告，促推全县经济高质量发展。把整治农村村庄规划建设管理作为重要监督内容，作出加强农村村庄规划建设管理的决定，督促政府职能部门推出农村房屋建设推荐式样，推进“决定”在各级各部门的落实和执行。扩大人大工作影响，《实行“四个一”工作法，提高常委会审议质量》在全省加强县乡人大工作和建设推进大会上作经验交流，《做好新时期县乡人大工作的几点思考》等调研报告受到有关方面好评，醴陵市、长沙市望城区和岳麓区、江西省上犹县和金溪县等县市区人大先后组团到县学习交流人大工作。

加强自身建设，树立“一方净土”工作形象。严格党内规矩，认真开展组织生活和主题党日活动，推进“学党章党规、学系列讲话，做合格党员”学习教育常态化、制度化，机关老干党支部创建省级示范性老干支部。认真学习宣传中共十九大精神，强化思想理论武装和人大专业知识学习，《对人大常委会议决重大事项的株洲县探索》获2017年全省人大系统理论征文二等奖。进一步修订和出台各项规章制度，规范人大工作运行机制。在县人大机关倡导“三守三安”行为规范，机关干部签订党风廉政建设责任状，严格遵守作风建设各项规定。

【县十二届人大二次会议】 2月13—15日，株洲县第十二届人民代表大会第二次会议召开。会议听取和审查县人民政府工作报告、县人大常委会工作报告、县人民法院工作报告、县人民检察院工作报告；审查、批准株洲县2016年国民经济和社会发展计划执行情况的报告及2017年国民经济和社会发展计划，审查、批准株洲县2016年财政预算执行情况的报告和2017年县本级财政预算；补选易国林为株洲县第十二届人民代表大会常务委员会委员；通过叫秋平为株洲县第十二届人民代表大会财政经济委员会副主任委员。

【县十二届人大常委会第二次会议】 1月25日，县十二届人大常委会第二次会议召开。会议审议通过《关于召开县十二届人大二次会议的决定》；听取关于组织召开县十二届人大二次会议有关事项的报告；初审提请县十二届人大二次会议审议的六个工作报告（征求意见稿）；审议通过《株洲县人大常委会关于问政于民“四个一”活动的实施方案》；通过代表辞补和相关人事事项。

【县十二届人大常委会第三次会议】 3月15日，县十二届人大常委会第三次会议召开。会议听取县公路局局长报告工作；审议通过《株洲县人大常委会2017年工作要点》《株洲县人大常委会2017年度专项工作评议实施方案》《株洲县人大常委会2017年“双联”工作方案)》《株洲县人大代表公示暂行办法》《株洲县人大常委会关于开展人大代表向选民述职评议的实施方案》；审议通过县十二届人大二次会议代表建议、批评和意见的交办、督办意见，集中交办县十二届人大二次会议期间代表建议；通过相关人事事项。

【县十二届人大常委会第四次会议】 5月

27日，县十二届人大常委会第四次会议召开。会议听取县人民政府副县长刘行国报告工作；听取全县脱贫攻坚工作情况报告；听取和审议贯彻实施《中华人民共和国义务教育法》落实情况报告、禁毒工作情况报告；通过入额法官、检察官报备及相关人事事项。

【县十二届人大常委会第五次会议】 7月31日，县十二届人大常委会第五次会议召开。会议听取县司法局局长、县食品药品工商质量监督管理局局长报告工作；审议通过《株洲县人大常委会关于贯彻落实〈株洲市农村村庄规划建设管理条例〉的决定》；听取和审议2016年度县级财政决算情况报告及2017年1—6月财政预算执行情况报告，审查、批准2016年财政决算；听取和审议审计关于2016年度县本级财政预算执行情况报告；听取县人民政府关于株洲县2017年上半年经济运行情况的报告；听取县人民法院、县人民检察院上半年工作报告；通过有关人事事项。

【县十二届人大常委会第六次会议】 9月30日，县十二届人大常委会第六次会议召开。会议听取县人民政府常务副县长武挪强报告分管工作；听取和审议株洲县移民后扶工作情况报告；听取和审议县“一府两院”关于办理县十二届人大二次会议代表建议、批评和意见情况报告；听取和审议上年度部分审议意见书办理情况报告；审议通过《关于开展第七个五年法治宣传教育的决议》；审议通过《关于全面推进公益诉讼工作的决议》。

【县十二届人大常委会第七次会议】 11月30日，县十二届人大常委会第七次会议召开。会议听取县人民防空办公室主任报告工作；审议通过关于召开县十二届人大三次会议的决定；听取和审议渌口经开区建设和招商引资情况报告；听取和审议株洲县2017年1—10月财政预算执行情况及预算调整情况的报告，审查、批准预算调整方案；通报关于批准县人民政府《关于提请审议湘江流域（株洲县段）东岸综合治理建设PPP项目政府支出责任纳入县级财政预算的议案》的决定；通过县人大常委会委员、县人大代表辞补和市人大代表补选事项。

【县十二届人大常委会第八次会议】 12月26日，县十二届人大常委会第八次会议召开。会议初审提请县十二届人大三次会议审议的七个报告（征求意见稿）；审议通过代表资格审查报告；审议通过《关于表彰2017年度先进县人大代表小组、优秀县人大代表小组长、县人大履职积极分子和优秀县人大代表建议的决定》《关于组织由株洲县选举产生的株洲市第十五届人大代表报告履职情况的方案》；通过县人大代表辞职及相关人事事项。

【财政监督】 听取和审议2016年县级财政决算草案和2017年预算执行情况的报告，审查批准2017年预算调整方案。审议批准防洪治理工程政府购买服务、城中村棚户区改造等项目融资议案，支持平台公司融资16.6亿元。审议审计工作报告，对20个单位审计后问题整改开展专项工作评议，通过审计查出问题移交有关部门、向人大报告、开展询问调查问责等工作，使审计结果从“包起来”“露出来”“关注起来”，向“整改起来”“落实起来”转变。

【司法监督】 作出关于开展“七五”法治宣传教育的决议，督促普及法律知识、弘扬宪法精神、践行法治理念。开展《中华人民共和国禁毒法》《中华人民共和国义务教育法》《中华人民共和国种子法》等执法检查，深化“司法公正渌湘行”活动，推进依法行政。坚持维护国家法制统一的底线，发挥县人大常委会法律专家咨询组作用，规范性文件备案审查12件。作出关于全面推进公益诉讼工作的决议，听取和审议县法院执行工作报告，组织县人大代表听审评议诉讼案件5起。开展司法监督专项行动，全面掌握司法、执法人员依法履职情况，及时协调解决公检法司在执法过程中的突出问题。

【专项工作评议】 先后对县卫计局、政务服务中心、财政局、环保局、民政局开展专项工作评议，组织37名干部到各镇和相关单位进行调查，召开座谈会17次，走访相关单位31个，征求意见79条。各被评议单位把人大评议与推进工作结合起来，坚持对照检查、以评促改。各调查组着力帮助被评议单位查摆问题、转变作风、推进工作、加快发展，发挥了关心支持与鞭策促进的双重作用。随机确定60名县人大代表参加评议大会，开展专题询问，当场进行满意度测评，4个单位获评“满意单位”，县环保局被确定为整改单位并列为2018年继续评议对象。

【代表建议办理】 重视代表建议办理，对建议办理一件不少、对承办单位一个不漏地督办到位。82件代表建议全部实行集中交办，13件群众特别关注的建议列为重点督办件。县人大常委会主任会议成员率队、相关副县长参加，实行集中巡回督办。建议办理工作从“答复型”向“落实型”转变，《关于加大对农村偏远山区教育投入的建议》《关于打击整治地下六合彩的建议》《关于推进我县非公经济发展的建议》等一批建议得到有效办理和落实。

（邓日红）

株洲县人民政府

【概况】 2017年,株洲县人民政府适应新常态,开拓新思路,落实新举措,实现经济社会持续健康发展。全县实现GDP142.8亿元,同比增长8%;完成一般公共预算收入14.4亿元,同比增长9.8%,税比达到66%,全面完成省、市“两个坚决”目标;完成固定资产投资120.8亿元,同比增长15%;完成社会消费品零售总额46.2亿元,同比增长11.5%;城镇、农村居民人均可支配收入分别为31532元、17388元,同比增长8.4%、8.8%。主要经济指标中,一般公共预算收入增幅、税比等居五县(市)第一。

聚焦项目攻坚,产业升级加速推进。扎实开展“项目攻坚年”活动,57个市县重点项目进展顺利。实现农业总产值32.6亿元,农产品经营收入同比增长19.8%。农产品加工企业达到70家,建立基地4.53万公顷,带动农户1.1万户。继续保持产粮先进县、生猪调出大县等国字招牌,成功创建全省家庭农场示范县、畜禽水产品质量安全示范县。完成规模工业增加值41.2亿元,增长7.2%;实现高新技术增加值14.5亿元,增长12.9%。按期建成亚胺薄膜等7个项目,相继开工时代芳纶等6个项目,签约引进节能环保产业装备制造园等21个产业项目,支持时代电气等35家企业技术改造。标准厂房租售面积达21万平方米,入驻中小企业31家,入驻率达到90%以上。实现三产业增加值47亿元,增长11.3%。商贸物流产业长足发展,商贸综合服务体电商平台正式运营。休闲旅游取得突破,打造省五星级乡村旅游示范点2个,创建省旅游扶贫示范点1个。成功举办乡村文化旅游节,杨得志故居获批省爱国主义教育基地。房地产销售面积达40万平方米,完成建安产值86.6亿元。株洲珠江农商行挂牌营业,金融机构存款余额为171.1亿元,贷款余额为74.7亿元,分别增长17.6%、20.8%。

聚焦无缝融城,城乡面貌持续改善。提质改造渌口老城区,实施棚户区改造2587户,升级改造城区农贸市场4个,渌湘大厦、渌湘市场竣工验收。湘江东岸综合治理项目启动建设,东城大道、渌枫大道、渌水二桥、二线船闸加速推进。新改建农村公路200千米、新设一批城市公交亭、农村客运招呼站。集中整治车辆超限超载,干线公路优良率达到90%以上。实施龙潭水库除险加固、河包防洪保护圈、昭陵港治理等重点水利工程，建设“小农水”项目82处，修复水毁工程177处。开展“四大专项行动”，统筹实施农村环境综合整治，促进城乡环卫一体化，基本实现常态保洁、长效管理。深入推进征地拆迁“百日攻坚”，实施“清零扫尾”专项行动，完成征地340.6公顷，拆除房屋643栋。制止违章建筑2.5万平方米，拆除违章建筑3.6万平方米，违章建筑存量清零121处2万平方米。积极配合中央环保督察，集中整改交办问题17件。全面加强大气污染综合治理，开展页岩砖企业废气、城区餐饮油烟等十大专项整治，空气质量优良率达78%，较上年提高3.2个百分点。着力打造农村污水治理示范县，基本建成南洲污水处理厂，启动建设龙门、龙船、龙潭三个镇级污水处理厂，县城污水处理率达92%。大力推行县镇村三级河长制，开展水环境治理专项行动，关停非法码头和非法洗砂场6个，湘江沿岸1千米范围内规模养殖场全部关闭退出，水资源保护工作全面加强。

聚焦改革创新，发展动能不断增强。10个大类38个大项78个小项改革任务全面铺开。深化放管服改革，积极开展“减证便民”工作，清理规范行政审批事项169项、公共服务事项229项，取消行政审批中介服务事项23项，精简幅度达30%。深化商事制度改革，推动多证合一、证照联办。积极推行“互联网+政务服务”，“智慧渌口”建设进展顺利，“掌上渌口”正式运营，全国基层政务公开标准化规范化试点县创建工作扎实推进。新增4家创业孵化基地，打造2个示范平台。创新企业帮扶机制，推出“24小时见面制度”，共收集交办企业各类问题150个，办结率100%。率先在全市打造中小企业公共服务平台，顺利开通湖南股交所株洲县经济专板，首批50家企业集体鸣锣挂牌。科技创新有新的进步，申请专利172件，申报市级科技专项9个，完成“百项科技成果转化”任务8项。引进内资项目91个，到位资金42.3亿元。进出口企业3家破零、2家倍增，完成外贸进出口总额1350万美元，增幅居全市第一。新增市场主体2000余个，省市名牌产品达26个。坚持引资引智并重，稳步实施人才规划，引进各类人才200多人。

聚焦民生事业，幸福指数再攀新高。各项民生支出达到15.6亿元，“民生100”工程全面完成。实现脱贫550户1803人，10个贫困村全部退出，贫困发生率下降至1.48%，顺利通过省市考核验收。拆除危旧土坯房3885户。发放创业担保贷款1053万元，新增农村劳动力转移就业1537人，城镇就业2411人，实现零就业家庭援助全覆盖。开展劳动维权专项行动，追回农民工工资770万元。完善社会救助体系，发放农村五保、城乡低保、大病医疗、救灾救济等各类社会救助资金5767.4万元，救助困难群众2万余人次。新增养老床位142张，县社会福利中心被确定为全国养老机构改革试点单位。全面启动河西片区等12处安全饮水工程，解决1.9万人的安全饮水问题。投入7200多万元改善50个学校办学条件，完成48所薄弱学校改造，建设114套教师周转房，推进3所城区小学扩建增容，实现公办幼儿园全覆盖。渌田、朱亭中心卫生院获评“全国群众满意乡镇卫生院”。计生工作获评湖南省优秀单位。开展安全生产大排查大管控大整治百日行动，强化食品药品安全、道路安全和消防安全监管措施，安全形势平稳可控。开展企业周边环境集中整治行动，圆满完成华新水泥厂周边电费清缴工作。社会治安综合治理获评全省先进，综治民调居全市第一。有效应对二十年一遇的特大洪涝灾害，被评为湖南省抗洪抢险先进集体。

聚焦自身建设，行政效能日益提升。坚持依法行政，坚持重大问题向县委常委会报告，全面执行县人大及其常委会决议和决定，自觉在县人大、县政协和社会各界监督下开展工作。充分吸纳各民主党派、工商联、无党派人士和社会各界的意见、建议，认真办理人大代表建议和政协委员提案，及时处理县长热线和县长信箱中的群众咨询、建议和投诉。推进“学党章党规、学系列讲话，做合格党员”学习教育常态化制度化建设，落实全面从严治党“两个责任”，严格执行中央、省、市、县委关于改进作风的规定，廉政建设和反腐败斗争取得积极成效，行政效能和服务水平进一步提升。（陈怡希）

县政府办公室工作

【概况】 2017年，县政府办始终围绕“创新、务实、优质、高效”的工作目标，积极发挥“智囊团、参谋部、服务队”的作用，勤于参政、精于服务、乐于奉献，各项工作都取得了新的成效。成功申报全国基层政务公开标准化规范化试点县；在株洲市市长热线（信箱）工作考核中位居前列；在株洲市法治政府建设工作中被评为先进单位；在株洲市政务公开政务服务工作中被评为优秀单位；被列为全县绩效考核一类单位。

综合调研工作。先后起草各类文字材料100余篇、70万字，形成《做好基层财政工作的几点思考》《企业帮扶应当帮到点子上》《为什么管好农贸市场那么难》等20余篇调研报告，为领导决策提供了及时、有效、可靠的依据。其中《发挥融城优势，打造新型城市》《砥砺奋进的五年》《浅谈在县域治理中如何坚持依法行政》《建立转诊新机制，开创就医新格局》《精准施策、多措并举，让健康赶走贫穷》等文章先后在新华社湖南领导专供、每周新闻信息、《湖南日报》《株洲日报》上发表。

法制工作。在做好依法行政、合同管理、涉法文件审查、复议应诉等本职工作的基础上服务大局，积极参与征地拆迁等历史遗留问题的处理，法律参谋、法律指导、法律引导、法律纠错职能不断强化。共审查县政府合同协议90份，涉法文件106份，收到行政复议申请16件，受理16件，结案13起，正在处理3件。

办文办会工作。公文处理实行全过程“双把关”机制，对每一份进入程序的收发文登记备案，跟踪办理，确保准确无纰漏、快捷无贻误、办结有回音，公文处理没有出现较大差错。共处理中央、省、市来文1400余件,校核发文195个,文件质量显著提高。通过完善内部机制,明确责任分工,规范流程管理,强化沟通协调,服务会议活动的效率和质量不断提高，共组织、参与和协调县政府领导会议、公务接待活动200余次,未出现大的纰漏。

政务公开工作。牵头成立县政务公开试点办,深入开展国家基层政务公开标准化规范化试点工作,已对需公开的试点事项进行初步梳理和规范,在政府门户网站开通政务公开试点专栏予以公布。着力强化第一意识,把握第一时间,捕捉第一信号,针对热点、难点、焦点问题,充分发挥民情“直通车”作用,不断加大情报信息收集、分析、反馈力度。上报政务信息217条，县政府门户网站更新各类信息5600余条,开展网上巡查12次,政府网站信息采用全市排名前列。

政务督查工作。紧密围绕中心工作开展督查督办,不断创新督查方式。围绕政府工作报告内容、征地拆迁、建议提案办理、信访百日攻坚、扶贫攻坚、环保督查等重大工作,共开展或参与督查40次,收到县委、县政府领导批示件40件,已全部办结,真正实现了“马上就办、真抓实干”。

金融工作。积极开展创建省级金融安全区、打击逃废金融债务、处非等各项工作。株洲珠江农村商业银行实现挂牌开业。金融环境进一步改善,金融结构进一步优化,服务水平进一步提升。超额完成建档立卡贫困户金融扶贫小额信贷工作任务，发放小额扶贫贷款496户,1720.8万元，完成户数为年度任务的118.9%,完成金额为年度任务的152.8%;12个贫困村全面建成金融扶贫服务站;扶贫特惠保实现贫困户全覆盖。存贷款余额分别达到171.1亿元和74.7亿元，增幅分别达到17.6%和20.8%。

优化工作。制定《2017年株洲县优化经济发展环境工作要点》，对优化经济发展环境工作进行责任细分。全面推进行业协会、商会与行政机关脱钩工作,参加试点的11个行业协会商会全部完成与行政机关脱钩的工作任务，在优化政务环境、减轻企业负担、规范涉企检查、重点问题专项整治等各方面工作中取得了较好成效,是全市唯一没有在电子政务监察系统中出现红、黄牌的县。

应急值守。健全应急日常管理、完善应急预案、规范应急值守制度,始终坚持领导班子成员带班制度与24小时值班制度,及时有效地做好县长接待日的协调配合工作。成功开展“5·12”防震减灾应急救援联动演练,利用应急移动平台同步直播到省、市平台。将“12345平台”建设和管理纳入“智慧渌口”项目,实施数据互联。发送各类会议通知200余个,受理市长热线2133起,全部办结,在五县市考核中排名第二;县长热线共接收电话83个,全部办结,反馈率100%。

后勤服务。严格落实中央八项规定和省市县相关规定,坚持厉行节约、反对浪费,着眼于“优服务、提品位、强保障”,为县政府领导和机关干部提供优质的后勤保障服务。规范经费管理,做到办公室的

经费、物资、服务、待遇保障全部到位，确保政府办机关的正常运转。（陈怡希）

城乡创建工作

【概况】 2017年，株洲县城乡创建工作办公室共有干部职工4人。内设办公室、政工股、业务股3个股室。按照省、市关于湘江保护和治理工作部署，继续推进湘江保护和治理“第二个三年行动计划”。结合全面落实河长制工作要求，先后印发《2017年株洲县湘江保护和治理工作要点》《2017年度株洲县湘江保护和治理工作绩效考核细则》《株洲县河长制实施方案》等系列文件，对湘江保护和治理工作作出全面的部署和安排。召开湘江保护和治理工作调度会，要求各项目责任单位倒排工期时间表，主要负责人认真履行“第一责任人”职责，严格按照期限完成各项工作。株洲县被评为湘江保护和治理工作优胜单位。

加强水资源管理和饮用水源地保护。投入790余万完成龙潭水库除险加固工程第一阶段建设。编制完成4个饮用水源保护区，全部通过省政府审查。推进“两供两治”工程建设，构建完善的城镇生活污水净化处置系统。完成城关镇鱼塘片区污水收集管网扩改工程、株洲县污水处理场提标改造工程和朱亭镇污水处理厂建设项目，并投入运行。渌口经济开发区南洲污水处理厂项目于10月开始主体施工，年底建成。

开展农业农村污染防治。全面开展农作物化肥农药使用量零增长行动，开展农作物病虫害绿色防控和统防统治，指导农民科学施肥，完成测土配方施肥推广面积2.41万公顷，设施农业园区水肥一体化面积466.67公顷，推广高巧种子处理剂666.67公顷。切实加强畜禽养殖管理，完成9个规模化畜禽养殖场粪污治理项目，制定《湘江沿岸一公里范围畜禽养殖场关闭退出整治工作方案》，完成对湘江1千米范围内关闭退出畜禽养殖场死灰复燃、散养过大规模、乱搭乱建养殖场（户）的摸排工作，共发现和整改违规养殖场23家。积极推进农村环境综合整治整县推进项目，完成12个建档立卡贫困村农村环境整治工作，购置可卸式垃圾箱30个，通过改造、升级、配套基础设施等方式提高农村饮水安全保障程度和质量。（殷　冰）

接待中心

【概况】 2017年，株洲县接待中心有在编员工43人，主要职能是负责来宾接待和有关会议服务工作。中心内设办公室、餐饮部、客房部、后勤保障部。现有客房40间，可接纳入住客人60余人；有大、中、小型会议室4个；餐厅共有大小包厢5个，大厅可容纳500余人就餐。

围绕“三强二提一树”（强基础、强素质、强管理；提高服务水平、提升经济效益；树酒店品牌）工作思路，接待水平进一步提升，取得较好的经济社会效益，完成营业收入410万元，上缴税费20万元。

改善基础设施。投入200余万元，完

成一号楼中心会议室、二号楼公共卫生间及屋面改造工程;对贵宾楼进行重新装修改造,环境焕然一新;接待能力和设施水平得到了较好提升。

规范员工管理。一是全面梳理规范工作流程,使各项工作有章可循。二是实行《十二分制管理规定》,狠抓员工作风建设。三是加强员工业务培训,积极开展拓展训练,培养团队协作精神。四是开展季度“服务之星”、年度“优秀员工”评选和技能比武活动,提升团队整体素质,提高服务水平。（肖　喜）

机关事务管理

【概况】 2017年,株洲县机关事务管理以为机关提供优质服务保障工作为中心,公共机构节能和公务用车管理工作取得明显成效。

清理整顿办公用房。3月中旬至4月,组织开展党政机关办公用房清理整顿工作,清查党政机关办公用房单位80家,共有在岗工作人员(含临聘人员)3908人,办公用房2343间(包括档案室、文印室、会议室、活动室、谈话室、阅览室),办公用房面积48375.79平方米,会议室面积9706.63平方米。安排专人对办公用房情况建立电子和纸质文档。

推进公务用车管理。年内,公车平台总派车次数9015次,总行驶794302千米。公务用车管理工作不断深入,资源配置更加合理,行政成本明显降低,同时在加强党风廉政建设,规范党政机关公务用车行为方面发挥了积极作用。

管理、服务、保障后勤工作。全年共接待会议1250场,服务参会人员40030人次。积极开展院内环境集中整治,加强日常保洁,垃圾日产日清,确保院内良好的卫生环境;对院内办公楼进行全面清洗,对做得不到位的地方及时向保洁员提出整改意见,并整改到位。做好大院绿化、美化工作,及时除草、修剪、施肥、更换新盆景。制订应急预案,强化大院管理,加强安全防范工作,安全保卫工作更加科学化、合理化、规范化和制度化。加强门卫值班和检查登记制度,严格落实大院巡逻巡视制度,平均每天登记人数达41人次。认真执行治安保卫条例,严格大院车辆出入管理、行驶管理和停放管理。切实配合有关部门做好信访、突发事件的稳控工作,确保机关大院秩序井然。完成日常维护工作1000余人次,深入开展电器设备和线路的安全巡查,有效保障设备设施的正常运转。（宾玉洁）

政务服务

【概况】 2017年,株洲县政务中心全面推进“互联网+政务服务”体系建设,共受理各类事项103589件,办结99395件,按时办结率100%,组织完成31个建设投资项目联合审批,完成收费2477万元。

深入开展“互联网+政务服务”改革调研,积极探索深化行政审批体制改革工作新模式。对政务服务事项进行全面梳理,汇总形成标准化行政许可审批事项目录

169项+19项（垂管单位事项），标准化公共服务事项目录229项，中介服务事项58项，对梳理后的188项行政审批事项和88项公共服务事项（依申请类）做服务指南。全面落实“减证便民”行动，按照四个“一律取消”原则，以株洲市19项为基础与相关部门再次进行核对，形成了25项证明事项清单。

完善建设投资项目联合审批。通过科学整合审批环节，合理分类审批事项，压缩审批时限，控制中介服务时间，对具体流程实施优化再造，实行各牵头部门统一受理合并审批、限时办结，于7月20日开始试运行，共审批31个建设投资项目，其中22个项目以全程联合审批方式进行，全面提高建设投资项目审批效率，大幅压缩建设投资项目审批周期。

政务公开逐步实现标准化规范化。积极参与政务公开标准化规范化试点工作，在政务公开内容上，坚持全面、及时、合法、真实公开与群众切身利益有关的事项，如上级有关文件精神，单位的工作动态和重要决策，领导班子成员分工，群众反映问题的整改等。同时结合行政审批制度改革，将各单位的职能、法律依据、行政审批和服务事项的办事流程、受理条件、办结时限、收费标准及服务承诺等形成目录向社会公开。在公开程序上严格把关，拟公开内容在公开前必须经政务公开领导小组审核，归口由办公室将已审核的内容按照规范程序公开。进一步拓宽公开渠道，除政府门户网站、政务大厅窗口、政务公开栏、政务公开固定电话等传统方式，2017年底新增“掌上渌口”手机APP、“智慧渌口”网络平台。通过推行政务公开工作，摸清了单位的“家底”，规范了窗口工作人员的行为。

开展“马上就办、真抓实干”活动。通过抓机关作风建设，引导全体工作人员立足服务岗位，提升政务服务特色品牌，争做“服务标兵”，争创“红旗窗口”。通过综合考评，共评出“红旗窗口”4个、“优秀党员”5名、“服务标兵”5名。食药工商质监窗口被评为株洲县“巾帼文明岗”，政务中心顺利通过县人大常委会专项工作评议，获评“满意单位”。（唐永红）

人力资源和社会保障

【概况】 2017年，株洲县人力资源和社会保障局坚持“民生为本，人才优先”的工作主线，实现更积极的就业形势、更全面的社会保障、更和谐的劳动关系和更优化的人才队伍，努力开创人力资源社会保障事业发展新局面。城镇新增就业2411人，完成目标任务的120%；新增贫困劳动力转移就业304人，完成年计划的120%；失业人员再就业800人，完成目标任务100%；实现“零就业家庭援助”援助率100%；新增农村劳动力转移就业1537人，完成目标任务的102.4%；新增发放创业担保贷款1054万元，完成目标任务的105%；安排贷款财政贴息资金149.1万元，完成年度目标任务的106%；支持15名高校毕业生微创业，完成年度目标任务100%；创业带动就业1600人，完成年度目标任务100%。

荣获湖南省全民参保登记工作成绩突出单位。

落实积极的就业创业政策。出台《株洲县创新创业带动就业“双十资助工程”奖励实施试行办法》《株洲县开展创新创业带动就业示范镇、示范社区(村)创建活动和评选奖励试行办法》《株洲县创业孵化基地认定管理办法》，协调县财政局出台《株洲县创新创业带动就业扶持资金奖励试行办法》等规范性文件，建立健全创新创业带动就业扶持政策体系，形成政府支持、典型引领、全民参与就业创业，从而带动更多人就业的良好氛围。评选了10个创新创业带动就业优秀个体工商户和10个优质企业，2个创新创业带动就业示范平台；新增4家创业孵化基地，拨付奖补资金240万元。县人社局、财政局、扶贫办联合出台《关于切实做好就业扶贫工作的实施方案》，从建立健全基础信息、促进就业创业、促进稳定就业3个方面，为就业扶持对象提供政策“红利”。通过劳务协作、开发岗位、技能培训、就业服务、权益维护等措施，帮助未就业贫困劳动力实现转移就业、已就业贫困劳动力实现稳定就业，以及贫困家庭“两后生”就读技工院校或参加技能培训后实现技能就业。

加快完善公共就业服务体系。一是建立多方位的就业信息宣传阵地。在渌口镇向阳广场新设人社宣传大型电子屏，在“掌上渌口”信息平台开辟就业信息岗位专栏，提高市民就业政策和岗位信息的知晓率。二是加强基层服务平台建设。在渌口镇接龙桥社区开展平台建设试点的基础上，安排专项经费支持镇、村、社区服务平台建设；抓好队伍建设，注重业务素质的提高。通过以会代训等形式基本做到每季一集中，每月一调度。三是开展“春风行动”“走进贫困户”等公共就业服务专项活动，为就业群体与用人单位搭建对接平台。共举办就业招聘会10场，实现职业指导2402人，求职登记2159人，职业介绍成功735人。

加快完善社会保障制度，全面完成社保扩面任务。社会保险累计参保57.2万人次。企业养老保险新增在职参保人数1862人，完成率186%，企业养老保险征缴基金22138万元，完成率130%；城乡居民养老保险征缴基金1513万元，完成率108%，城乡居民养老保险参保人数18.55万人，基本实现城乡居民基本养老保险全覆盖；城乡居民医保参保总人数达270340人，参保率达到95%以上；城镇职工医保、工伤保险、生育保险、失业保险参保人数和基金征缴均足额或超额完成年初目标。

逐步提高社会保障标准。城乡居民基本养老险基础养老金最低标准由每人每月80元提高到85元；城镇职工基本养老保险养老金由每人每月1650元提高到1760元；失业保险金由每人每月1063元提高到1216元；新农合人均筹资标准由原来的470元提高至540元，其中个人筹资标准由120元提高至150元；城乡居民基本医疗保险覆盖所有贫困人口并实行政策倾斜，将参加城乡居民医保的建档立卡贫困人口住院就医的政策范围内费用报销比例提高10%；对贫困人口实行大病保险制度，将建档立卡贫困人口、低保困难群众、特困人员大病保险起付线降低50%。失业保险缴费率由现行条例规定的1.5%降至1%，其中单位缴费比例下降0.3%，个人缴费比例下降0.2%。同时，失业保险基金还对企业职工技能培训进行补贴，按照获得技能等级补贴1000—2000元/人。

优化提升社会保障管理服务水平。实现跨省异地就医结算，在区县系统中及时做好跨省参保人员备案登记，加快推进社会保障卡发放工作，确保跨省异地就医患者顺利结算。建立贫困户医保“一站式”即时结算服务窗口，通过积极对接系统平台公司、大病保险承办机构及民政部门，做好协调沟通，将医疗救助与基本医疗保险、大病保险对接，所有定点医疗机构全面实现“一站式”结算。机关社保实现上线试运行，贯彻落实机关事业单位工作人员养老保险制度改革，各参保单位的缴费实现与企业社保同标，通过对系统中的数据不断完善，新系统于9月正式上线运行。出台五保户全免住院总额控制并按人头付费的管理模式；稳步推进单病种和意外伤害支付方式改革制度，控制次均费用不合理增长。

人事人才工作有序进行。完成机关事业单位在编不在岗人员、临聘人员摸底清查工作。完成公务员（参照公务员）招考工作，其中司法系统3人，财政系统4人，乡镇11人，新录用人员均已进入工作岗位。共完成事业单位公开选调及招聘考试5次，招考192人，其中卫计系统公开招聘59人，教育系统公开招聘75人、高校直招13人、选调2人，其他事业单位公开招聘42人。

劳动关系和谐稳定。一是加强主动监察，让劳动纠纷消除在萌芽状态。加强人力资源市场秩序清理整顿，检查用人单位15家，其中职业培训学校3家，职业中介2家，物业公司4家，其他用人单位6家，发放宣传资料500余份，督促签订劳动合同60份。积极开展安全生产检查和年度劳动保障书面审查工作，制定工作方案，确定劳动保障监察用人单位80家，已完成用人单位书面审查80家。二是加强劳动争议仲裁，维护劳动者合法权益。受理劳动争议案件99起，涉及金额986万元，审理结案93起，结案率93.9%，调解率62.6%。其中裁决21起，逾期未裁决16起，调解48起，撤诉8起。三是重点做好农民工权益保障工作。积极开展农民工工资支付专项行动，检查单位80家，帮助3040名农民工追回工资770多万元。做好建筑领域农民工工资保障工作，新增加农民工工资保障金户头9家，缴存保障金金额202万元。出台《株洲县农民工工资支付情况专项检查工作方案》，联合住建、交通、水利等部门开展专项联合检查行动，防范和打击企业恶意欠薪行为，确保农民工工资春节前足额支付到位。

【举办“春风行动”大型送岗下乡招聘会】 2月6日，株洲县“春风行动”大型送岗下乡招聘会在古岳峰镇举行，来自市、县的36家用工企业共同为返乡农民工提供

1020 个工作岗位，涉及汽车、保险、电气、物业、家政、食品等多个行业，涵盖文职人员、财务、销售、管理、普工等多个工作岗位。吸引求职者 600 余人，达成就业意向 185 人。并在现场设立咨询服务台，提供职业介绍、职业指导、政策咨询等服务，发放资料 1000 余份。

【推行“一站式”医保结算服务】 县人社局通过提高住院报销比例、降低大病报销起付线等举措，切实解决困难群众“看病难”的问题。通过实施基本医保经办机构、大病保险承办机构和民政医疗救助经办机构信息系统对接，优化流程、简化手续，实现基本医疗、大病保险、医疗救助、保险理赔和个人支付“一站式”结算服务。在医保扶贫各项政策的扎实推进下，困难群众在县级及以下医疗机构住院就医基本实现“住院零预付、报销零起付、出院零支付”，在报销结算方面实现医院窗口“一站式”即时结算。

【开通异地就医联网直接结算业务】 12 月 1 日，城镇职工医疗保险和城乡居民医疗保险成功开通省内、省外异地联网直接结算业务。参保者只需持社会保障卡到县医保中心登记备案即可。县第一人民医院和县中医院 2 家定点医疗机构实施联网直接结算，外地（省内或省外）患者就医住院无需回参保地报销，只需到参保地登记备案即可。（陈文茜）

发展和改革

【概况】 2017 年，株洲县发展和改革局在规划调研、项目建设、争资引项、落实政策等方面抢抓机遇，主动作为，各项工作都取得良好成效。获评湖南省农产品成本调查工作优秀集体、2016—2017 年株洲市价格认定案卷管理先进单位、株洲市文明单位。

不断完善项目储备库。共收集交通、能源、工业、社会事业等县级储备项目 186 个，其中前期储备库 76 个，计划滚动库 46 个，建设实施库 64 个。抓好重点建设项目。牵头开展“项目攻坚年”活动，深入推进“三十”工程，积极落实重点项目考核管理办法，建立领导挂帅、项目挂牌、绩效挂钩的“五个一”工作制度，建立定期调度、督查、通报等机制。36 个市重点项目加快推进。湘江流域（株洲县段）综合治理等 11 个项目顺利开工建设；艾玛斯特儿童城等 6 个项目全部竣工；时代芳纶等 16 个续建项目按进度要求加紧建设。

建立健全科学的政府投资决策和组织实施程序，起草《株洲县政府投资项目审批及概算管理办法》。深化建设投资项目审批制度改革，以全省投资项目在线审批监管平台为依托，实现投资项目网上受理、办理、监管。共核定投资项目 144 项，总投资 174.79 亿元。积极配合国家、省市专项稽察，对 2016 年 32 个中央预算内投资项目建立台账，开展专项稽察 4 次，发现并整改了一批问题。认真履行招投标监管职能，通过自查和省发改委联合省法制办复核，对四个招投标文件进行清理并废止。依法依规做好建设项目的招投标工作，核准25个建设工程招标事项。

做好农本调查、成本监审和价格监管监测。完成价格认定58件，总认定价值3230万元；对收费项目和标准进行清理，取消涉企行政事业性收费7项，停征16项；取消服务性收费5项，降低3项，放开7项。联合制定教育收费政策，按省市要求，依程序上调水资源费和污水处理费征收标准，完善机动车停车服务收费政策，出台《株洲县停放服务收费管理办法实施细则》；"12358"价格举报平台受理案件6件，办结价格咨询、举报、督办案件6件。

严格执行省市县关于易地扶贫搬迁有关政策制度。对搬迁计划114户359人，严守对象识别、面积控制、资金补助红线，严格执行省市建设验收标准和项目建设管理。对不符合政策要求的搬迁对象进行调整。制定《株洲县易地扶贫搬迁工作突出问题整改方案》，年内开工114户359人，开工率、竣工率均为100%。开展企业帮扶，积极落实县委、县政府"企业帮扶年"行动的工作部署，制定《2017年"企业帮扶年"行动实施方案》，明确帮扶措施，多次召集重点企业进行PPP项目、企业减负清费业务培训。

做好经济运行分析，加强重大课题调研。科学编制《株洲县2016年国民经济和社会执行情况及2017年国民经济和社会发展计划的报告（草案）》，确定2017年国民经济和社会发展计划主要预期目标，跟进计划实施，推动经济有序运行。实现地区生产总值140.9亿元，同比增长8%；完成一般公共预算收入14.36亿元，同比增长9.8%；完成固定资产投资120.3亿元，同比增长14.6%；实现规模工业增加值38.5亿元，同比增长7%；实现社会消费品零售总额46.1亿元，同比增长11.3%。实现城镇居民人均可支配收入31545元，同比增长8.4%；实现农村居民人均可支配收入17362元，同比增长8.6%。（谢颖娟）

"两型社会"建设

【概况】 2017年，株洲县通过加大两型宣传力度，创新改革机制，全面开展两型创建，践行绿色发展，两型社会建设工作取得较好成效，稳步推进生态文明建设，县人民政府获评株洲市两型社会建设"先进单位"，县两型办获评株洲市两型系统"先进单位"。在株洲市两型十年系列颁奖典礼上，株洲县创新河湖管护机制、渌鸿风电场、青龙湾一体化项目及洁宇日化董事长钟存仁分别入选株洲市十大两型改革创新案例、十大两型项目及十大两型人物。

两型宣传。充分发挥舆论导向作用，利用电视、报刊、电台、网络、政务公开栏、宣传横幅等进行广泛宣传，在县广播电视台图文频道按月播出两型节目，制作各类标语2000余幅。组建两型志愿者队伍，在各级各单位、学校广泛开展两型志愿者队伍建设，组织志愿者活动十余次，激发广大群众自觉参与两型社会建设的热情。加强学习培训,将两型社会建设专题纳入县委理论学习中心组、党校中青班、科干班等干部培训学习内容,年内累计培训8000人次。结合各中小学校的教学计划开展两型教学,确保两型理念进教材、进课堂、进头脑,在县五中、职业中专及育红小学开展两型课堂,参与人数3000余人。县两型办联合县环保局、国土资源局、科协分别在环保日、土地日、科技日举办专题宣传活动。11月25日,与县水利局、河长办在龙船镇挽洲岛开展"保护母亲河我们在行动"公益活动。通过向广大居民宣传环保、低碳知识,提供各类政策咨询,发放各类宣传资料3000余份,参加人数5000人次。

两型改革。创新河湖管护体制机制。通过建立河湖管护规划约束机制,组织实施国家批准的湘渌江流域综合规划、流域防洪规划、岸线保护利用等规划。推行"三级河长"与"民间河长"双轮制,在全面落实全省三级"行政河长制"的基础上,探索建立"民间河长制",34条一级支流招募125名民间河长。积极引入市场机制,凡是适合市场、社会组织承担的工程维护、河道疏浚、水域保洁、岸线绿化等管护任务均向社会购买服务。探索水环境资源行政执法与刑事司法的有效衔接,建立水环境资源行政执法与刑事司法的有效衔接,设立全省首家派驻县级河长制办公室检察联络室。通过创新河湖管护体制机制,近三年湘江县段和渌江县段水质持续保持国家Ⅲ类或优于Ⅲ类标准,水功能区水质达标率100%,基本实现"河畅、水清、岸绿、景美"的河湖生态环境。组织《株洲县创新河湖管护机制》申报省级生态文明创新案例。

建立农村畜禽养殖污染治理机制。确定"政府管总、环保为主、部门协作"工作思路,建立污染治理长效机制。建立"政府引导、财政支持、社会参与、市场运作"的多元化投融资模式。推广多样化治理模式,即以朱亭镇明扬牧业为代表的"工厂化"治理模式,以古岳峰镇三旺生态园、南洲镇新正德等为代表的"种养结合"模式,以及适用于中小型规模养殖场"二分三池一棚"的传统模式。各部门齐抓共管,坚决查处和打击各种养殖污染环境的违法行为,实现联动监管常态化,有效推进农村畜禽养殖污染治理。

探索建立碳排放权交易机制。积极把握林业碳汇交易新业态,规划并申报项目,最大化争取碳排放权交易总量与配额,努力实现资本和林地、林木资源无缝对接。组织两型技术和产品申报,洁宇日化的氧净产品作为两型技术和产品纳入国家低碳技术和产品目录,获评全国首批绿色设计产品示范名单。进一步推广绿色建筑,伟大节能房引进德国被动式节能房技术,结合本土气候和建筑改良设计与施工,由德国能源署全程监制、验收认证。项目先后列入国家住建部节能房建筑示范项目、全国被动式节能房三大示范项目之一。

建立健全绿色发展绩效评价机制。探索建立绿色发展指标体系,完善体现不同主体功能区特点和生态文明要求的党政领导干部绩效考评办法，县两型办印发《绿色发展指标体系》《生态文明建设考核目标体系》的通知，突出经济发展质量、能源资源利用效率、生态建设、环境保护、生态文明培育、绿色制度等指标。万元GDP能耗下降率达到3%，城镇、农村污水处理率达到80%，垃圾无害化处理率达到100%。

两型创建。县政府表彰在推进两型示范创建工作中做出重要贡献的10名两型先进个人及3家两型先进单位。召开全县两型示范创建动员会，下发创建方案，强调工作职责。加强对渌口综合示范片区创建的协调指导，通过上门指导、半年督查、年终考核等形式，有效推动片区各单位的示范创建工作。在加强片区创建的同时，全力推进各类型的两型示范创建工作，重点培育两型企业、两型机关、两型村庄及农民合作社等类型。进一步充实两型创建项目库，十四个类别创建实现全覆盖。积极组织申报省市两型示范创建单位，华新水泥作为两型企业获批省级两型示范单位，渌口镇花园村、县公路局、湘春农业、东亚工具有限公司获批市级两型示范创建单位。

【启动湘江保护与治理“一号重点工程”】 结合湘江保护和治理第二个三年行动计划，启动了创新湘江、渌江流域综合治理机制改革试点工作。新装株洲航电枢纽工程和渌口水电站2处实时监控，进行水质动态监测。推行河道保洁第三方治理，投入资金380万元，聘用6名保洁员、2条保洁船，进行水域垃圾清理和日常保洁，打捞浮漂垃圾5000多吨。对湘江沿岸一千米范围内的107家规模养殖场和10处网箱养殖场予以关闭。对14家高污染、高耗能企业实行关停，对20余家非法砂场进行清理。组织和参与河道联合执法行动10次，立案查处河道违法案件10起，现场查处20起，罚款70多万元，治安拘留1人。全面完成古岳峰镇污水处理厂建设，投资1.4亿元的渌口经开区水质净化中心顺利推进。

【开展餐厨油烟综合治理】 7月，在城区开展餐厨油烟综合治理工作。要求新建、改建、扩建餐饮服务单位必须严格落实环评制度，油烟净化器设施与项目同步设计、同步施工、同步验收，确保油烟达标排放。通过强化源头控制，严格过程监管，加强与餐饮业负责人的沟通，有85家单位对食堂进行油烟净化改造，县城近30家宾馆饭店油烟排放系统经改造后达标。

【启动节能环保产业装备制造园建设】 3月，株洲市节能环保产业装备制造产业园正式签约落户南洲新区。园区遵循“节能、环保、生态、集聚、高效”的发展理念，计划吸聚近百家节能环保企业入园。现已完成一期征地任务，20余家环保型企业签约入驻，涉及环境检测服务、污水处理等领域。

（黄　蓉）

审 计

【概况】 2017年,株洲县审计局有在职干部职工22人。有大专以上文化19人,中高级以上职称9人。内设办公室、法制股、财政审计股、行政事业审计股、株洲县经济责任审计工作领导小组办公室(副科级),下辖二级机构建设项目审计监督中心。

认真履行审计监督职责,充分发挥审计"免疫"系统功能和"公共财政卫士"作用,完成审计和审计调查项目42个,查出违规资金11460万元,管理不规范资金288745万元,处理处罚上缴财政资金52万元,提出审计建议65条,移送案件线索8条。荣获"株洲市审计业务工作先进单位""株洲市审计目标管理先进单位"称号。

同级财政审计。对株洲县2016年度财政预算执行和其他财政收支情况进行审计。重点审计县财政局预算股、社保股、非税收入管理局等6个预算执行部门和单位,延伸审计县农业局、职业中等专业学校,并对县地税局税收征管情况及县国土资源局2016年度国有土地使用权出让收支情况进行审计,减少财政资金沉淀,盘活存量资金,推动财政资金合理配置、高效使用。严肃查处和揭示违纪违规问题,对问题进行严肃认真处理处罚,提出合理化建议,制定整改方案,将审计发现的情况向县政府主要领导和县人大常委会如实报告,为加强预算执行和人大监督财政决算提供决策依据。

经济责任审计。经济责任审计以领导干部任职期间本乡镇、本单位财政收支、有关经济活动的真实、合法和效益为基础,重点检查领导干部守法、守纪、守规、尽责情况,加强对领导干部行使权力的制约和监督,先后对8个单位的8名正科职领导干部履行经济责任情况进行审计。进一步规范经济责任审计领导归责,促进责任追究和问责机制形成。

政府投资建设项目审计。先后接收财政评审中心报送项目及联合审计项目330个,其中包括预算项目210个、结算项目104个、联合审计项目8个,财政评审中心送审金额60856.90万元。已完成复审及联合审计项目112个,其中预算项目63个、结算项目41个、联合审计项目8个。项目复核率为33.12%,审定金额56830.15万元,审减金额1263.61万元。其中,预算审减金额982.48万元,审减率2.21%;结算审减金额281.13万元,审减率2.05%。联合审计项目8个,建设单位送审金额2763.14万元,联合审定金额1498.75万元,审减金额1264.38万元,审减率45.76%。加强重点建设项目的跟踪审计,多角度、全方位拓展审计视野,提高被审单位资金效益和规范管理行为。

(谭 懿)

统 计

【概况】 2017年,株洲县统计局以提高统计数据质量、提升统计形象、增强统计公信力为核心,突出抓队伍建设、基层基础建设和业务建设，切实履行统计职能，充分发挥统计服务作用。荣获株洲市“统计工作先进单位”，住户调查样本轮换、农作物对地调查工作荣获湖南调查总队业务工作考核“优秀单位”。

加强统计业务建设。236家联网直报单位实现上报率、直报率、审核率和验收率100%。组织开展城乡住户、生猪监测、粮食产量抽样、全国大中城市劳动力抽样和脱贫攻坚指标监测等各项统计监测调查。开展住户调查样本轮换工作，抽取2018—2022年城乡一体化住户调查户240户，其中第一轮换组120户于12月正式记账。开展对乡镇、部门绩效考核民意调查及全市小康满意度调查工作；做好民生100、小康考核、绩效考核等考核监测相关工作；做好“个改企、小升规”的名录审核和申报工作，共完成40家新增“四上”企业申报工作。

提升统计数据质量。始终以统计法律法规规范化建设为重点，进一步强化统计法制意识，提高统计数据质量。配合市统计局的专项核查和执法检查，对工业、贸易、住餐、服务业、固定资产投资的单位进行执法检查，先后检查企事业单位94家，投资项目100多个，要求被检查单位对检查出来的问题及时整改。进一步加大统计法宣传力度。利用全市第三次农业普查入户登记启动仪式在株洲县启动的契机，广泛开展统计法、农业普查条例的宣传。在启动现场悬挂横幅50余条、制作宣传展板26块、设置咨询台，印发宣传资料800份。

加强统计基层基础建设。县统计局、人社局、编办联合印发《关于加强基层统计队伍建设的意见》，向社会公开招聘统计协理员14名，安排到镇和县直局二级机构工作。同时，为各镇配备1台电脑、1台打印机，打牢乡镇统计硬件基础。组织机关事业单位、“四上”企业统计人员217人参加统计人员继续教育培训，抓实基层统计队伍培训。组织各镇和部门统计人员到县统计局跟班学习，提高基层统计人员业务素质。强化基层统计工作考核，先后出台《乡镇统计员（协理员）考核办法》和《统计协理员管理制度》，为工作效率和工作业绩的提升提供保障。加强对基层基础统计资料、统计台账及统计人员业务建设，不断夯实统计基层基础工作。

优化统计信息服务。建立预警预报制度。完成固定资产投资、社会消费品零售总额、规模以上工业生产、主要畜禽监测调查等预警报告4期。建立专业分析会议制度。每季度召开各专业经济运行情况分析会。加大课题研究力度。完成《释放服务业发展潜力，助推经济转型发展》以及专业统计课题等12个。加大统计数据综合力度。编纂《2017年统计年鉴》，印发《统计月卡》及统计快报、预报、专报，编发《统计信息》11期。

【推进第三次全国农业普查工作】 全县各级普查机构按照省、市的统一部署和要求，有序推进第三次全国农业普查现场登记、PDA录入、查遗补漏、在线审核、改错等工作。1月3日，全市“三农普”入户登记启动仪式在株洲县启动，得到市农普领导小组的高度肯定。4月，国务院农普办事后质量抽查工作组对株洲县第三次农业普查事后质量进行抽查检查后，对株洲县的普查组织、普查业务和普查数据质量给予充分肯定。 （彭 辉）

食品药品工商质量监督

【概况】 2017年，株洲县食药工商质监局紧扣重点安全保障工作，着力完善监管执法服务体系，各项工作全面提升，获评株洲市“文明卫生单位”“食品药品安全工作先进单位”“药品不良反应监测管理工作先进单位”。

服务发展。一是推进商事制度改革，营造宽松发展环境。全面推行行政审批制度改革，落实“多证合一、一照一码”和“简易注销”改革，推进企业登记全程电子化，形成线上线下功能互补的政务服务模式，释放市场活力，新增市场主体1839户，市场主体累计达到11184户。8928户市场主体自觉履行年报公示义务，年报率达到95.5%。有239户企业和农民专业合作社被列入企业经营异常名录，并进行信息归集公示和联合惩戒。二是推进质量强县建设，培育壮大企业品牌。利用株洲市创建全国质量强市示范城市的契机，扎实推进质量强县战略，健全工作机制、明确部门责任、加强工作调度，对质量管理先进企业给予补助奖励政策，企业的品牌质量意识不断增强，“福岭木业”“创世混凝土”“好德塑胶”“创林合金” 等一大批公司积极加强质量品牌管理，产品市场占有率不断提高。三是开展“企业帮扶”活动，拓宽企业融资渠道。充分发挥职能作用，动产抵押登记主要优化备案程序，实行一站式服务模式。股权出质登记重点开辟“绿色通道”，实现当场受理，当场办结。办理股权质押登记和不动产抵押登记19起，为企业融资1.7亿多元。

保障安全。一是强化食品药品监管，严守安全底线。围绕食品药品安全示范创建工作不断提升治理水平，在食品药品、餐饮、种养殖等不同领域打造24家示范单位；围绕三级立体监管体系建设推动社会共治，覆盖8个镇139个村（社区），培训321名食品药品协管信息员参与共治，将行政监管和社会协管有机结合；围绕重点产品、重要时段、重点区域开展专项整治，认真开展“明厨亮灶”“文明餐桌”“护苗”“护老”“护工”等行动，加强网络订餐、集中就餐点的安全监管，保障县“两会”“三考”“年夜饭”餐饮安全，组织元旦、春节、端午、中秋、国庆节假日食品专项检查，完成240个批次食用农产品、62个批次食品抽样检验；加强药品不良反应监测，上报药械化不良反应报告414例。二是推进特种设备监管，确保闭环管理。先后出台《关于进一步加强特种设备安全的意见》和《特种设备安全事故应急预案》文件，建立联席会议制度，着力构建齐抓共管的特种设备安全工作格局。以安全生产大排查、大管控、大整治“百日行动”和“一单四制”制度的实施为契机，规范开展现场检查、及时开展隐患复查、严厉查处特种设备违法行为，下达执法文书 63 份，发现并限期改正安全隐患 20 处，实现特种设备安全“闭环管理”。三是抓好重点领域监管，维护市场秩序。先后开展“红盾护农”“质监利剑”“广告专项整治”“打击食药违法犯罪”“民生计量专项整治”“网络食品清网行动”等一系列执法亮剑行动，对电线电缆、细木工板、眼镜、烟花鞭炮等商品进行了 50 个批次的抽检，查处各类违法案件 112 件。

改善民生。一是畅通投诉渠道，提升消费维权的品牌效应。以“12315”“12331”及质量月、“5·20”世界计量日等活动为契机，开展一系列形式多样、行之有效的宣传活动。依托“12315”“12331”“12365”热线电话和市长热线等平台，进一步做好消费投诉处理、互动交流和矛盾化解。共处理投诉举报 102 件，为消费者挽回经济损失 20 余万元。二是创新电梯监管，提升公共安全的保障能力。全面建成电梯监控和应急救援系统，实现对电梯的实时监控和电梯困人后快速救援，让 261 台电梯有了“安全管家”。推行电梯安全责任险，实现电梯安全“双保险”。三是推进计量惠民，提升民生热点的服务水平。将计量惠民作为服务民生的重要抓手，对超市、加油站、医院等单位的计量器具进行免费检定，共检定计量器具 1920 件。（黄艳萍）

安全生产监管

【概况】 2017 年，株洲县安全生产监督管理局设 3 个股室，在职人员 17 人，对县域内安全生产工作实施综合监督管理，负责非煤矿山、危险化学品、烟花爆竹、煤炭行业以及作业场所职业健康的安全生产许可和监督管理工作。全县发生各类安全事故 9 起（均是道路交通事故 9 起），同比下降 10%；死亡 7 人，同比下降 36.4%；直接经济损失 71 万元，同比增长 22.3%。未发生一起生产安全责任事故，事故总数、伤亡人数数逐年下降，安全生产形势好转且各项安全生产指标总体平稳可控。获评株洲市安全生产工作优秀单位，重大事故隐患“一单四制”工作排名全市第一。

强化目标考核管理。县政府和各镇、各成员单位签订年度安全生产目标责任状，每个季度进行考核排名，加大考核结果的运用，严格实行安全生产“一票否决”制度。强化安全生产责任落实。落实县级领导责任。县委、县政府领导多次就安全生产工作作出指示批示，带队深入基层开展安全生产检查。落实部门监管责任。明确各行业主管单位必须严格履行“一岗双责、党政同责、失职追责”，管行业必须管安全，管业务必须管安全，管生产必须管安全。落实镇属地责任。各镇严格落实属地监管责任，督查辖区内生产经营建设单位落实安全生产主体责任情况。

强化隐患排查治理。开展安全生产“大排查、大管控、大整治”、安全生产大检查、安全生产打非治违专项行动和“落实企业安全生产主体责任年”等年度重点工作。建立政府监管部门严格执法的长效机制。开展计划执法。各镇、各成员单位根据分管行业、领域特点，制定年度执法检查计划，并严格开展执法检查行动。县安委会对各镇、各成员单位计划执法开展情况进行一月一调度，一季一考评，确保执法工作取得实效。严格开展安全生产大排查、大管控、大整治百日行动，共组织日常、集中、联合、专项执法活动282次，出动执法人员1725人次，检查生产经营单位1274家，下达执法文书2360份，立案调查131起，下达行政处罚决定书50份，经济处罚184.9万元。排查安全隐患1365处，挂牌督办6处，行政拘留8人。加强网格化监管执法。重点开展打击非法生产网格化的监管执法，以村（社区）行政区域为基本网格，建立起全面覆盖、分级管理、责任包干、实名负责、群众参与、舆论监督、打击到位的安全生产打非网络。建立企业责任主体排查治理安全隐患的常态机制。在高危企业全面推行隐患自查自改月报工作，从源头上消除安全隐患。每月准时对企业的月报情况进行随机抽查和执法检查，形成“分工明确、人人有责、层层负责、环环相扣”的安全隐患治理常态机制。抓好重大事故隐患“一单四制”贯彻落实，由县安委办负责“一单四制”的组织推动、日常管理、协调督促，并安排专人负责。各镇、县安委会各成员单位均建立了“一单四制”制度，扎实排查重大事故隐患，并形成清单上报县安委办备案。共上报重大安全隐患75条，已完成整改销号64条，排查出的重大隐患正在按照“一单四制”要求进行整改。

强化安全生产宣传力度。加大普法力度，让企业懂法、守法。共组织（送培）企业主要负责人180人次，安全管理人员370人次，组织188户烟花爆竹零售户进行培训考试。6月16日开展“株洲县安全生产咨询日”活动，通过多层次、多渠道、多方位的普法教育培训，提升执法人员依法行政能力和全民知法守法素质。（张方志）

公共资源交易

【概况】 2017年，株洲县公共资源交易中心坚持“依法交易、规范操作、优质服务、廉洁高效”的工作理念，着力于公共资源交易各项工作，推进基础设施和重点建设工程，积极参与县重点工程等项目的前期招标准备，按照项目建设特点和进度要求，简化流程、特事特办，找准各标段时间节点，及时衔接招标服务时间，提升公共资源交易服务效率。共办理57个项目的交易入市登记，完成各类交易82宗，交易总额44.42亿元。

完成查验和见证交易项目32个，总投资预算5.43亿元，交易金额5.09亿元，节约资金0.34亿元，节约率6.26%。完成招标前期的招标信息发布、资格预审和开标安排及后期中标信息发布等工作。完成政府采购入市查验资料项目25个，见证开标交易项目25个。财政预算资金27.43亿元，中标总金额27.35亿元，节约财政资金763.14万元。及时发布相关的询价公告、招标公告等信息。完成国有土地入市查验资料项目28宗，拍挂成交宗地25宗。交易面积79.22万平方米，出让价款11.68亿元。进行公车拍卖3次，拍卖车辆

65台，成交金额165.67万元。办理排污权交易7起，2起在中心办理，5起为企业间交易。收取交易服务费1131.64万元。其中，建设工程交易服务费26.37万元，土地矿产交易服务费1105.27万元。

拓宽交易服务范围。中心积极与国土部门加强联系，整合国土部门的各项交易职能。主动对接县国有资产投资管理中心、拍卖公司，全程见证竞拍过程，保证公车拍卖公平公正，诚实守信，参与拍卖人数达千余人。不断推进排污权、林权等领域交易整合，积极与县环保局、林业局进行对接，将排污权和林权的交易整合到中心。

充分发挥中心在招投标交易中的平台作用，对上半年工程建设项目招投标交易活动进行评估。评估的项目为1月1日至6月16日期间在本级交易中心完成招投标活动的工程建设项目或标段，在市公管办监督下随机抽取产生。评估委员会就项目的成交结果、资格倾向、评标办法、投标报名、评标过程、质疑投诉、其他异常等方面进行分析评估，评估结果均为合格。

简化办事程序，提高服务效率。编印《株洲市公共资源交易中心株洲县分中心服务指南》3000份，摆放在办公区域醒目位置，业主及代理机构都可免费领取。《服务指南》将各类公共资源交易的流程用图表形式体现出来，简单易懂，让招标单位、代理公司等服务对象能更快了解招投标程序，节约投标人投标成本，让更多的公共资源交易市场主体自觉入市，自律竞争，进一步规范招标投标活动。

加强业务培训、提升服务水平。组织业务骨干参加市中心组织的业务培训1次，参加县国有资产投资中心组织的PPP模式下项目公司运营培训会1次，派出3名业务骨干赴浙江大学参加株洲市公共资源交易系统干部综合能力提升研修班学习。

【开发投标保证金网上收退系统】 中心与建设银行合作开发一套投标保证金网上收退系统，简化投标保证金的收退手续，保障投标保证金收退及时，降低企业投标成本。共办理投标保证金收退1141笔，金额8473.1万元。其中，收保证金608笔，金额4588.02万元；退保证金533笔，金额3885.08万元。

【推行交易电子化——政府投资工程建设项目网上报名程序】 9月1日，中心推行政府投资工程建设项目网上报名程序。建设工程类公开招投标项目可利用市中心网上报名系统实行网上报名、网上下载招标文件、网上答疑等，原则上不再接受现场报名。投标人不用到现场就可实现网上报名、网上获取招标文件（资格预审文件）、工程量清单及其电子图纸。网上报名系统的运用，方便各投标主体，节约大量的时间和经济成本，增加招投标的公正性，减少串标、围标等现象。（王　洋）

中国人民政治协商会议株洲县委员会

【概况】 2017年,政协株洲县委员会紧扣县委中心工作,牢牢把握团结民主两大主题,团结广大委员以习近平新时代中国特色社会主义思想为指引,紧扣县委“加速融城、加快发展,打造‘三区一中心’,推进‘四个一体化’”发展思路,充分发挥协商民主重要渠道作用,认真履行政治协商、民主监督、参政议政职能,为推进县域经济社会发展积极作为。

落实主责,从严管理,持续加强政治建设。进一步加强党的建设,狠抓“两个责任”落实,着力在转变思想观念、完善体制机制上下功夫,突出政治建设,推进作风建设,坚持党员领导干部带头示范,加强机关干部和委员队伍建设。推进“学党章党规、学系列讲话,做合格党员”学习教育,推进其常态化制度化建设,落实党建工作规范,坚定信仰信念,增强政治纪律规矩意识;组织集中学习和专题研讨,开展“岗位建功、融城先锋”、助推脱贫攻坚、在职党员进社区、“井冈精神”红色传承主题实践等活动。抓好结对帮扶和脱贫攻坚,积极开展“支部连基层”“脱贫攻坚,你我同行”等活动,为贫困户送油、送米、送衣物完成微心愿。锤炼党性,严格遵守“六大纪律”,贯彻“八项规定”,反对“四风”,在改进视察调研、精简会议、控制文件简报、规范公务活动、简约接待、改进报道、厉行节俭以及加强监督等方面从严落实。加强制度建设和学习培训,坚持民主集中制原则,认真落实民主生活会制度;制发委员履职考核办法、镇和城区活动组工作考核办法,邀请省市政协相关领导或专家开展专题授课。党员干部无违纪违规问题发生。

围绕中心,服务大局,积极开展多层次协商。通过联组会议、撰写提案、参政议政大会发言等形式协商议政、献计献策,为县委、县政府决策和推进工作提供重要参考。加强重点工作视察和协商,围绕美丽乡村建设、征地拆迁等工作,通过调研走访和视察等,形成多份专题视察报告;县政协九届三次常委会会议专题协商上半年经济社会发展情况,提出完善基础设施、加快重点项目建设等建议。紧扣专项工作建言献策,积极与各方协商恳谈,就精准脱贫、区域发展、项目建设、城市精细化管理等方面形成9份重点提案;各活动组围绕热点难点问题，通过各种履职途径，在群众和党委、政府之间架起连心桥。共收到委员提案94件，立案67件，提案办复率、办结率、满意率均为100%；推广应用“政协云”，全面推进“微建议”试点。投身中心工作，组织机关干部和委员在项目攻坚、征地拆迁、精准扶贫、抗洪救灾、信访维稳、招商引资等工作中主动作为、积极助力，结合政协工作特点开展丰富多样的公益活动，教育活动组到龙门镇李家村开展扶贫志愿活动，文艺活动组积极开展家庭教育理念讲座和心理咨询服务；组织委员全面参与助力脱贫攻坚“三个一”主题活动，郭立华、张文、周文斌等委员或捐助困难家庭学生，或帮扶贫困群众发展产业并吸纳就业。

坚持导向，履职为民，有效加强民主监督。加大提案成果转化力度，坚持问题导向，围绕热点、难点问题，紧扣提案强化落实，抓实评议促进工作，组织对《破解拆违控违难的几点建议》《关于有效控制贫困户返贫的建议》《关于加强农村公路改造升级和养护管理的建议》等6个提案进行重点督办；以优化项目建设环境为主要内容，举办第四期电视问案，通过“掌上渌口”现场直播，取得良好反响。组织开展民主评议，成立三个评议小组，对县住房和城乡规划建设局、畜牧兽医水产局、文体广新和旅游局进行一对一指导，有针对性地补齐工作短板，发放测评表、征求意见表，召开座谈会16次，收集意见建议278条，召开民主评议测评会，现场评分并公布测评结果。

精心选题，深入调研，参政建言促进发展。组织大会参政议政发言，在九届二次全会上，精选建言课题，组织10位委员就加速融城发展、对接“一谷三区”建设、加快推进分级诊疗制度实施、加快学前教育发展等参政议政发言，上述建言得到了县委、县政府领导充分肯定，现场批示批办。深入开展专题调研，围绕服务企业促发展、朱亭古镇开发、县城停车场建设三个课题组成调研组，开展多种形式调研，形成《做优做实服务，助推企业发展》等3份调研成果；农林活动组到军山、凤凰山林场就林业生态环境保护与发展专题调研，工交科技活动组和农林活动组到养殖专业户中联合调研，根据大多数养殖户意愿，协调县科协牵头成立县农村专业技术联合会。

把握主题，创新机制，广泛凝聚各方共识。为委员履职建言搭建平台，主席会议成员开展走访座谈，加强与民主党派、各界别各阶层人士的沟通联系；组织常委、机关干部、活动组及委员等多层面的培训；组织民主党派、工商联、无党派的委员参加市政协“项目攻坚年”、优化经济发展法治环境、市级养老体系建设、分级诊疗制度建设、公共文化服务体系建设等调研视察；积极协调驻县的市政协委员通过大会提案、小组发言等形式，向市政协提交《对接南进战略，打造产业聚焦新园区》等多篇提案和社情民意。

【政协株洲县第九届委员会第二次全体会议】 2月12—14日，县政协九届二次全会召开,听取审议县政协九届委员会常委会工作报告和提案工作情况报告,听取李杏等10位委员的参政议政发言。列席县十二届人大二次会议,听取讨论县长刘克胤代表县人民政府所作的工作报告,书面协商县计划、财政、人民法院和人民检察院工作报告。会议围绕株洲县经济社会发展中的重大问题和广大人民群众关心的热点、难点问题,通过大会发言、联组讨论、提交提案、反映社情民意等形式,展示了人民政协的蓬勃生机和新时期的责任担当。县委书记罗绍昀出席闭幕会并讲话。

【进行年度电视问案】 7月27日,县政协以“优化项目建设环境”为主题,开展年度重点提案的电视问案工作(总第四期)。30余名政协委员和群众代表与11个相关单位负责人面对面咨政。问案现场,提问人言辞犀利、一语中的,职能部门负责人一一答复并作出承诺,表示将落实好具体举措和整改要求, 进一步优化项目建设环境, 严厉打击项目建设中的不法行为,真正让委员满意、群众满意,形成推动发展的强大合力。县委、县政府有关领导及县政协主席会议成员与会,县委副书记朱江、县政协主席王亚男分别作现场点评。

【编写文史资料《渌口故事》】 5月,县政协组织开展“我与株洲县”征文活动,从全国各地共征集稿件60多篇, 汇编文史资料《渌口故事》,全书共4章16篇30多万字,展现了株洲县在历史文化、民俗风情、经济发展和城市建设等方面的风貌。

(朱永胜)

群众团体

株洲县总工会

【概况】 2017年，株洲县总工会内设办公室，财务部、基层工作部，职工服务中心、职工活动中心、职工培训中心。有在编工作人员6人。全县共有工会组织517家，会员32671人。工会工作以联系职工、服务职工、教育职工、维护职工合法权益为根本任务，统筹推进。年内，创建职工之家4(小)家；4人荣获“株洲市五一劳动奖章”称号、两家企业荣获“株洲市工人先锋号”称号，县总工会荣获株洲市工会工作红旗单位称号。

2017年起，县总工会每年安排20万元，重点奖励6个县级模范职工之家，每个2万—5万元。建设完成县职工乒乓球训练中心、职工健身中心、古岳峰镇红旗村农民工之家等活动中心。保护职工权益，建和谐之家。积极探索职工民主管理的有效途径，不断增强建家活动的生命力。现有会员50人以上企业共签订工资集体协商合同63家（国有、集体及控股、外资企业12家），建制率92%，覆盖职工22974人，区域（渌口镇、南洲镇、渌口经济开发区、新元工业园）和行业（卫生系统、房地产行业、建筑行业）涵盖259家，职工对企业工资集体协商内容满意率达90%以上，覆盖企事业单位322家。关心职工疾苦，建温暖之家。筹措资金40万元，开展春节送温暖活动，共救助困难职工425人，困难劳模5人，困难企业2家。开展职工医疗互助和女职工特殊疾病保障活动，职工医疗互助参加单位162个，涵盖职工8318名，女职工特殊疾病保障活动涵盖女职工3810人。截至12月底，受益职工428人，发放互助金50.03万元。举办“扶贫助学·大爱渌口”全民毅行活动，共募集到10万余元扶贫助学款，用于资助县内贫困学生。开展夏“送清凉”活动，筹措资金8.1万元，为环卫、城管、交警、县重点工程、县客运公司等15个企事业单位1025名从事户外工作的一线职工送去防暑用品。开展“金秋助学”活动，投入6.9万元，资助11名建档立卡特困家庭大一新生。立足建功立业，建创新之家。4人荣获“株洲市五一劳动奖章”荣誉称号，华新水泥（株洲）有限公司质量控制部、湖南鸿远高压阀门有限公司技术部荣获“株洲市工人先锋号”荣誉称号。3月,与县教育局联合举办“金牌教师”评选活动;9月,与县委组织部、科学协会、畜牧兽医水产局联合举办首届动物防疫及安全监管技能大比武活动,展示广大职工爱岗敬业、追求卓越的时代精神风貌。

【实施“一户一产业工人”培养工程】 实施“一户一产业工人”培养工程,坚持因地制宜、典型示范、分类指导,着力打造“一县一品”。每年安排200万元用于新增劳动力培训。年内,“一户一产业工人”培养工程共开办各类培训班52期,培训学员2060人,90%的学员就业创业。6月13日,株洲市“一户一产业工人”培养工程工作推进会在株洲县召开。株洲县在会上作典型发言,与会人员实地观摩了“一户一产业工人”培训现场。

【开放职工健身中心】 5月,株洲县职工健身中心免费向会员开放。中心设在县总工会五、六楼,内设综合体能训练室、瑜伽室、乒乓球室、趣味投篮室、沐浴室和更衣室,聘请健身和瑜伽教练进行专业指导,满足会员的多种健身需求。 (刘东琼)

2017年株洲市工人先锋号

华新水泥(株洲)有限公司质量控制部 质量控制部共有职工26人,其中女职工15人。成立以来,始终坚持以“一流设备、一流管理、一流产品、一流服务”为工作方针,狠抓质量管理,严把产品质量关,甘当产品质量的守护神,为提高企业产品质量树立了标榜。恪守职责,站在质量监控前沿。严格按照国家标准开展水泥检验工作,坚持每月开展控制、化学分析、物理检验对比工作,通过交叉抽样、密码抽样、现场抽样来保证试验质量,充分做好设备维护保养及检验设备对比,保证检验设备始终处于稳定状态。努力探索,促进化验室工作的规范化、制度化、科学化,确保水泥产品质量合格。守住关口,引领质量管理新潮。始终坚持以“质量就是效益,质量就是企业的生命线”为宗旨,以“细致精准”为工作标准,严把产品质量关,将质量关口前移,严格按照《水泥企业质量管理规程》要求,通过与兄弟公司试验对比、每月定期送水泥样品到国家水泥质检中心和省建材产品质量监督检验站进行检验对比,对试验偏差进行仔细分析研讨、持续改进,使得检验合格率始终处于较高水平。产品自面世以来,从未发生因质量问题给客户造成损失的现象,获得广大用户的认可。团结协作,守护保护环境端口。协助公司做好地方环境保护工作,严格监控进厂原燃材料质量,杜绝容易造成SO_2超标排放的物资进厂使用。2014年,株洲公司建立垃圾协同处理系统,与传统的填埋、堆肥、焚烧手段相比,水泥窑协同处置生活垃圾技术无需占用大量的土地资源,大幅降低对水源、空气的污染。通过开展相应的检测与控制,在保证水泥产品质量的前提下,保证公司及时有效处置株洲县及攸县地区生活垃圾,将生活垃圾充分利用变为替代性燃料，截至2016年初，已处置近20万吨城市生活垃圾。2015年下半年，在保证公司不对周边环境造成危害及保证水泥产品质量的前提下，配合公司协助县环保局处置积压在昭陵、淦田等地遗留在湘江边近十年的数种工业废弃物约3万余吨，为保护湘江水质消除重大隐患。该部连续六年获得“全国水泥化学分析大对比”及“全国水泥品质指标检验大对比”的“全优单位”“全优奖”，2015年获得“全国水泥企业优秀化验室”称号。2013年获得“湖南省质量信用AA级企业”称号。

湖南鸿远高压阀门有限公司技术部 技术部共有职工5名，其中男职工4人，女职工1人。该部专注技术创新和产品创新，攻克难关，潜心研究开发新产品，在科技研发成果上取得重大突破。公司最初生产的是通用阀门，为了使新产品尽快投入市场，艰辛研发高温高压复合阀门。在生产条件有限、资金有限、技术支持有限的情况下，由工程师张湘泉带领技术部成员，长期吃住在车间，攻克难关，致力于双阀杆双阀芯结构复合阀的研发。对每一个环节都严格审核把关，做到精益求精，最终通过各种实验和计算，翻阅大量资料，攻克一个又一个难关，终于在2007年正式推出发明专利产品——复合阀门。复合阀门具有独特的双阀杆、双密封创新结构、独特的预紧力创新方式、创新型活动式阀座等优点，在国内外都是独一无二的。与传统结构的阀门相比，有明显优势，复合阀门在全国各大电厂使用效果都明显优于单阀杆的传统阀门，性能上，双密封比单密封，密封效果更好，使用寿命更长。产品推向市场后，有效形成企业的核心力，整体提升企业的经济效益。同时，加强售后服务，把产品质量作为销售的一部分，保证48小时到达服务现场，周到、细致解决用户需要解决的问题。通过技术部团队的努力研发，现在公司的复合阀拥有发明专利、实用新型专利总计12项，另有3个项目正在申报中。2015年，公司超临界、超超临界复合阀项目参加第四届中国创新创业大赛，入围全国企业组行业总决赛，获得优秀企业奖。2012年获得国家质量监督检验检疫总局科学技术部颁发的国家重点新产品证书，2013年获得株洲市科技技术进步奖，2014年获得中国机械工业科学进步奖。公司连续3次被评为湖南省高新技术企业。2015年被评为第四届中国创新创业大赛优秀企业，荣获第四季中国创新创业大赛（湖南赛区）暨第二届湖南省创新创业大赛企业组优胜奖。

共青团株洲县委员会

【概况】 2017年，株洲县共有基层团委24个，团总支74个，团支部287个，团员数5311人，新发展团员1113人。共青团株洲县委从党政关心、社会关注和青年关切的问题入手，紧紧围绕基层组织建设、青少年思想引领、志愿服务活动、改革换届等重点工作，不断提升团组织服务青年的能力和水平，助推共青团工作再上台阶。

加强思想引领。一是深化主题教育。以“三五”学雷锋日、“五四”青年节、“六一”儿童节、“国际禁毒日”等为契机,组织开展一系列主题教育实践活动。重点组织“我是光荣的少先队”“十八岁成人礼”“我向习爷爷说句心里话”以及实践教育、体验教育等活动。城管局团支部组织城管环卫体验日,让更多团员青年体验基层职业,感受奋斗艰辛。二是打造志愿品牌。组织动员团干和共青团员带头做各项公益活动的志愿者,开展“暖冬行动”“学雷锋”“义务植树、绿化渌湘”及“6·26”禁毒宣传等志愿活动,宣传志愿服务的理念,传递爱心,完善自我。三是加强社会实践。组织大学生暑期社会实践营,来自县内在不同大学就读的40名大学生参加活动。活动分为参观、体验、座谈、实习四个部分,学生们在各机关事业单位、医院、企业进行实习,广受社会好评。

深化改革攻坚。一是聚焦基层团建。注重传统领域——镇、学校、机关、事业单位团建工作,做到符合条件的100%建团,及时敦促团组织按要求及时换届。3月与县委组织部、县民政局联合下发《关于印发〈关于认真做好全县村(社区)团组织集中换届选举工作的实施方案〉的通知》,指导各乡镇团委按程序完成村级团组织换届。二是推进共青团改革。团县委6月收到省委办公厅关于印发《共青团湖南省委改革实施方案》,9月收到市委办公室关于印发《共青团株洲市委改革实施方案》后,认真领会方案要求,组织各级团组织对共青团改革进行学习与讨论,对共青团改革存在的问题提出意见建议,拓展工作思路。在充分调查研究后,11月27日制定了本级共青团改革方案,并报县委常委会会议通过,于12月出台《共青团株洲县委改革实施方案》,在全市率先完成共青团改革工作。三是抓好预青工作。通过各乡镇摸排数据,建立详细重点青少年台账,开展“青少年远离毒品”等一系列青少年法制宣传教育活动,自制、发放5000余份安全自护手册,增强青少年自我保护能力;整合社会资源力量,积极开展“一元捐”“金秋助学”等关爱活动,着重关注留守儿童的健康成长。扎实开展“面对面”活动,邀请部分人大代表、政协委员与辖区机关、企事业和农村青年代表进行面对面座谈,以“加强城乡青年电商创业人才培养”为主题进行探讨交流。以社区、学校为依托,以寒暑假、重要节假日、纪念日为契机,以平安自护为主要内容,广泛开展贴近青少年特点、贴近青少年需要的宣传教育和实践活动。

夯实自身建设。一是加强教育培训。制定下发《乡镇团委书记跟班学习制度》《基层团干年度学习计划》,9月底在县委党校举办基层团干部培训班,60名来自县直、学校、乡镇、企业的团干参加培训,学习有基础团课、警示教育、素质拓展等核心课程,提升基层团干部素养和工作能力。组织青年团干代表座谈会,与会人员结合自身工作,围绕如何促进县域经济发展、促进青年团干成长等主题,进行交流,分享经历,传授经验,提出希望,使团干们提高认识,坚定信心,发挥带动作用。二是加强队伍建设。制定《株洲县2017年度镇团组织建设工作考核细则》，探索建立科学、具体、可行的工作评价体系，将考核结果与乡镇工作经费挂钩，实行梯次拨付，激发乡镇团委工作活力。

【共青团株洲县第十次代表大会召开】 12月21日，共青团株洲县第十次代表大会召开。会议回顾过去六年的历程，部署今后三年的工作，选举产生共青团株洲县第十届委员会，以及常务委员、书记、副书记。县委书记罗绍昀出席并讲话，指明了株洲县团组织的努力方向。（戴婵婵）

株洲县妇女联合会

【概况】 2017年，株洲县妇联统筹推进城乡妇女工作，不断创新工作载体，以联系妇女、服务妇女、教育妇女、维护妇女儿童合法权益为根本任务，为妇女儿童发展事业创造业绩。荣获株洲市妇联系统红旗单位、株洲市文明城市创建工作先进集体。

助推妇女创业就业。3月，举办两场“春风行动”大型送岗下乡招聘会，发放宣传资料2000余份，吸引求职者900余人，达成就业意向285人，其中女性142人。举办育婴师培训班两期、护理师培训班两期、家政培训班一期、手工编织培训班一期，累计培训726人次。小额担保促创业。强力推动小额担保贷款工作，帮助29名妇女申请小额担保贷款290万元。

组织“巾帼建功”活动。推动“妇字号”基地建设。帮助株洲县干明种养殖专业合作社和株洲县欣荣家庭农场成功申报市级巾帼现代农业科技示范基地。引导城镇妇女参与“巾帼文明岗”争创活动，评选县级“巾帼文明岗”6个、“巾帼建功标兵”6名。

女干部人才培养举措。配合组织部门做好培养、推荐、选拔女干部和发展女党员工作，为女干部健康成长、脱颖而出创造条件、提供服务。组织2名妇女干部参加省妇联干部能力建设培训班、6名镇妇联主席参加市委党校主体班培训。每季度定期开展女干部沙龙活动，5月以“踏春·青龙湾”为主题，组织倡导健康生活理念的女干部沙龙活动，11月以“品书香·树家风·扬和谐”为主题，组织传播家庭美德，弘扬家庭新风的女干部沙龙活动，反响热烈。

基层妇女组织建设。7月，128个涉改行政村和10个社区妇联顺利完成“会改联”工作，选举产生主席138人、副主席283人、执委1934人；8月，8个镇陆续完成镇妇联换届选举工作，选举产生主席8人，副主席25人，执委225人。圆满完成基层妇联组织改革任务，各级妇联干部积极履职，使妇联工作“上面千条线，底下一根针”转变为“上面千条线，下面一张网，身边一个家”的工作格局。6月19日，全国妇联副主席、书记处书记谭琳一行到龙门镇调研基层妇联组织改革工作时，给予充分肯定。

参与社会管理。开展以“建设法治渌湘·巾帼在行动——维权服务进社区、进家庭、到身边”为主题的“三八”维权知识宣传活动，开展以《中华人民共和国宪法》《中华人民共和国婚姻法》《中华人民共和国妇女权益保障法》《中华人民共和国未成年人保护法》为重点的“七五”普法活动，发放宣传资料 8000 余份，引领广大城乡妇女学法、尊法、信法、守法、用法，积极参与法治渌湘建设。开展以“禁毒宣传流动课堂”为平台的“6·26”禁毒宣传，让群众充分认识到毒品对社会造成的严重危害，提高群众对毒品的抵制能力。订阅妇女报刊杂志。将女报作为妇联组织联系妇女群众的重要渠道，服务妇女群众的重要窗口，丰富妇女精神文化生活的主要载体，抓好妇女报刊征订工作，如期完成征订计划数。与县综治办联合开展平安家庭创建活动，评选县级平安家庭 1060 户，为社会和谐贡献力量。编制“两规”定目标。6 月，召开 27 个妇儿工委成员单位分管领导会议，征求对《株洲县妇女发展规划（2016—2020 年）》《株洲县儿童发展规划（2016—2020 年）》的意见，最终形成新“两规”，为全县妇女儿童事业发展确定了目标和任务。细化“两规”明权责。12 月，由县政府召开妇儿工委成员单位及各镇分管领导会议，听取各成员单位的述职，进一步明确职责，强调儿童医疗、教育方面的指标，为新“两规”目标的实现奠定坚实基础。

先后接待妇女群众来访 93 人次，其中婚姻家庭权益类案件 50 件，占信访总数的 53.8%，申请救助类 32 件，财产权益类 5 件，劳动权益类 3 件，人身权益类 3 件，信访调处率 100%。健全婚姻家庭纠纷专业性人民调解委员会体制机制，使之与反家庭暴力伤情鉴定中心、反家庭暴力庇护中心组成妇女维权矩阵，初步形成了县、镇、村三级维权网络，为广大妇女群众提供有效法律服务，切实维护妇女儿童合法权益。

服务妇女儿童。全力落实农村适龄妇女“两癌”免费检查民生实事项目，为 8011 名 35—64 岁农村适龄妇女免费提供宫颈癌和乳腺癌筛查服务，目标人群覆盖率为 100.14%，检查出宫颈癌患者 10 例、浸润性乳腺癌患者 5 例，均已接受治疗。开展多次“两癌”救助，对 90 名来自各镇各村申报救助的“两癌”贫困患者，向省市妇联争取“两癌”救助基金 35.1 万元，自筹爱心款 1 万元，及时救助贫困患者。12 月，在南洲镇为 120 多名农村妇女举办女性生殖健康知识 PAC 讲座，普及健康养生知识。

关爱儿童成长环境。继续实施“有爱不孤单”成长陪伴计划，[illegible]名成长爸妈为 26 名项目孤儿及困境家庭儿童提供亲情陪伴、心理陪伴和教育陪伴，组织开展有爱不孤单春节联欢会等成长陪伴集体活动 3 次。做实农村留守儿童心理健康辅导项目。“知心屋”为县域留守学生提供心理健康指导、法律法规咨询 56 人次。组织各级妇联开展走访慰问。各镇妇联在“六一”前夕看望慰问孤儿、残疾儿童、留守儿童及困境家庭儿童等 32 人次，送去慰问金、书包及其他学习用品。

创建“稻花香”读书会。在巩固和发展龙门镇果田村和南洲镇荷塘村 2 个市级“稻花香”读书会的基础上，创建南洲镇马家湾村市级“稻花香”读书会，为 800 多名儿童提供诵读经典的场所和平台。开展家庭、家教、家风宣传。利用“六一”儿童节、“全国家庭日” 等时机，通过悬挂宣传标语、发放宣传资料、举办知识讲座、组织“一封家书”征集等多种形式，宣传家庭、家教、家风。开展未成年人思想道德教育。组织开展争做“美德少年”和“向国旗敬礼”网上签名寄语等活动，引导孩子们用社会主义核心价值观引领人生航向，为实现中国梦而努力学习，奋发向上。

推进精准扶贫工作，宣传脱贫政策，指导创业就业，协助贫困户算好收益账。3月2日，在省级贫困村淦田镇南塘村，举办庆“三八”暨“脱贫攻坚·巾帼同行”捐赠仪式，为38户贫困户筹集爱心款3.8万元，并为当地村民表演节目，进行义诊。

家庭文明建设。围绕县委十大文明行动，引导广大家庭传承好家风、弘扬好家教、经营好家庭，唱响时代主旋律，弘扬社会正能量。开展寻找“最美”系列活动及各类家庭评选活动，表彰县级“三八红旗手”10名、“最美女性”10人、“文明家庭”30户、推荐市级“三八红旗手”1名、“最美家庭”2户、“书香家庭”2户。在7月的抗洪抢险中，涌现出一批抗洪巾帼英雄。县妇联积极推送信息，将她们的先进事迹在全国妇联官方微信“女性之声”、省妇联官方微信“湘妹子”、凤网、《今日女报》官方微博、“掌上渌口”、县妇联微信公众号“渌湘女性”等媒体上广泛宣传。积极向《今日女报》《株洲日报》等传统媒体，红网、潇湘女性网、株洲女性网、株洲县政府门户网等网站，掌上渌口等新媒体供稿，推送“渌湘女性”微信公众号信息，积极宣传各类妇女典型，传递榜样力量。

【株洲县第九次妇女代表大会召开】 12月，株洲县第九次妇女代表大会召开。会议回顾过去五年的历程，部署今后五年的工作，通过了大会决议。大会选举产生了新一届县妇联领导班子。与会的143名妇女代表积极履职，不辱使命。全体县委常委出席大会，市妇联副主席杨琼、县委书记罗绍昀出席并讲话。 （张洲洋）

株洲县工商业联合会

【概况】 2017年，株洲县工商业联合会有在职干部职工9人，有兼职副主席（副会长）14人，常委7人，执委22人。共发展新会员32名，团体会员1个，成立异地商会1个。先后完成8个镇基层商会的合并组建，覆盖率100%。

引进湖南金世纪创业园落户渌口经济开发区，总投资15750万元，已交税收446万元，超额完成招商引资任务。共上报各类宣传信息64篇，《创建县级“五好”工商联的感悟》荣获全国工商联“辉煌历程，砥砺前行”征文二等奖。

4月，协助市工商联成立深圳湖南株洲商会，推荐以陈雄云为代表的8名县籍企业家加入深圳湖南株洲商会。同时，准备在广州筹建广东省湖南株洲县商会，并制定《关于加强异地株洲县商会建设的实施意见》。11月15日，广东省湖南株洲县商会第一次会员代表大会在广州市越秀区举行，该商会有会员企业 109 家，遍布广东省内各个县市区，涉及房地产、金融投资、文化教育、工业制造等多个行业。

5 月，县工商联以开展班子建设好、团结教育好、服务发展好、自律规范好为主要内容的“四好”商会建设活动，制定了考核实施方案。经年终考核评定成绩，进行排名，对龙门镇商会、龙船镇商会给予表彰，并发放奖励金各 2 万元。县工商联于 2016 年、2017 年被评为全国、全省“五好”县级工商联。

助推非公经济发展。成立株洲县非公有制经济服务中心，负责为非公企业提供科技计划、项目申报、电子商务、事务代理、信息网络等集成服务。先后召开两次园区企业座谈会，为 24 家企业协调解决 32 个具体问题。增强企业抗风险能力，为企业争取银信部门的支持牵线搭桥，促成非公企业融资 7375 万元，意向融资 500 多万元。

教育培训，联谊联络。开展各类业务培训，组织会员参加省、市、县的培训学习。3 月，组织上规模非公企业的女性负责人参加“盆景培育和插花技术学习交流活动”。4 月，安排县工商联六届执委会成员和机关工作人员参加由省惟善经典大讲堂“一带一路，民企走出去”专题培训班。5 月 21 日，组织 16 位女企业家参加由株洲华服家族和市中小微企业联合举办的“炎帝祭奠暨株洲首届千人旗袍秀” 活动。6 月，组织 3 家企业老板参加市工商联在市委党校举办的非公经济代表人士培训班。11 月 21 日，组织非公企业家去韶山开展中共十九大精神主题教育，不断凝聚非公经济人士的政治共识。

【开展救灾济困活动】 7 月 6 日，县工商联向全县非公经济人士发出积极参与抗洪救灾的倡议，依托微信群、微信公众号等载体宣传，组织“洪灾无情人有情·非公企业献爱心”抗洪救灾的专题活动，共收到物资和善款 14 万元。次日下午，组织非公企业爱心人士代表将物资送到受灾群众手中。8 月 29 日，进行“同心圆梦·扶贫助学”捐助仪式，组织非公有制企业家对 32 名考取本科院校的大学生和建档立卡贫困户中的中、小学生给予助学金总计 45000 元。 （谭智伟）

株洲县文学艺术界联合会

【概况】 2017 年，株洲县文学艺术界联合会下辖作协、书协、美协、音协、舞协、民协、剧协、诗协、影协、石协 10 个协会，会员 1796 名，其中市级会员 187 人，省级会员 40 人，国家级会员 15 名。

县文联发挥行业优势，努力开创文联工作新局面。年内，编印《渌湘》杂志 4 期，组织开展“文艺进校园、进社区、进乡村”等大中小型采风活动 10 余次，共接待 20 余名省市艺术家到县采风创作。文联系统会员创作各类作品 1000 余篇（幅）。被评为株洲市文联系统先进单位。

春节前后，组织开展“迎新春送春联活动”“笔墨凝书香、春联进千家”“株洲县加速融城、加快发展 2017 年回乡企业家新春交流会送春联活动”系列送春联下乡活动。共送出春联126幅,《渌湘》杂志156本。县作协在《渌湘文苑》推出了一期会员专刊,共收录文学作品16篇。3月21日的县文联工作会议上，对4个先进协会、14名先进个人、11名《渌湘》杂志优秀作者予以表彰。5月18日,县文联诗协夕阳红分会特邀著名作家聂鑫森到县讲授古典诗词知识,60多名诗词爱好者参加学习。10月28日，召开株洲县诗教工作推进会暨诗词楹联协会第二届一次会员代表大会。会议选举产生了协会新一届理事会及领导班子。12月,由株洲县委宣传部、芦淞区委宣传部联合举办,株洲县书协和芦淞区书协联合协办的“渌湘古韵·大美芦淞”两地书法作品联展，在市神农大剧院展出，展览吸引了上千名市民参观。县戏协创作的小品《精准扶贫在我家》参加市总工会文艺调演获二等奖,被选送到神农大剧院专场演出。县音协指导的学生彭祖瑜的竹笛独奏《走进快活岭》,获湖南省第十六届“三湘蒲公英”音乐类金奖。尹希在湖南省四独比赛中获得一等奖。县美协韩冬的国画《春涧清流》、谭琦的套色木刻《信仰自由》，分获全市女职工素质教育展示赛作品类二等奖、三等奖。

【举办县域文化研讨会】 3月14日,县文联举办县域文化研讨会,邀请12位市、县文化人士,围绕如何定位县域文化、如何挖掘县域文化、如何在城市建设中展现和融入株洲县地域文化等问题展开讨论,为发展县域文化献计献策。县委、县政府领导认真听取专家学者的意见和建议,决定由县文联牵头编撰浓缩株洲县文化历史，记载株洲县民俗风情的综合文集《株洲县地域文化》一书。

【组织“清风株洲”文学书画征文活动】 组织作者参加“清风株洲”文学书画类征文活动,征集作品100件,其中10幅美术、书法作品入展全市“清风株洲”作品展,3人的文学作品被株洲日报“清风株洲专栏”选登,《光明小区的老王》《共产党员颂》获文学类奖项,县戏协报送的小品《饭局》在全市“清风株洲”调演中获金奖。

（段淑芳）

株洲县科学技术协会

【概况】 2017年,株洲县科学技术协会下设办公室和科学技术普及部,有在职人员9人。

5月，县科协有针对性地开展了一系列防灾减灾科普宣传活动,发放资料2000余份。9月16—22日,组织开展全国科普日活动,以“创新驱动发展,科学破除愚昧”为主题,组织群众参与市科协组织的科普知识问答竞赛活动,牵头组织多家单位在向阳广场开展集中科普宣传活动,推动“创新、协调、绿色、开放、共享”理念,大力宣传科学技术在推动人类社会发展中的作用,破除愚昧思想,提升公众对科技创新认知度。

【启动“中国流动科技馆巡展株洲县站”活

动】 11 月 28 日，在县五中举行以“体验科学”为主题的“中国流动科技馆巡展株洲县站”启动仪式，参加人数 500 人。巡展活动以广覆盖、系列化、可持续为基本目标。中国科协提供科普展品 50 件，有效弥补了县内科普资源短缺、科普阵地薄弱的现状，为更多群众参与科普、学习科技、体验科学搭建了平台。

【开展青少年科技教育】 积极搭建平台，组织中、小学生参加湖南省第 38 届和株洲市第 37 届青少年科技创新大赛。协助育红小学建设气象观察站。聘请市气象局工程师为该校学生授课，帮助他们了解学校位置的风速、雨量、气温、湿度、PM2.5 等数值，激发热爱气象科学、探索自然奥秘的兴趣。

【科普项目实施】 积极组织相关单位申报“科普惠农兴村计划”和“社区科普益民计划”项目，渌口镇接龙桥社区荣获国家级科普示范社区称号，获 10 万元奖补资金；县农村专业技术联合会和县腾飞养殖基地获市科协奖补资金各 10 万元。

【科学种养】 主动融入经济社会发展大局。3 月，为龙潭镇新华村引进红心猕猴桃新品种 700 余株，栽种面积 0.67 公顷。7 月，邀请专家来猕猴桃基地进行技术指导。10 月，引导种养殖大户、合作社和家庭农场主成立农村专业技术联合会，走科学发展、协作发展之路。（周玉珍）

株洲县残疾人联合会

【概况】 2017 年，株洲县残疾人联合会内设办公室、康复部、就教部、计财股、组宣部、维权中心、办证室。工作人员积极履行“代表、服务、管理”的职能，协调和推动残疾人事业的发展。深入乡镇、社区、居委会和村组，与残疾人朋友交流，了解残疾人需求，提升为残疾人服务的水平，创造良好的残疾人事业发展环境。

开办残疾人工作者和残疾人专职委员培训班。积极推荐员工外出参观、培训，学习外地经验，增强业务能力。开办残疾人专职委员培训、康复协调员培训班和残疾人实用技术、职业技能、自主创业培训班，提高残疾人专职委员业务能力，为残疾人就业与创业发挥积极作用。

完善基层残疾人组织建设。全县社区（村）残疾人协会普遍建立，147 名残疾人专职委员活跃在残疾人工作一线，逐步完善以县残联为主导，镇残联为骨干，村、社区（居委会）残协为基础的基层残疾人组织建设。4 月举办了一期镇残联理事长和残联专职委员培训班。积极选送优秀残疾人专职委员参加湖南省“五星残疾人专职委员”评选活动，10 人获得此项荣誉。

办理第二代残疾人证。截至 12 月 31 日，全县新增办证人员 1026 人。按残疾类别，视力残疾 84 人，听力残疾 49 人，言语残疾 5 人，肢体残疾 636 人，智力残疾 45 人，精神残疾 165 人，多重残疾 1026 人；按残疾等级，一级残疾 72 人，二级残疾 598

人，三级残疾186人，四级残疾170人。

开展残疾人动态更新工作。根据中国残联等12部委通知要求，县残联成立残联动态更新工作小组及办公室，组织各镇相关工作人员开展培训班，对动态更新工作进行全面部署。8月底，县残疾人基本服务状况和需求信息数据动态更新工作全面完成。共调查残疾人7715人，调查村、社区139个，完善专职委员信息147人，注销死亡残疾人证254本，调查完成率100%。

开展示范乡镇建设和文化体育宣传。开展“2015—2017年株洲市基层残疾人工作示范乡镇（街道）”创建活动，巩固基层残疾人工作成效。龙船镇申报“示范乡镇”创建，于11月底通过市残联验收。利用节假日、活动日多渠道宣传残疾人事业，营造良好的社会氛围。选送优秀文艺作品参加“残疾人文化周”活动，其中郑立强的纸雕画获得省一等奖。抓好残疾人体育运动员的筛选与集训工作。

残疾人精准康复服务。4月初，联合县卫计局、人社局、扶贫办下发《关于印发〈株洲县残疾人精准康复服务行动实施方案〉的通知》，确定本年度有需求的残疾儿童和持证残疾人接受基本康复服务的比例，2017年、2018年、2019年比例分别将达到40%、55%、70%以上，2020年将达到80%以上。年内，县本级精准康复任务数为3334人，按40%的完成比例，任务数为1334人，其中辅助器具服务数为902人，康复服务数为432人。

扶助贫困残疾人。一是开展“连千村帮万户”扶贫救助工程。县残联为帮扶点淦田镇官塘村的10户残疾人家庭进行了无障碍设施改造。二是组织残疾人托养服务工作。根据上级文件要求，残疾人居家托养对象为150人，机构托养为40人，为贫困智力、精神及重度肢体、视力残疾人家庭减轻一定的负担。县残联根据实际情况，及时与县民政局和扶贫办联系，将符合低保、五保、精准扶贫和兜底扶贫的对象纳入到政策范围内。尽力落实残疾人教育扶助政策，帮助残疾人子女上学，将其作为残疾人家庭真正脱贫的战略重点来抓。三是在全社会大力开展和倡导扶残助学活动，在南洲镇举办了一期残疾人青壮年扫盲培训班，培训人员40人。完成残疾人阳光增收项目80人。

【组织第27次全国助残日系列活动】 继续开展县直机关单位“一对一”帮扶贫困残疾人活动；围绕“推进残疾预防，健康成就小康”主题在县城中央时代广场举行第二十七次全国助残日活动，为残疾人朋友现场发放20台轮椅、10根盲杖和5台盲人专用手机，邀请10名有文艺特长的残疾人上台，每人发放文化进社区文化进家庭项目补贴资金2500元，并赠送书籍，并发放宣传册1000余份。（张翠薇）

法　治

政法及综治

【概况】 2017年，全县政法工作按照“防控风险、服务发展，破解难题、补齐短板”的要求，切实履行“第一责任”，深入推进平安建设、法治建设和过硬队伍建设，各项工作均取得新突破，确保社会大局持续稳定。综治民调综合排名全市第一；荣获湖南省综治先进县、平安县荣誉称号；上半年信访维稳百日攻坚竞赛活动位居五县市第一。

确保社会大局稳定。县委常委会会议5次专题研究维稳工作，县委政法委先后组织召开维稳工作专题会议10次。特别在全国“两会”、“一带一路”、中共十九大等重大特护期，县委、县政府主要领导主动接待来访群众，对重点群体、重点老上访户所反映的问题进行重点关注，并召集相关单位和人员积极开展化解工作，起到良好的示范带动作用。做好不稳定因素排查化解工作，针对广场、农贸集市等人群密集场所，定时组织特巡警巡逻和“红袖章”队伍巡逻，做到敏感地点、敏感部位实行24小时巡查防控。对出现的非法聚集活动及时带离、驱散，坚决防止群体性事件发生。市交办重点问题渌口镇榄头工业园遗留问题，县交办重点问题“中央金域”“上海名苑”房地产开发问题、华新水泥遗留问题等一批重点不稳定问题得到妥善解决。改变以往“只做不说，多做少说”的政策要求，散发反邪教宣传资料10万余份，在全社会营造浓厚的反邪教氛围。全方位加强社会面管控，切实落实严重精神障碍患者监护人责任，有效防范肇事肇祸案（事）件的发生，县综治办、卫计局、公安局、财政局、民政局、残联联合制定《株洲县肇事肇祸等严重精神障碍患者监护奖励政策实施方案》，由县财政局拨付专项资金50万元。对147名危险评级在三级或三级以上有肇事肇祸倾向的精神病患者的监护人，每月按时发放监护补助。强力整治路面安全，查处各类交通违法行为75425起，行政拘留101人，追究刑事责任53人。加大对寄递物流的监管力度，破获1起利用物流运送非法枪支案件，查处7起寄递企业不落实单位内部治安保卫措施案件。

平安渌湘建设深化加强。平安创建全面提升。制定下发《关于进一步深化平安渌湘建设的实施意见》《关于在全县开展系列平安创建活动实施方案》等系列文件,全面安排部署“平安家庭”“平安校园”“平安医院”“平安小区”“平安村(社区)”“平安码头”“平安企业”“平安市场”“平安单位”九大平安创建活动,分别评选出县、镇级“平安家庭示范户”1060户、7062户,为每户“平安家庭”颁发牌匾和纪念品。评选表彰“平安校园”5所,“平安小区”3个,“平安医院”5个,每个颁发奖牌和奖金2000元。在县广播电视台、掌上渌口新媒体开辟平安渌湘专栏,印发《为平安点赞、为渌湘喝彩》宣传册11万余份,编印《平安渌湘你我共创,渌湘平安你我共享》和《禁毒倡议书》20万份,加大平安创建和禁毒工作宣传。开展县镇村干部进村入户、干警进集市、学校联家庭活动,对政法工作及平安创建工作进行广泛宣传,牢固树立“抓平安创建就是抓发展,抓平安创建就是抓和谐,抓平安创建就是抓民生”的理念,形成“领导重视、各届支持、全民参与”的良好氛围。网格化服务管理强力推进。作为县重点建设项目,投入6000余万元建设资金支持智慧渌口建设工作。制定出台《株洲县综治中心(网格化服务管理中心)标准化建设指南》,形成县、镇、村三级规范化的综治网络格局。8个镇、139个村(社区)开展网格化服务管理工作,第三批网格员招聘已经结束,公开招录具有大专以上学历的网格员184名。每个村配备电脑设备,实现与智慧渌口平台对接联通,为每名专职网格员配备手机APP终端。组织网格员深入每家每户采集人口、房屋、企事业单位等基本信息。完成入户信息采集100145户,完成率95%;完成人口采集329012人,完成率95%;完成企事业单位及个体工商户采集3897家;拍摄房屋照片58847栋。有效整合资源,继续推进以片区联动巡防、警地联合巡防、公安联勤巡防、城区单位巡防、镇村夜间巡防的“五位一体”的治安巡防工作,积极构建“打、防、控”一体化治安防控体系,努力推进平安建设。重要节假日期间,在城区出入口和交通要道设置治安卡点,有效预防和减少各类案件的发生。实施“雪亮工程”,在公共部位安装社会治安视频监控摄像机358个,联网率100%,在线率95%,完好率95%。智慧渌口数据中心与县公安局做好平台对接工作。推动建立覆盖全面、情况清楚、处置及时、监督有力的网格化服务管理体系,确保社情民意、矛盾隐患、治安问题能及时发现、防范并处置。

政法队伍建设。结合“学党章党规、学系列讲话,做合格党员”学习教育活动,将《中国共产党党章》《中国共产党廉洁自律准则》《中国共产党纪律处分条例》等党纪党规列入委机关支部政治学习的主要内容,切实提高党员干部的责任意识和纪律意识。选派干警参加上级各类培训,组织各类专题学习,结合技能竞赛、业务考试和岗位练兵,不断提高干警职业素养和专业水平。积极稳妥推进法官、检察官员额制改革,通过考试和考核相结合的方式,顺利完成首批26名员额法官、15名员额检察官的选拔工作。组建员额检察官办案小组，检察长和入额副检察长带头办案，办案一线的力量得到充实，办案效率显著提高。逐步完善辅警人员的管理和待遇，按期落实人民警察津补贴改革。参照市法学会的运行模式，理顺县法学会管理体制和机构编制。

【评选 2017 年见义勇为先进个人】 在平安渌湘建设等一系列创建活动开展过程中，涌现了黄正国等一批勇于同危害人民权益、破坏社会和谐的违法犯罪行为作斗争的先进典型。县综合治理委员会决定授予黄正国见义勇为先进个人，并予以表彰奖励，颁发奖金 5000 元。 （李珍妮）

公 安

【概况】 2017 年，株洲县公安局设有 22 个二级机构。分别是办公室（指挥中心）、政工监督室、纪检监察室、警务保障室、法制工作室、交通警察大队、国内安全保卫大队、刑事侦查大队、治安管理大队、禁毒大队、人口与出入境管理大队、经济犯罪侦查大队、巡特警大队、网络安全保卫大队、看守所、拘留所、渌口派出所、淦田派出所、朱亭派出所、河西派出所、南洲派出所、水上派出所。县公安机关绩效评估蝉联“优秀”档次，民调成绩排名全市第一。

维稳安保。一是圆满完成安保任务。落实“大研判、大排查、大管控、大演练”四大工作举措，实现“没有发生暴恐案事件、没有发生有重大影响的大规模群体性事件、没有发生重大公共安全案事件、没有发生重大涉警负面舆情事件”四个不发生目标，圆满完成中共十九大安保维稳任务，完成县“两会”、渌口大桥通车仪式、省级领导来县视察等安全保卫任务 50 余次。二是坚持情报主导勤务。及时收集上报各类涉稳信息，编写《舆情观察》14 期、《公安要情》9 期，为县委、县政府科学决策提供依据。三是妥善处置群体性事件。有效处置因涉军上访、拖欠薪资、医患纠纷、交通事故等引起的堵门、堵路群体性事件 30 余起，治安拘留 3 名违法上访人员。四是有效化解矛盾纠纷。按照“发现得早、化解得了、控制得住、处置得好”的总体要求，把问题解决在萌芽阶段。共办结各类信访事项 112 起，答复市长热线投诉 61 起。

打防管控。始终保持对违法犯罪主动进攻的高压态势，刑事案件破案率 41%，命案破案率 100%。侦破刑事案件 276 起、查处行政案件 620 起，刑事拘留 160 人，逮捕 84 人，直诉 142 人，行政处罚 357 人，强制戒毒 23 人，追回网上逃犯 30 人，收缴各类枪支 28 支。开展以片为单位的社会治安大巡防、日常巡逻防控、大清查集中行动等专项工作，全力挤压违法犯罪的活动空间。刑事发案 664 起，较前三年平均值下降 11%。实行办案民警、法制员、所队领导、法制部门、局领导五级审核把关制度，从案件受理到调查取证、法律适用等各个环节，对照相关标准严格审核，精准打击处理到位，无一冤假错案。严格危爆物品管理，加大对物流寄递业、机修业、旅馆、网吧、内保单位的管理力度，旅馆实名登记率达 95.2%。

安全监管。上报互联网信息 46 条，进行舆情引导 1226 条，查处违法信息 22 条。县看守所、拘留所根据市公安局要求接收市区羁押对象，日均关押量达 200 多人，通过调整勤务模式，坚持严格管理和人性化管理相结合，未发生监所安全事故。县交警大队共查处各类交通违法行为 75425 起，查处违法车辆 34 台次，没有发生死亡 3 人以上的较大道路交通事故，无校车、客车发生重大以上交通事故。县消防大队共接处警 45 次，抢救、疏散被困人员 305 人，挽回经济损失数百万元，督促整改火灾隐患 4412 处，未发生重特大火灾事故。

服务群众。一是窗口便民。共接报警 58640 起，其中有效接处警 9184 起。落实简化办证手续、省内异地办证、网上办理事项等便民利民举措。受理身份证 20786 人次，出国境证件 7356 人次，解决无户人员落户问题 281 人。二是改革利民。完成指挥情报、侦查实战、治安防控、新闻舆情、执法管理五个中心建设，全部投入运行。建设 350 兆集群通信系统，投入 39 万元列装无人机。三是转型惠民。推动 110 与“12345”政府服务平台联动分流机制建设，减少非警务活动，提高办事效率。

（苏　乐）

交通警察

【概况】 2017 年，株洲县公安局交通警察大队下设工会、政工室、办公室、事故处理室（加挂道路交通事故救助中心牌子）、车辆管理所、交通管理科技所、法制室 7 个二级机构和一中队［加挂直属中队牌子（渌口）］、二中队（朱亭）、三中队（龙船）、四中队（淦田）4 个交警中队。担负着 10.3498 万名驾驶人、9.0300 万辆机动车、1594.326 千米城乡道路的交通安全管理任务。

县交警大队按照县委提出的“加速融城，加快发展，打造‘三区一中心’，推进‘四个一体化’”的发展战略和上级公安机关的工作部署，依法履职，主动作为，确保公路在车流、人流大幅增加的情况下，实现道路交通安全、畅通、有序。截至 12 月 31 日，共发生道路交通事故 1208 起，死亡 8 人，受伤 277 人，直接财产损失 215 万元，同比分别上升 3.6%、2.6%、50%、72.5%，连续 9 年未发生死亡 3 人以上的较大道路交通事故。共查纠道路交通违法行为 10.17 万起，酒驾 114 起，醉驾 46 起，暂扣驾驶证 350 本、吊销驾驶证 73 本，行政拘留 142 人，刑事立案 69 起，刑事破案 69 起。涌现一批先进集体和个人，其中省级先进集体 3 个、市级先进集体 6 个、县级先进集体 6 个、县公安局先进集体 7 个，获评省、市级先进个人 4 人次、12 人次受到上级嘉奖。

深化交通管理综合治理。排查道路交通安全隐患点段 64 处，对隐患点段进行分类、流转，向政府报告 64 起，下发督办函 11 份、治理到位 9 处。大中型客车、重中型货车综合检验率 94.85%，全市排名第五。搬迁摩托车科目一考场、规范摩托车驾驶人考试、安装使用 PDA 查验系统等措施，严把驾驶人考试关和车辆登记关。受理道路交通事故报警3395起，其中包括简易程序事故1045起，一般程序事故163起。发生交通肇事逃逸案件32起，侦破32起，侦破率100%。

开展道路交通安全整治行动。2月28日至6月7日，组织开展集中打击重点交通违法行为“百日会战”行动，查纠各类交通违法行为37325起，其中现场纠违8091起、非现场纠违29234起。5月10日至8月20日，组织开展道路交通安全大排查、大管控、大整治“百日行动”，查纠各类交通违法行为33148起，其中现场纠违6407起、非现场纠违26741起。7月20日至年底，集中开展“隐患歼灭战、路面防控战、宣传攻势战、共治合成战”四大交通安全整治攻坚战，已查纠各类交通违法行为32090起，其中现场纠违8995起、非现场纠违23095起。

增强警务效能。推行早晚勤守点、平峰巡逻、马路市场维护、护学、节日维护、重大活动保卫、重点工程护航等维护机制，推动交安维护常态化，在交通要素猛增的情况下，确保道路交通畅安有序，基本保持“零堵塞”。先后开展“百日会战”“百日行动”“四大攻坚战”“党的十九大安保”“冬春攻势”“大巡防”“联合治超”等系列整治行动。按照“一单四制”的要求，治理隐患路段9处，增设红绿灯1套、施划标线1000平方米、增加标志标牌36块。向运输企业发出限期整改通知书30余份，约谈督促企业落实主体责任。

强化服务意识。办理摩托车注册登记6265辆、汽车注册登记1456辆、摩托车驾驶证2051本、汽车科目一考试4863人。利用道路交通事故调处“超市”成功调解事故1000余起，利用社会救助基金实施救助34户，事故处理无上访上诉案件。加强“两微一短信”平台建设，发布路况、安全预警、告知提醒等信息3万余条。为本地车主处理异地和高速公路交通违法2万多条。

加强交警队伍建设。实施内设机构调整和改革，将直属中队的秩序、安宣业务分别整合到一中队和法制室，将救助业务整合到事故处理室，保留直属中队和救助中心的牌子，实行合署办公，着力解决管理分散、分工不明确、警力不集中等问题。坚持面向实战、服务实战的原则，举办各类培训班8期，提升民警业务素质和执勤执法水平。完善值班备勤、绩效评估、勤务考核、执法质量考评等内部管理制度。坚持从优待警，全面落实帮扶、休假、体检、奖励等暖警惠警措施，为协警购买“五险”。

【治理黄标车】 4月1日，按照市政府《关于全面推进黄标车淘汰工作方案》的要求，开展了黄标车淘汰治理工作。截至年底，完成477台黄标车法律层面的淘汰任务，其中公告牌证作废329台，注销148台。

（田小红）

公安消防

【概况】 2017年，株洲县公安消防大队以实施消防安全网格化管理、规范化建设、社会化防控“三化”发展战略为载体，以打造消防铁军为着力点，以确保“两个稳定”为目标，扎实开展“党的十九大消防安全保卫战”及社会面消防监督管理工作，确保以防火灭火为中心的各项工作任务的圆满完成，被株洲市公安消防支队评为“先进党组织”“安全工作先进单位”“全面建设先进中队”；3 人分别荣获株洲县“政法工作先进个人”“人民满意政法干警”“公安工作先进个人”称号，1 人荣立个人三等功。

积极贯彻落实《国务院办公厅消防安全责任制实施办法》，组织召开消防工作会、高层建筑消防安全综合治理暨推进夏季消防工作会、中共十九大消防安保动员部署会、今冬明春火灾防控工作部署会、国务院办公厅《消防安全责任制实施办法》宣贯会等会议，安排部署全年重点工作任务，与各镇政府、县消安委各成员单位和消防安全重点单位逐一签订消防安全责任状，明确工作责任、细化工作措施、强化工作保障，形成“党政同责、一岗双责、齐抓共管、失职追责”消防责任体系。

灭火救援。立足实战要求，着力寻找练兵工作突破点，组织开展“百日大练兵”“秋季大练兵”等活动，突出“六熟悉”训练和实战演练，按照打造现代化公安消防铁军的要求，加强高层建筑灭火救援和应急处置、综合保障等协同作战训练，完成“6·29”湘江七桥涵洞救援、渌江杨梅水闸排危、淦田镇白鱼村湘江大堤排险等急难险重任务。共接警出动 105 次，出动消防车 218 台次，出动人员 751 人次，抢救被困人员 43 人，疏散人员 592 人，挽回经济损失两千余万元。

营造消防安全环境。深入推进消防安全管理创新，协调 72 家消防安全重点单位重点落实“六加一”措施，全力开展消防安全“户籍化”管理，消防安全管理能力明显增强。结合区域性火灾隐患整改、电气火灾综合治理行动、高层建筑消防安全综合治理工作、夏季消防检查、中共十九大消防安保、2017 年冬至 2018 年春消防工作等一系列专项行动，联合对易燃易爆危险品场所、在建工地、福利养老机构、文物古建筑、学校、高层建筑等场所进行专项整治，共检查单位 2582 家，发现并整改火灾隐患 4814 处，下发《责令改正通知书》1674 份，行政处罚单位 44 家，临时查封单位 48 家，责令“三停”单位 21 家，罚款 56.27 万元，拘留 3 人，县政府挂牌督办的 5 件重大火灾隐患全部销案。

加强消防宣传教育。围绕贯彻消防宣传“七进”工作，全面铺开宣传服务“外包”，多维度开展消防宣传教育，充分利用“全国中小学生安全教育日”“防灾减灾日”“安全生产活动月”“119 消防宣传月”，以及传统节假日、学生暑期等重要节点，集中组织开展消防宣传教育活动；借助广场大屏幕、商场电子屏等媒介，不间断滚动播映消防安全知识；积极发动社会各界人士参与“全民消防我代言”海报拍摄活动。共举办各类培训班 40 余期，发放消防宣传资料 10 万余份，开展各类宣传活动 50 余次，悬挂消防宣传横幅 100 余条，进一步提升全民消防安全意识。

消防基础建设。稳步推进“智慧消防”,将消防安全纳入“智慧渌口”总体建设。全面推进“消防规划、市政消火栓、独立式感烟报警器、微型消防站”四项建设,新增市政消防栓56个,实有数254个;协调民政、教育、文物等部门大力推广独立感烟报警器,在养老机构、中小学寄宿学校、小型休闲娱乐住宿等场所安装报警器1117个。建成涵盖大型综合体、社区、商贸企业、物流仓储等重点单位、场所的微型消防站86个,定期组织开展联合演练、实战调动和学习交流等活动,辐射带动区域基层消防组织力量整体提升。（郭　俊）

检　察

【概况】 2017年,株洲县检察工作取得新的发展。县人民检察院获评株洲市“检察宣传工作先进单位”、检察机关“读书月”活动优秀读书心得单位组织奖,7个内设机构、26名干警分别获得市级及以上荣誉称号。

坚持担当作为,倾力维护社会和谐稳定。严厉惩治各类刑事犯罪。共受理审查批捕案件83件126人，比上年同期分别上升15%和23%，依法批准逮捕51件83人；受理审查起诉案件189件310人,比上年同期分别上升8%和35%，依法提起公诉146件228人。依法防控社会矛盾风险。认真贯彻宽严相济刑事司法政策,对犯罪情节轻微、社会危害性不大的案件依法不批捕43人,不起诉27人,促成刑事和解12件14人。积极开展律师参与化解矛盾和代理申诉案件工作,受理来信来访31件36人，没有一件涉检越级上访和非正常上访,有力保障全国“两会”、中共十九大召开等重要节点的社会稳定。主动融入社会综合治理。坚持检力下沉,以“两联两进两创”活动为载体,大力开展普法宣传、大走访、大巡防活动,巩固综治民调成果。扎实推进未成年人刑事检察工作,设立“未成年人检察工作办公室”,开展“防治校园暴力,护航未成年人成长”主题检察开放日活动,防治校园欺凌和暴力。

坚持服务大局,着力保障经济社会发展。以法治力量全力支持征地拆迁,立案查处渌口镇原党委书记陈远明涉嫌滥用职权罪1件4人,对南洲工业园辉豪电子项目土地征收款被诈骗案批捕6名犯罪嫌疑人,向公安机关移送征地拆迁领域职务侵占、挪用资金等犯罪线索8条,对姚瑞清等8人职务侵占案依法提起公诉。优化经济发展环境举措有力。依法严厉打击网络传销、电信诈骗、非法集资等严重破坏市场经济秩序的犯罪。落实“除虫护花”“依法容错”机制,既惩治涉企“蛀虫”,又呵护企业发展。坚持平等保护非公企业合法权益,建立党组成员联企制度,举办“与你同行”服务非公经济代表人士座谈会,进一步明晰检察机关服务非公企业的发展思路。

坚持有腐必反,竭力推进反腐倡廉建设。查办贪渎犯罪15件19人,立案数同比上升400%。其中,立案侦查贪污贿赂案案件14件15人，渎职侵权案件1件4

人。坚持“老虎”“苍蝇”一起打,查办县处级干部1人、乡科级干部5人,为国家和集体挽回经济损失2000余万元。突出查办一批大案要案。充分发挥侦查一体化优势,协助和参加上级检察院查办湖南省纪委原副书记李政科系列案、湖南省公安厅禁毒总队原总队长唐国栋系列案、中航湖南通用航空发动机有限公司财务部部长谭震湘系列案,突出办理县农业局原党委书记、局长周恒立等人贪污受贿案,昭显了党和政府惩治腐败的坚定决心。职务犯罪预防效果增强。认真开展职务犯罪源头治理和专项预防,完成专项预防调查及犯罪分析报告4件,开展警示教育5场,发出检察建议7件,提供行贿犯罪档案查询342次2512人,为县政协九届委员会选举、社区、村党组织换届选举和非公经济人士综合评价等提供行贿犯罪档案查询1762人次。

坚持依法监督,全力维护社会公平正义。强化刑事诉讼活动监督。对应当立案而不立案的,监督公安机关立案1件2人,追诉漏犯4人,追诉漏罪10人,纠正侦查活动违法行为7件次,对审判活动提出纠违1次,向人民法院提出量刑建议53次均被采纳。强化刑事执行监督,对财产刑监督4件,对监管场所管理不当发出检察建议18份,对社区矫正管理不当发出检察建议2份,督促收监1人;对指定监视居住办案点监督21人;办理羁押必要性审查案件22件。在县食药工商质监局、环保局、渌口派出所等单位设立检察联络室,形成工作合力。强化民事行政诉讼监督。受理各类民事行政诉讼监督案件11件,在食品药品安全、环境资源保护等领域办理督促行政机关履行职责被采纳9件,办理当事人申请民事执行监督案件2件。畅通申诉渠道,开展民行检察工作宣传周活动,发放宣传资料1000余份,接受相关咨询80余人次。稳妥推进公益诉讼工作。7月1日,全国人大常委会决定正式确立检察机关提起公益诉讼制度。县检察院及时向县委常委会、县人大常委会专题汇报开展公益诉讼工作情况,成为全省第一家由县级人大常委会出台决议支持公益诉讼的基层检察院。积极审慎办理公益诉讼案件,摸排公益诉讼案件线索6件,在水资源保护领域立案1件。

坚持创新驱动,努力激发检察工作动力。认真落实司法体制改革。遴选第一批员额检察官15名。按新的人员序列制定岗位考核办法,人员分类管理体系基本形成。落实司法办案责任制,组建员额检察官办案小组,进一步强化员额检察官办案责任,员额检察官办案效率明显提升,检察长和入额院领导到一线办案、出庭支持公诉成为常态。坚决拥护监察体制改革。坚决落实中央要求,及时传达改革精神,顺利完成反贪局、反渎局、预防科人员转隶,把过细的思想政治工作贯穿改革全过程,确保队伍思想不乱、工作不断。

【承办“3·15”特大维卡币跨国网络传销案】 2月22日,县检察院承办由公安部督办的“3·15”特大维卡币跨国网络传销案,涉案金额逾10亿元,涉案人员逾百人，为湖南省历史上规模最大的跨国网络传销案件。该案的办理受到了市委、县委和上级检察院的高度肯定，获评 2017 年全省优秀公诉案件。

【率先在全省成立驻县级河长办检察联络室】 5 月 16 日，县检察院正式挂牌成立全省第一家派驻县级河长办检察联络室，履行依法督促履职、依法立案监督、提前介入引导侦查、组织联合执法、加强执法信息沟通、开展法制宣传和法律咨询等六项职责，加强生态环境资源检察监督，促推水资源环境保护领域形成合力。

（文斯佳）

法 院

【概况】 2017 年，株洲县人民法院以“让人民群众在每一个司法案件中感受到公平正义”为目标，牢牢把握司法为民，公正司法工作主线，忠实履行审判职责，积极推进司法改革，各项工作取得新进展。共受理各类案件 3547 件，审（执）结 3438 件，结案率为 96.93%。司法绩效考核排名全市第一，荣获“湖南省文明单位”“全国法院系统司法宣传工作先进单位”等称号。

开展“集中清理积案、提高司法绩效”百日竞赛活动，定任务、定指标、定期限。严格落实案件质量终身负责、问题案件严格追责、上诉发改案件不问情由一律追责等制度，严控案件质量。推进审判流程信息化管理，对审执过程中的关键环节、重要程序实行全程监控，对审判质效实行动态分析、定期通报，强化审限管理，促进均衡结案。

抓实法院信息化建设，加快信息化转型升级，提高信息化应用成效，严格按照最高院数字化标准，将新审判法庭建成“网络法院”“阳光法院”“智能法院”三位一体的“智慧法院”，为实现信息化与法院工作的深度融合，提供更加全面的科技支撑。

刑事审判。审结刑事案件 161 件 242 人。毒品犯罪一律从严判处实刑。醉驾类危险驾驶罪严格控制缓刑。依法受理姚某某等 8 名被告人涉嫌犯挪用公款罪、职务侵占罪一案，震慑和打击征地拆迁工作中的职务犯罪。审结一起特大维卡币网络传销案，被告人 35 名，已冻结涉案金额 10 亿余元。坚持“教育、感化、挽救”方针，强化未成年人审判的教育、保护和预防功能，对具有立功、自首等法定情节和情节轻微的罪犯，依法从轻、减轻处罚。

民商事审判。依法审结婚姻家庭、劳动争议、农民工工资、房地产合同及侵权赔偿等民商事案件 1567 件，切实维护各方民商事主体的合法权益。及时受理松西子公司破产案件 3 件，以及其他合同纠纷案件 7 件。

行政审判。审结行政诉讼案件 14 件，执结征地拆迁清收退款非诉保全案件 20 件。全力推进征地拆迁司法强拆工作，强制拆除紫涵湖项目何某某房屋 1 栋。充分发挥非诉执行职能作用，主动服务征地拆迁工作，积极配合有关部门在渌枫大道、渌水二桥、半边街改造等 9 个项目中，签订征拆协议 54 户，拆除房屋 11 栋(套)。

执行工作。执结执行案件 1675 件，标的 1.5 亿余元。网络查控全面应用，网络拍卖正式启动，查询银行存款、房地产登记等信息 5800 余次，拍卖房屋 8 套。开展“百日执行会战”“规范执行年”“金秋亮剑·服务金融安全”专项执行活动，执结执行积案 186 件。加大失信惩戒力度，司法拘留被执行人 12 人，将 182 名被执行人纳入失信名单。

司法改革。提请县人大常委会任命报备首批 26 名入额法官，县人大、政法委见证员额法官宪法宣誓仪式。全面实行员额法官办案制，院、庭长办案常态化，院领导回归办案一线，办案任务均超额完成。取消院庭长对案件的审批审核，实行主审法官和合议庭负责制，真正落实“让审理者裁判、由裁判者负责”。建立案件讨论专业委员会制度，设刑事、民商事、行政和非诉三个案件讨论小组，充分发挥业务指导作用。

司法公开。自觉接受人大监督，落实汇报、专项评议、代表联络、建议督办等制度。接受评议执行工作 1 次，邀请县人大代表、政协委员听审评议案件 4 场次，办理县人大交办督办案件 6 件。配合人大开展“司法公正株洲行”“百案评查”活动。继续推进“四大平台”建设。公开裁判文书 2192 份。图文直播庭审案件 6 场次。搭建“阳光司法短信平台”，推送审执信息 860 条。开展法院开放日活动 2 次。人民陪审员参审案件 470 件。借助“一网二微”和市电视台《今晚说法》栏目等媒体，及时报道宣传法院工作。

涉诉信访。办结涉诉信访案件 6 件。落实“三定一包”、重点案件重点督办措施，清理积访，化解新访，力求每起案件服判息诉、案结事了。开展“三调联动”，邀请律师参与纠纷化解和代理申诉。落实“院领导接访”“带案下访”“陪同上访”等举措，接待来访 383 人次、陪访 13 人次，做到把矛盾纠纷化解在基层、把信访当事人稳控在基层。

便民诉讼。完善诉前调解、立案提示、诉讼风险告知、判前释法、判后答疑等“一站式”便民服务平台。推行预约办案、网上立案，微信视频调解，短信、QQ、微信送达。开展法官“五进”活动，坚持送法下乡进村镇、入农户，在田间地头、农家院落巡回办案 9 次，法制宣传 86 场，发放普法资料 3900 册。加强企业联系点工作，主动走访、帮扶辖区企业，提供法律咨询、司法建议 30 场次。 （谢　燕）

司法行政

【概况】 2017 年，株洲县司法局着力推进“平安渌湘”和“法治渌湘”建设，年度综治暨非综治考核名列全市第一，“法治株洲”建设市对县绩效考核排名全市第一，获评全国人民调解宣传工作先进集体，株洲市司法行政系统先进单位，株洲市青少年普法教育先进集体，株洲县文明单位、政法综治工作先进单位。

调处案件 1290 件，涉案 3168 人，涉案金额 1056.19 万元，防止群体性上访案件65件381人，防止群体性械斗4件29人,防止民转刑案件5件15人。县、镇、村三级人民调解委员会重新整合,新设立行业性、专业性调解组织——劳动争议调解委员会,健全和拓展人民调解组织框架。

县社区矫正工作局累计接收社区服刑人员140人,解除117人,在册社区服刑人员189人。接受审前社会调查评估委托142件,完成评估142件,无脱管漏管、无重新犯罪现象。

县公共法律服务中心共接待群众法律咨询1300余人次，办理法律援助案件228件,办理公证556件,开展各类法治宣传活动40多场次。

公共法律服务平台建设。县、镇、村(社区）三级公共法律服务站点建设完成率100%,共建设8个镇公共法律服务站,139个村(社区)公共法律服务点。依托已经建成的站点,将服务平台与“万名律师乡村(社区)行”活动结合推进,让群众在家门口也能享受到专业的法律服务。借助湖南省互联网+公共法律服务O2O平台“如法网”，实现法律服务资源线上整合、法律服务内容网上集中、法律服务渠道线上线下贯通。

确立矛盾纠纷多元化解机制。起草印发《关于完善矛盾纠纷多元化解机制的实施方案》,全面确立“党委领导、政府主导、综治协调、部门履责、多方参与”的矛盾纠纷化解工作格局,以及矛盾纠纷多元化解机制。通过开展专项调解活动,加大矛盾纠纷排查调处力度,集中化解一批影响经济发展、改革进程及民生的重大矛盾纠纷与积案，努力实现有效控制矛盾纠纷增量、减少矛盾纠纷积案存量、降低非正常上访量、严防民转刑案件和重大不稳定事件发生。

政府购买服务参与社区矫正。通过政府购买服务形式广泛吸纳社会力量中的专业人才参与社区矫正,完善非监禁刑罚执行制度、提高教育矫正质量。通过明确工作目标,明确购买经费,明确服务内容,9月与株洲县彩虹社会工作服务中心签订购买社区矫正服务合同,购买教育学习服务、心理矫正咨询服务、职业培训和就业指导服务，以及定期走访服务思想四项非执法类服务。从4月开始,县社区矫正管理局积极开展社区服刑人员行为规范化训练。聘请专业教官对8个司法所管理的189名社矫人员进行一周的行为规范教育。

【建立法治文化主题公园】 株洲县法治主题公园选址于渌口镇伏波公园。主题公园以伏波公园现有环境、设施为基础,将社会主义核心价值观、法治文化、传统文化融合在一起,采用雕塑、宣传栏、文化墙等多种方式,体现爱国、法治、诚信、孝德、友善等内容,是一座集社会主义核心价值观教育、法治教育、道德教育等功能于一体的法治文化公园，让群众在公园休憩、游玩中接受法治教育,在潜移默化中增强法治意识,为“法治渌湘”建设营造良好的社会氛围。 （文 静）

国 防

人民武装

【概况】 2017年，株洲县人民武装部深入贯彻中共十九大、全军改革工作会议和中央军委主席习近平系列重要讲话精神，坚决落实上级决策部署，围绕改革主线，落实改革工作，持续整风整改，推动建设发展，保持全面建设的良好态势。

思想政治建设不断加强。坚持把思想政治建设摆在首位，不断强化党员干部政治意识、大局意识、核心意识、看齐意识。扎实学习贯彻中共十九大精神。组织全体人员收看中共十九大开幕式和中央政治局常委见面会实况，积极参加上级组织的学习贯彻十九大精神系列活动，认真做好笔记，撰写心得体会，开展思想交流。编印《学习贯彻党的十九大精神辅导资料》和《党的十九大应知应会100题》等学习资料，人手一册，确保会议精神入心入脑。推动“学党章党规、学系列讲话，做合格党员”学习教育常态化制度化。6月下旬，组织干部职工和专武干部到杨得志故居纪念馆，学党章党规、学系列讲话，重温入党誓词。深入学习《中国共产党章程》和《党委工作条例》，不断加深对“党委统一的集体领导下的首长分工负责制”的理解，认真贯彻民主集中制，狠抓党风廉政建设，不断增进班子成员团结，增强班子凝聚力。坚持开展“每日一学、每周一课、每月一评”活动，部长、政委定期找干部职工谈心谈话，及时准确掌握干部职工思想脉搏，有针对性地做好思想工作，确保干部职工思想高度稳定。严格落实上级指示要求，组织民兵开展学习，结合民兵训练，在杨得志故居开展宣誓活动，传达学习中共十九大精神，推进民兵“学习宣讲习近平新时代中国特色社会主义思想”活动。稳步推进新闻报道工作，在省级以上刊物、媒体上发表新闻稿件30篇。

战备训练水平明显提升。县人武部党委牢记强军目标，坚持按照打仗的标准搞训练、抓战备，首长机关和民兵预备役队伍“能打仗、保障打胜仗”的能力有效提升。整组备案更加科学务实。坚持把民兵预备役整组与作战问题研究、战备方案修订有机结合起来，以作战编成为牵引不断优化民兵结构布局，实现作战任务与编组需求的精准对接。军事训练更加落实落地。扎实开展首长机关在职训练，8 月 10 日组织实施半年军事训练考核，12 月 1 日全员参加株洲军分区组织的年度军事训练考核。高标准完成上级赋予的《军事体育训练大纲》试训论证工作任务，专题研究试训论证工作实施方案，坚持集思广益、集体攻关，获得上级机关好评。注重抓实民兵队伍训练，按照时间、人员、内容、效果“四落实”的标准要求，共完成 5 期民兵分队训练。根据遂行任务需要，组织抗洪抢险分队在跃进水库开展为期 10 天的全封闭式训练，进行汇报演示。邀请中南林业科技大学专家进行专业授课，组织实地扑火演练。组织公路护路分队、医疗救护分队进行现地教学并演练。遂行任务更加积极高效。7 月组织人武干部、基干民兵奔赴各灾点抗洪抢险，体现民兵分队“召之即来、来之能战、战之能胜”的战备水平和综合能力。

征兵任务圆满完成。认真贯彻省、市征兵工作会议精神，严格按照军委国防动员部征兵“五率”考评要求，圆满完成上级赋予的新兵征集任务，实现了零退换兵的要求。工作中坚持路要走到、人要见到、话要说到；身边典型用好、群众语言用活、鱼水感情用深；责任义务讲清、发展前景讲清、优惠政策讲清，坚持逐家逐户上门宣讲，打通征兵宣传发动“最后一公里”。通过校园信息网、微信等形式，向每名在校学生发送一封公开信，宣传相关政策，现场解答有关问题。组织收看《军人风采录》之县籍优秀军人专题报道片，讲述县籍优秀现役干部、士兵及退伍人员的先进事迹。经验做法被市征兵办刊发。从严审核把关，做到严把体格检查关，选准配强体检工作人员，认真组织业务培训；严把政治考核关，按照初步考查、联合考核、走访调查、综合结论的步骤组织政治考核；严把审批定兵关，严格落实集体审批定兵、全程录像、公开公示的要求，坚持在“双合格”基础上，按照大学生、高中生、初中生的次序择优定兵；严把教育管理关，在杨得志将军故居广场隆重召开批准入伍大会，现场发放入伍通知书和光荣军属牌，组织针对性思想教育，进一步激发光荣感，坚定应征青年入伍信念。新兵入伍后，部领导及时到部队进行回访，掌握新兵思想动态，协助部队做好思想稳定和教育管理工作，确保安心服役。抓实役前教育，打牢思想根基。结合征兵体检，灵活组织应征青年“役前教育”：在体检场设置征兵宣传海报，营造浓厚氛围；利用体检间隙组织应征青年收看建军九十周年大阅兵和军委机关下发的各军种征兵宣传片；发动工作人员走进应征青年，以集体谈心、个别交流等方式加强宣传教育，搞好再发动；按照准军事化管理要求，组织征兵体检和相关活动，让应征青年感受到浓浓的“兵味”；组织大学生应征青年集中参观株洲军分区和株洲市人民政府组织的纪念建军九十周年图片书画展，回顾我军光辉历史，接受革命传统教育；组织应征青年参加株洲县“最美老兵”评选颁奖活动，近距离感受典型和英雄的魅力，经验被省、市征兵办刊发。9 月上旬，组织 3 天预定新兵役前训练，从基础性教育、适应性管理、体验式训练三个方面，让预定新兵全方位感受军营训练生活，做法被省国防教育电视台、株洲广播电视台报道。

后勤保障更加有力。县人武部狠抓后勤建设，提高后勤综合保障能力。完善制度规定。坚持党委集体理财和主管联审联签制度，结合本单位实际，细化完善经费预算管理、物资集中采购、日常接待开支、油料保障和车辆维护等制度规定。强化财务管控。严格落实新政新规，坚决按预算执行，按程序审批，按标准保障，按规定核报。加强配套建设。着眼"建设全省一流武装部"的目标，按照"有利于军事机关办公、有利于战时动员指挥"的原则，投入24万余元，配套完善电脑、显示屏和各类通信网络设施设备及相关营院配套设施。

参建参治作用不断发挥。县人武部作为县委、县政府的军事机关，在支援地方经济建设、执行急难险重任务、助力精准扶贫等工作方面积极作为。先后出动现役军人和民兵预备役人员参加驻县部队营院山火扑救、清明节防火定点规劝和巡查、防汛抢险等任务。县人武部被省军区评为抗洪抢险先进单位、被株洲市评为抗洪抢险先进集体。按照精准扶贫的要求开展帮扶慰问活动，脱贫攻坚做法被解放军报南部战区分社微信平台和省扶贫网刊登。

安全稳定局面持续巩固。县人武部党委始终把安全稳定作为支持改革、促进改革的一个基本标准，坚持党委统管，主官主抓。着力抓好经常性安全制度的落实。重点落实"二个一"和"六查"制度，真正做到时时处处有人查、有人管。着力抓好营院正规化管理，严格各项管理制度落实。着力抓好重难点问题解决。坚持把人员、车辆、武器弹药、涉密载体等作为安全防范重点。坚决落实上级枪弹专项清查整治工作指示精神，按照规定的制度和内容，制定整治实施方案，查摆问题隐患，及时整改。坚持主动作为，积极加强与地方应急、维稳和公安等部门联系，及时掌握信访人员动态，积极协助地方党委政府做好稳控工作。着力抓好百日安全活动。围绕"七个加强"要求，结合"两项重大教育"，从抓实安全制度、强化安全组织、提高安全能力、严明安全责任等方面入手，扎实开展"百日安全"活动，确保部队安全稳定。（张桑桑）

人民防空

【概况】 2017年，株洲县人民防空办公室紧扣"战时防空、平时服务、急时支援"的使命，以人防与经济社会融合发展为方向，全面完成各项工作，被评为"株洲市人防工作先进单位"。

建设人民防空防护工程体系，结合民用建筑修建防空地下室管理，落实人防前置审批机制，从严控制易地建设，受理审批建设项目44个。

建设人民防空指挥通信体系，组织在职人员参加市人防办组织的跨区机动指挥通信系统拉动训练；进行林地穿越训练、实战化条件下的负重越野训练。完成人防短波通信系统升级改造，采购并安装最先进的第四代自主选频军用短波电台。

建设人民防空行政执法体系，规范审批流程，便民利民，服务经济社会建设大局。加强人防行政执法监督，及时追缴易地建设费。

开展人民防空宣传教育，主动与县教育局对接，将人防疏散演练纳入中小学生安全教育课目中，协调学校每半年组织一次学生应急救援和人防疏散演练，进行应急救援和安全逃生知识培训。在渌口镇向阳广场设置展板、分发资料、现场答询，向市民普及推广全民防空防灾知识和避灾自救互救技能；组织社区居民进行防空演练，快速安全进入防空地下室，增强全民防空袭意识。把房地产开发企业作为人防宣传教育的重点对象，有效提升人防工作影响力。（漆　丹）

经济

工业·科技

综　述

【概况】 2017年,株洲县工业经济在产业结构深度调整的影响下,虽然面临较大的下行压力,但仍然实现增长。荣获株洲市“项目攻坚年”活动先进县、“企业帮扶工作先进县”第三名、新型工业化先进县(“二类”名次)、“十百千”工程优秀服务先进县称号。株洲县经济科技信息化局荣获湖南省规范行政执法示范单位、县市区防震减灾工作年度综合考核先进单位和电力依法行政工作优秀单位,以及株洲市文明建设标兵单位。1人获省防震减灾工作年度考核先进个人、1人获市企业帮扶先进个人、1人获市“十百千”工程先进个人、1人获市新型工业化先进个人。

工业经济运行稳中向好。实现规模工业总产值128.3亿元,同比增长10.6%,高于全市3.6个百分点;实现规模工业增加值38.5亿元,增幅7%,低于全市0.1个百分点。新增规模工业企业13家,超额完成年初设定的目标任务。

工业结构进一步优化。高新技术产业、园区规模工业占比稳步提升,高新技术产业实现增加值13.2亿元,占规模以上工业增加值比重的34.3%;园区规模工业占全部规模以上工业的76%。

招商工作稳步推进。联合渌口经开区、县商粮局承办株洲县承接产业转移招商推介会,成功签约总投资20亿元的株洲节能环保产业装备制造园项目;针对实际筛选出16家重点清水塘产业转移企业衔接跟进,邀请企业负责人现场考察园区与乡镇。株冶投资3亿元年产30万吨的锌合金项目明确投资意向。在中国企业家年会上签约总投资5亿元的高性能复合材料生产项目。有效推动校企产学研深度合作,湖南神农林下中药村开发有限公司与湖南中医药高等专科学校建立中药材产业战略框架合作意向,合作建设湖南省中药材种植产学研一体化平台,推动全省中药材产业良性健康发展。

指令性计划有序进行。县经济科技信息化局成立专门的工作领导小组,梳理相关信息,主动对接企业。与渌口经开区组成株洲县招商小组进驻上海市闵行区,开展为期一个半月的“对接长三角地区产业转移”专项招商活动。先后拜访上海市湖南商会、浙江省湖南商会等近10家商会组织，对接旭肖铁路配件、友森实业、天佑铁路科技、科泰运输制冷、吉电电子等5家主机配套企业，了解企业产业布局意向，推荐其在株洲投资办厂。10月，与浙江台州汽车配套产业转移项目开展深入对接，台州汽摩配件产业园道博机械、宏擎机械、和欣来制动等汽车配套企业来株洲县考察洽谈，已与渌口经开区进一步确定转移搬迁建设汽车配套产业相关工作。持续跟进广东韶能集团投资项目，完成重组株洲精密锻造。完成正源电气和保利迈拓指令性计划。

小升规工作圆满完成。小升规任务数12个，完成株洲拓旗汽车部件有限公司、株洲正源电气有限公司、湖南蓓乐生活用品有限公司、株洲佳家生态农业有限公司、株洲县湘赤食品销售加工有限公司、株洲淦田采石厂有限公司、株洲县南洲镇福岭木业行、株洲县高坝综合加工厂、湖南湘材管业有限公司、株洲宏宇环保页岩砖制造有限公司、湖南香飘食品有限公司、湖南春花婶科技有限公司、株洲县马桥石料有限责任公司共13家。

服务企业亮点纷呈。制定《株洲县2017年“企业帮扶年”活动实施方案》，向市企业帮扶办公室报送信息63条，通过调查走访、电话接访和上级交办等途径，收集企业反映的各类急需解决的问题158个，承办问题150个，24小时见面率100%，其中150个问题已办结，办结率100%，企业满意度为91.23%。开展主题活动15个，走进标杆企业和项目申报实操满意度为100%。

安全稳定稳中有进。督促整改重大电力安全隐患，配合做好华新水泥企业周边违法用电整治行动，取得阶段性成果。督促企业落实主体责任，及时排查消除安全隐患。采取“预防为主，防控结合”的方针，对涉军涉稳等重点问题、重点人员，实行“五包一”措施，重点做好全国“两会”、“一带一路”等特护期的稳控工作，没有引起越级上访、闹访和非法上访事件的发生。

【重点行业建设】 轨道交通：规模以上企业15家，完成总产值24.76亿元，同比增长11%。株洲兆能机电科技有限公司实现产值6.5亿元，株洲时代电气绝缘有限责任公司实现产值1.7亿元。

汽车配套：规模以上企业9家，完成总产值8.82亿元，同比增长20.2%。株洲悠进电装有限公司实现产值0.5亿元。

合金材料：规模以上企业9家，完成总产值13.0亿元，同比增长10.96%。株洲创林合金有限责任公司实现产值5.0亿元，株洲金韦硬质合金有限公司实现产值1.2亿元。

【科技成果转化】 将创新驱动发展作为首要战略，以科技成果转化为引领，着力提升自主创新能力，加快培育新增长动能。

科技成果转化成效显著。实现科技成果转化项目8项，获批项目资金340万元。科技项目集中在新材料、现代化农业等技术领域，其中如时代华先材料科技有限公司的高强度轻质化纤维基材料项目、兆能机电科技有限公司的高端电磁线项目等具有高、精、尖特征，具备完整的自主知识产权、较高的经济社会效益，可有效填补国内空白或是替代进口。

高新技术产业平稳发展。实现高新技术产品增加值13.2亿元，同比增长7.2%，占规模工业增加值比重为34.3%，占GDP总量9.4%。新增高新技术企业5家，高新技术企业达到11家。

知识产权工作来势较好。专利申请量172件，其中发明24件。完成假冒专利案件立案30件，调处专利纠纷案件立案5件，并在规定的时间内结案，结案率100%，完成专利权质押融资900万元。

创新平台建设亮点频现。集中力量建设“株洲县中小企业公共服务平台”“渌湘智慧”星创天地。开展各类咨询、培训20余次，受训企业人员500余人。以“高新技术企业申报”“科技成果转化”等主题举办主题活动10余次，服务企业超过200家。

开展“4·26”知识产权日、“5·12”防震减灾宣传周、科技下乡、科技进社区等活动10余次，发放相关宣传教育读本2000余册，参与人员5000人次；深入学校、社区，全力推进防震减灾示范社区、示范学校建设。领军人才工作成效凸显，兆能机电科技有限公司董事长巴玉国被选拔为年度株洲市创业领军人才。

【“湖南省中小企业融资超市株洲县服务平台”授牌】 在政银企对接大会上，株洲县被授予首家县级“湖南省中小企业融资超市服务平台”。有9家金融机构与企业及政府平台签订10项银企合作协议，签约总金额达到16.17亿元。6月8日，县中小企业公共服务平台正式启动，为株洲市首家县级中小企业公共服务平台，分别在株洲县政务中心和南洲新区工业园设立公共服务窗口，为企业提供政策对接、信息咨询等服务。

【湖南股交所株洲县经济专板正式开通】
8月24日，湖南股交所株洲县经济专板正式开通，首批50家企业集体挂牌，为对接资本市场创造机会、打好基础，有利于企业进一步完善公司结构、规范内部管理、拓宽销售渠道，持续为县域中小企业提供资本培训、预路演辅导、投融资对接、股改挂牌，以及上市孵化综合金融服务。

【“渌湘智慧”星创天地被认定为国家级星创天地】 星创天地拥有创业导师20余名、创业场地3000多平方米，孕育出专业种养殖合作社20余家。“渌湘智慧”星创天地4家组建单位总体运行良好，除一家组成单位株洲乔西生态农业科技开发有限公司受县委、县政府土地结构调整影响外、总体偏好地完成省、市科技部门对星创天地的要求与期望。4家企业共计投资100万元新建创业孵化基地免费办公场地700平方米，改建、装修场地300平方米，成功实现10家合作社和涉农企业入驻和签订入驻协议；为保障星创天地孵化基地稳健运营，制定了相关的入驻管理办法、淘汰机制、创业论坛，对农业创新创业起到良好的引领、孵化及示范作用。注重在政策宣传上下功夫，协调企业参与科技创新，共申报发明3项、商标注册7项、申报成功株洲市百项科技成果转化3项，影响更多的农业企业成功创业。高度重视创新创业，先后组织创建企业和入驻企业及团队参加各类创新创业比赛15次，其中株洲市金盟熹农业拓展有限公司“珍稀食用菌黑皮鸡枞菌产业化项目”获2017年度株洲市“天易杯”创新创业大赛三等奖。

（石　新）

园区建设

【概况】 2017年，株洲渌口经济开发区完成技工贸总收入125亿元，同比增长9.9%；工业总产值107亿元，同比增长12%；规模工业增加值29.3亿元，同比增长12.6%；固定资产投资总额62.2亿元，同比增长17%；高新技术产品产值42.4亿元，同比增长13.1%；税收3.82亿元，同比增长6.7%。

实施重点项目23个，其中产业项目14个。新开工产业项目11个，其中投资过亿元的重点产业项目5个，分别是兆能高端电磁线项目，规划用地6.67万平方米，总投资3亿元，已完成主体建设；湘火炬火花塞汽车部件生产项目，占地10万平方米，总投资2.5亿元；西海岸优客创意园项目，规划用地面积6.67万平方米，总投资2亿元；亿杰科技产业园项目，占地13.33万平方米，总投资5亿元；芳纶材料生产项目占地3.13万平方米，总投资3.5亿元，主体工程竣工。新引进产业项目19个，总投资25.5亿元。其中单独供地项目8个，分别是一期占地6.67万平方米的环保装备产业园项目，总投资5亿元；一期占地6.67万平方米的灯饰产业园项目，总投资5亿元；占地3.33万平方米的汽车零部件产业园项目，总投资2.5亿元；占地3.33万平方米的高性能发泡膜生产项目，总投资2亿元；占地6.67万平方米的年产30万吨锌合金项目，总投资3亿元；耐磨材料项目、工程塑料项目及绝缘材料整体搬迁三个项目，合并占地6.67万平方米，总投资5亿元。标准厂房租售面积2.3万平方米，引进项目11个，合计投资额3亿元，空置面积1.8万平方米，入驻率90%以上。

成立以分管园区工作的县委常委牵头的征地拆迁指挥部，对征拆任务进行包干，提高征地拆迁效率，共完成征地46.53万平方米，拆迁房屋83栋，报批土地21.53万平方米。通过“一权两制一司”改革，逐步实现产业公司市场化运作，提升公司自主发展能力。公司新增资产20.5亿元，融资18.6亿元。经申请恢复南洲新区骨干路网建设指挥部，加强南洲新区路网建设的领导，及时协调处理工程施工过程中的矛盾问题。严格指挥部财务管理和设计变更的审批流程，项目管理得到加强。根据项目需求制定征拆计划，明确责任分工和任务节点。对征地拆迁、项目建设、融资等三项工作实行“挂图作战”，制定详细计划和任务书，责任落实到人，每月进行集中调度。着力优化项目建设环境，加大企业服务力度，成立园区企业服务中心，为企业提供代办登记注册、报建、立项、环评等各项服务。产业公司按照“精简高效”的原则，实行人员竞聘上岗，强化内部管理。（彭 莱）

园区产业

【概况】 株洲渌口经济开发区产业发展有限公司属渌口经开区管委会国有独资企业，成立于2005年6月，注册资金5亿元，总资产37.6亿元。2017年，产业公司内设综合管理部、投融资部、财务部、资源资产管理部、项目建设部、审计监察部6个部门，下辖株洲渌兴设施建设有限责任公司和株洲渌南置业管理有限责任公司两个子公司。作为园区投融资和经营主体，公司肩负振兴县域经济的使命，坚持走市场化道路。理性融资，依法依规组织土地的报批征拆、储备和挂牌出让，合理开发利用土地。自主招商引资，引入产业项目，负责项目的落地和建设及园区标准厂房、安置房的投资、建设、经营。

加大管理体系改革力度。通过着力于软环境的创新，纳优秀人才、强队伍建设，优人员结构，实行中层管理干部竞聘上岗、员工绩效考核等，形成有效的约束激励机制；规范财务管理，通过资产清理和核算，理顺债权和债务关系；通过开源节流，非生产性开支较上年度节约80%；通过对项目实行收支平衡测算，加大对收支平衡的管理，实现新增融资4.9亿元；土地报批征拆有序进行，批回土地215841.2平方米，拆迁房屋83栋。

全面保障工程质量和安全生产。通过创新项目管理举措，对重点项目实行分管领导负责制，明确分工、压实责任，形成严格的管理机制，增强相互监管和沟通；通过对重点项目进行全程跟踪审计，节约投资成本；对于项目变更，依法依规依程序形成完整的资料；通过对在建项目进行认真评估，充分论证项目的可行性和必要性，严控投资规模。实施重点续建项目7个，新开工项目4个，其中竣工项目7个，累计完成投资5亿元。竣工项目分别是辉豪电子场地平整、亿杰场地平整、水质净化中心进出口管网配套工程、兆能场地平整、污水提升泵工程、长胶实业及晨乡场地平整、湘融服饰城场地平整工程。

引入高科物业参与标准厂房的管理和服务，通过吸纳社会资金参与园区食堂经营服务，完善192间公租房的家具、设施，满足园区企业员工商住的需求。标准厂房建筑总面积为112826.6平方米，其中已具备使用条件的53131.68平方米。入驻企业9家，租赁面积25849.19平方米，已进行入园程序的企业5家，租赁面积10456.37平方米。入驻企业主要涉及新材料、汽车配件、机械加工、硬质合金等相关行业。（唐起招）

农 业

种植业

【概况】 2017年，株洲县粮食播种面积3.62万公顷，比上年增加540公顷，增长1.5%。其中水稻播种面积3.47万公顷，比上年增加540公顷，增长1.6%。粮食总产达到25.37万吨，比上年增产1.34万吨，增产5.58%。其中水稻总产24.66万吨，比上年增产1.33万吨，增产5.7%，每公顷产量达到7.11吨。早稻单产437.85公斤，比上年增产222.75公斤/公顷，总产10.85万吨；旱粮总产0.71万吨，与上年持平，每公顷产4.61吨。蔬菜种植面积为0.91万公顷，总产量28.2万吨，总产值7.05亿元，其中商品菜种植面积0.55万公顷，总产量22.64万吨，总产值5.75亿元，建成66.67公顷南洲、田园、宏畅等5个蔬菜基地。水果总面积0.29万公顷，总产量4.11万吨。柑橘、梨、桃、李、葡萄、西甜瓜面积形成规模。蛋白桑、蚕桑、花卉苗木等经作产业进一步发展壮大。

农产品加工企业发展到70家，规模以上25家，省级龙头企业3家，市级龙头企业22家。总产值16.7亿元，固定资产83360万元，销售收入16.2亿元，利税23900万元，建立基地面积4.53万公顷，带动农户11万多户。有休闲农庄和农家乐71家，规模以上休闲农庄有19家，其中国家级1家、省五星级1家、省四星级2家、市五星级2家。全年接待近48万人次，实现营业收入7533万元，创造利润1698.5万元，带动7000多农户，解决2100户农民就业。

申报中央财政资金项目3个，分别是株洲县农村一二三产业融合发展试点县项目，申请财政资金1000万元；株洲县朱亭镇农村一二三产业融合发展试点乡镇项目，申请财政资金200万元；2018年株洲县新增粮食产能规划田间工程项目，申请中央财政资金1080万元，共计申请中央财政资金2280万元。申报省级财政各类项目共计25个，同比上年增加1个，申报省级财政农业专项目资金合计1169.6万元，同比上年增加156.6万元。策划包装固定资金投资项目、社会民生、生态环保类等项目4个，2017年度落地项目1个，项目总投资27912万元。

县财政安排3000万元新农村建设专项资金，用于改善农村人居环境、建设美丽乡村，16个村共落实项目60多个，其中包括基础设施类45个、产业建设类6个、社会公益类12个。基础设施建设以水、电、路、讯、房为主，大部分村级活动中心建设配套文化广场，添置文体器材，村庄生活条件进一步改善。新建大型沼气项目4个、中小型沼气池4个，新建户用沼气池20个。

坚持日常监管与执法整治相结合，实现农产品质量安全监管常态化。农产品例行检测范围扩大到8个镇的农贸市场、22个主要农产品基地，检测范围覆盖85%的面积。坚持在节假日、学校“双考”期间进行以农产品质量安全为主要内容的安全检查联合行动。重点对农产品生产记录、农业投入品购入与使用、农药使用安全间隔期执行情况、产地环境、检测准出和产品溯源等情况进行检查与整治。共抽检农产品样品17109个，其中蔬菜生产基地10002个样、农贸市场5170个样、超市234个样、其他1703个样。通过酶抑制法农残快速检测，所抽检蔬菜、水果样品中检测结果合格17082个，农残检测合格率为99.8%。成立农资打假专项治理行动小组，开展春季农资专项执法检查，保障种子、农药、肥料的安全使用。新建立13家种养殖标准化农产品生产基地，已通过株洲市农产品质量安全标准化基地认证，完成“三品一标”新认证数10个，“三品一标”认证农产品累计达到59个。开展农资质量抽样执法检查，出动执法人员254人次，检查各类农资经营门店98批次。立案查处1起肥料违法案件，已结案归档，在株洲县政府网站进行了公示，共接受各类涉农投诉6起，均给予及时回复和调解处理，挽回农民直接经济损失10余万元。

全面推进重金属污染耕地第三方治理模式及第三方监理模式，由湖南双红农科生态工程有限公司等六家公司进行修复治理。在渌口镇、南洲镇、龙潭镇砖桥村开展VIP+n修复技术模式标准化示范片建设，对重金属污染耕地土壤、农产品、灌溉水开展监测采样工作，共采取2170个样品，其中土壤880个、农产品880个、农业投入品160个、灌溉水250个。在渌口和南洲镇的17个村进行休耕，休耕面积673.33公顷，完成深翻耕面积560公顷，落实配套资金20万元，用于各休耕村的排灌沟渠、田埂、机耕道等农田基础设施和农田的维护、修整，确保其在休耕后完好无损，迅速恢复生产。

完成水稻、蔬菜、柑橘等主要农作物的测土配方施肥推广面积4.38万公顷，推广配方肥10320吨，举办测土配方施肥技术班52期，印发技术宣传资料2.7万份，培训技术骨干136人，培训培训种植大户、科技示范户和新型农民4109人次；发放施肥建议卡17240份，免费为7.6万个农户提供测土配方施肥技术服务。分析化验土壤样品126个，完成检测项目756项次。共遴选技术指导员55名，技术指导实行包村联户，联系10户科技示范户，组织示范户培训及现场观摩不少于4期，下村下户不少8次。科学培育科技示范户550

户，覆盖8个镇200多个行政村，发放物化补贴人均260元，辐射带动周边农户1.1万户。健全南洲镇水稻新品种试验示范基地和龙船镇再生稻+油菜新品种试验示范基地。选送25名技术员参加省级培训，创建省级五星级农技站渌口镇农技站，国家级五星级农技站南洲镇农技站。

加大产业扶贫力度，截至12月底，共有自主发展产业贫困户291户，1004人，农业经济组织137家，帮扶户数2081户，6270人，重点产业帮扶户数238户，640人，合计产业发展户数2528户，7716人，贫困户人均受益达1000元。深入推进精准扶贫，开展“一进二访”“三走访三签字”结合结对帮扶“五个一”活动。看望慰问贫困户、困难党员、五保户、残疾人166户。发放慰问救济金87200元，发放物资折合人民币105705元。筹措扶贫资金327.5万元，新成立龙凤村种养合作社和新益合作社，带动周边十几个村150多人劳动就业，其中精准帮扶对象51户90人，人均增收6000元。引进福建商家养殖鳗鱼项目，项目完成后可安排贫困户200人就业。光伏发电项目每年给贫困户5万元分红，协议25年。（邓　红）

农村经济管理

【概况】 2017年，株洲县农村农村经济管理工作在村土地确权登记颁证、农村土地流转、农村财务管理、农民减负、农民专业合作社和家庭农场的引导扶持等工作项目上均有序开展，促进了农业健康稳定发展，农民持续增收。5个单位荣获湖南省先进单位、1人荣获先进个人。

流转耕地346.89公顷，其中土地流转服务中心办理流转鉴证备案4宗，涉及面积82.49公顷，各镇土地流转服务中心指导办理土地转包264.4公顷，累计流转土地14920公顷。

加快培育农业新型经营主体，促进农业适度规模经营。农民专业合作组织和家庭农场逐步发展成为农业经营主体的主力军。经工商部门注册登记的合作社有780家，新增150家；在工商部门注册的家庭农场107家，新增66家；经农业部门认定发放证书的家庭农场有65家。

县减负办与2家涉农单位和8个镇签订减负工作目标责任状，制定《2017年农民权益维护和农民负担监督管理工作考核方案和工作要点》。共审核验收村级公益事业“一事一议”项目88个，项目受益人口63452人，总投资3312.9万元。

消灭24个集体经营性收入“空白村”。集体经营性收入5万元以上的村达75%。成功申报朱亭镇黄龙村、渌口镇蛇头村、古岳峰镇红旗村为省集体经济发展奖励村，共获奖励资金30万元。

【全市土地确权经营权证首证在南洲镇颁发】 12月11日，株洲市农村土地承包经营权证首发仪式在南洲镇大观村举行。县人民政府负责人通报了土地确权工作的开展情况，给10位农民代表颁发了土地经营权证书。634位农民领到全市首批农村土地承包经营权证。（文利君）

扶贫开发

【概况】 2017年，株洲县委、县政府认真贯彻落实习近平总书记关于扶贫开发系列重要讲话精神和中央、省、市决策部署，始终把脱贫攻坚作为最重要的政治任务和民生工程，坚持精准扶贫、精准脱贫方略，因地制宜，分类施策，扎实推进。共认定贫困人口3342户、10058人，贫困村12个，投入扶贫专项资金6487.33万元。至年底，累计完成减贫1707户、5480人，贫困发生率降至1.48%，12个贫困村全部退出。扶贫工作在全省排名第26名。

县委常委会会议、县政府常务会议多次专题研究脱贫攻坚工作，先后制定《关于坚决打赢脱贫攻坚战的实施意见》《株洲县“十三五”脱贫攻坚规划》等纲领性文件，开展脱贫攻坚“主题月活动”“百日会战”及产业、健康扶贫等专项攻坚行动，集中力量抓重点、攻难点。县委书记、县长带头开展“三走访、三签字”活动，就脱贫攻坚进行专题调研、现场办公。其他县级领导联镇、联村、联户，行业扶贫分管领导亲自调度，一线落实。

专项扶贫。全县易地搬迁任务总数为137户427人，开工率和竣工率均为100%，入住率90%以上。危房改造方面，537户建档立卡贫困家庭危房改造工程开工率和竣工率均为100%。12个贫困村有危旧土坯房2533栋，完成拆除1418栋。评级授信覆盖率100%，发放扶贫小额贷款496户，完成放贷1720.9万元，超额完成省指导计划数152.83%（1126万元），贫困人口扶贫“特惠保”覆盖率100%。出台《关于切实做好就业扶贫工作的实施方案》，在促进就业和创业方面明确了6项补贴、1项奖补政策。开展“一户一产业工人”培训，在全市率先实施“双提工程”，为贫困户劳动力提供家用电器维修、育婴师和月嫂等多个工种技能培训，累计开班50余期，培训2000余人，其中有贫困户劳动力508人，实现就业304人，超额完成年度任务，株洲市在株洲县召开“一户一产业工人”培训工程现场会。聘用130名贫困劳动力为生态护林员，人均年工资收入4200元以上。开展农业产业扶贫，帮扶企业131家，帮扶人数7716人，占比70%以上，贫困户人均受益1000元；开展贫困户技术培训55次，累计培训2946人；12个贫困村，村村都有合作社，市级以上龙头企业覆盖率100%。开展电商扶贫，建立县电商服务中心，引入86077电商扶贫平台，在8个镇开设200余家农家店，让村民实现“购物、销售、金融”不出村。实施光伏扶贫，共投入676.27万元，在12个贫困村累计建立村级光伏电站726千瓦、户用电站110千瓦。实施旅游扶贫，制定旅游促扶贫五年计划，南塘、生田和乐云等村列入全市旅游扶贫村范围。

行业扶贫。建立健康扶贫“医疗保险、大病救助、大病保险、扶贫特惠保、慈善资金补偿、政府兜底”六道防线，为贫困户提供送医上门、家庭医生签约、先诊疗后付费、“一站式”结算等系列服务，切实做到“一户一档”“一人一策”“一病一方”，实现建档率和签约率100%。率先实施健康扶贫“特惠保”和提高贫困户门诊就医费用民政救助力度，将贫困户县内住院自付费用控制在5%以内，县外就医二次补偿后自付费用可由保险公司报销80%，自付费用控制在10%—15%。年内，救治贫困人口7840人次，农合补偿1969.97万元，县内兜底减免费用200余万元。在“两免”的基础上由政府出资，为贫困学生统一购买平安保险、必备的教辅资料和文具，减轻贫困家庭就学负担。发放各类助学金279.6万元，惠及贫困学生2414人次，开展“两后生”培训336人次，发放补助资金4万元，组织15人参加省创业致富带头人培训。完善临时救助、医疗救助制度，率先在居民医保报销单上增设“民政医疗救助”模块，让贫困人员住院实现民政救助“一站式”结算；将农村最低生活保障标准提高至每人每月280元，实现低保线和扶贫线“两线合一”。发放兜底保障金852万元，先后完成医疗救助1453人、临时救助312人，发放救助金129.3万元。

社会扶贫。围绕“一张网、一支基金、一个联盟”，成立株洲县爱心联盟，设立1000万元产业扶持基金，扶持带贫企业17家，动员各界力量参与扶贫、支持扶贫。积极引导社会爱心人士通过社会扶贫网APP对接帮扶，全县贫困户注册3897人，社会爱心人士注册3193人，发布贫困需求信息6778条，成功对接需求3947条，对接成功率58%，社会扶贫网任务完成率100%，排名全省第七。

【扶贫基础设施建设】 三年来共投入5亿元，累计完成农村公路通畅工程551.9千米，窄路加宽工程165.5千米，续建10.5千米，安保工程425千米，危桥改造52座。农村居民饮水安全工程。投入462.51万元，解决农村15359人饮水安全问题，其中12个贫困村新建集中供水工程8个、蓄水池111个、打井80口。在农村电网工程改造中，新增和改造变压器17台、新架电线5.29千米、改造低压线893千米，解决低压用户893户。通过加强电信基础设施建设，优化网络布局，行政村光纤通达率100%、4G覆盖率达95%；选派11名科技人员驻村帮扶12个贫困村（其中1人兼顾2村），覆盖率100%。

（朱　刚　刘爱平）

林　业

【概况】 2017年，株洲县拥有林业用地面积57694.7公顷，占国土面积54.76%；林地面积54673.9公顷；森林蓄积量113.3608万立方米；森林覆盖率51.86%；现有省级龙头企业1家，市级龙头企业3家，林业总产值211000万元。

造林绿化。完成造林1470公顷，其中林业重点工程造林753公顷，完成面上造林面积587公顷。无林地和疏林地封山育林533公顷，中幼林抚育管理533.3公顷。

加快裸露山地和村庄绿化。完成村庄绿化200公顷，“五边”造林67公顷，裸露山地造林67公顷。完成义务植树80万株。

完善护林员巡查制度，从130个村

（社区）各聘任 1 名贫困劳动力为生态公益林护林员。森林防火形势平稳可控，森林火灾发生率和受灾率均为零。

开展“2017 利剑”“缉枪治爆”“清理非法占用林地”等专项行动，打击涉林违法犯罪，立涉林行政案件 26 起，行政处罚 25 人，罚没款收入 150 余万元；立涉林刑事案件 5 起，侦破 3 起，取保候审 2 人。

落实生态公益林补偿，发放国家级公益林补偿 670 万元，县级公益林补偿 140.42 余万元。

开展形式多样的宣传活动，提高生态保护意识。利用“爱鸟周”“植树节”“森林防火特护期”等特殊时段，先后开展《中华人民共和国森林法》《中华人民共和国森林法实施条例》《中华人民共和国野生动物保护法》《湿地条例》《森林防火条例》等法律法规的宣传活动 30 余次，发放各类宣传资料 20000 余份。

【林业经济发展】 油茶产业稳步增长。近几年新造油茶面积 1518.4 公顷，油茶面积达到 17057 公顷。年内产茶籽 33200 吨，产油 8300 吨，产值 39848 万元，较上年增长 8%。主要油茶企业有湖南中联天地科技有限公司株洲县分公司和湖南森龙林业开发有限公司。

种苗花卉产业初具规模。有观赏苗木产量 220 万株，产值 6930 万元，较上年增长 12%。主要企业有湖南楚丰园林建设有限公司。

林下经济发展迅速。林下养殖和林下种植面积迅速扩大，野生绿色无公害的蕨类产品远销韩国。林下经济产值 5450 万元，较上年增长 22%。主要龙头企业为湖南湘春农业科技开发有限公司。

生态旅游产业稳步增长。实现森林旅游收入 752 万元，以龙门镇的“神龙林下”基地和两个国有林场为主。 （陈柱波）

养殖业

【概况】 2017 年，株洲县养殖业以全面推行绿色发展为中心，着力加快转变生产方式、构建新型种养关系、大力推进畜牧业供给侧结构性改革，养殖继续保持良好发展态势。发展生猪 95 万头，出栏 62 万头，同比增长 6.5%；发展牛 0.685 万头，出栏 0.2 万头，同比增长 6.9%；发展羊 7.03 万只，出栏 3.4 万只，同比增长 4%；发展家禽 252.1 万羽，出笼 125.1 万羽，同比增加 5.1%。拥有 1892.47 公顷放养水面，出水水产品 12390 吨，同比增长 1%。株洲县被评为湖南省畜禽水产品质量安全示范县，县畜牧兽医水产局被评为株洲市畜禽水产品质量安全工作先进单位、文明卫生单位，县畜牧兽医水产技术服务中心荣获全国 2017 年基层畜牧（草原）技术推广示范站称号。

全面落实“双责地毯式”的免疫机制。严格按照“政府保密度，业务部门保质量”的要求，落实省市防疫目标责任状和“双责地毯式”的免疫机制，免疫生猪口蹄疫、猪瘟、猪蓝耳病疫苗 95 万头，免疫牛口蹄疫疫苗 0.96 万头，免疫羊口蹄疫和小反刍兽疫 10.43 万头，免疫禽 377.2 万羽，做到应免尽免，免疫抗体检测合格率达 75%以上，确保内洁净无疫病。

草食动物和特种养殖发展迅速。发展存栏 50 头以上的黄牛养殖大户 5 户，存栏 200 只以上的黑山羊养殖大户 20 户，并做好指导和技术服务。新增 18 公顷龙虾养殖面积，主要是王竹龙虾养殖基地、晓岭村龙虾养殖场、运福种养殖农业有限公司，渔业生产值新增 800 万元。

渔业资源保护工作常抓不懈。县渔政执法大队先后出动渔政车、船巡查 116 次，收缴销毁产地电捕鱼工具 8 套、网具 600 余米，查扣违法捕捞船只 3 艘，立案查办 6 起，有效打击湘江流域违法捕捞行为。在龙船镇梅山码头组织开展人工放流活动，共投放青、草、鲢、鳙、黄尾密鲴等鱼苗、鱼种 460 万尾。

畜禽质量安全工作稳步推进。始终坚持“以防促检、以检促防、防检结合”的原则，实行生猪检疫与生猪“瘦肉精”检测同步进行。全面实行产地检疫，及时做好“瘦肉精”排查与抽样检测登记。发放盐酸克伦特罗、莱克多巴胺、沙丁胺醇快速检测三并卡 14000 多条，无一例呈阳性。

项目建设工作稳步推进。渔政码头建设项目申报获批复，资金到位，省畜牧水产局同意建设。已完成环评、防洪评价等工作；“中航—新五丰生态养殖园”项目选址已经确定，正在建设中。

【县畜牧兽医水产技术服务中心荣获全国“2017 年基础畜牧（草原）技术推广示范站”称号】 县畜牧兽医水产技术服务中心积极开展流行病学调查及抗体监测评估工作，全县未发现重大动物疫病疫情，免疫抗体检测结果排名全市第一，获评全国“2017 年基础畜牧（草原）技术推广示范站”称号。

【成功创建全省“畜禽水产品质量安全示范县”】 县畜牧水产局制订了一系列畜禽水产品质量安全相关工作方案，质量安全巡查检查制度确保质量安全，提高群众畜禽水产品质量安全意识与基层质安人员的素质。无畜禽水产品质量安全重大事件，株洲县成功创建“全省畜禽水产品质量安全示范县”。（易　潭）

水　利

【概况】 2017 年，株洲县共投入 7000 万元，着力补齐水利基础建设短板，完成 5 个重点水利项目。一是实施龙船镇荷包保护圈防洪工程，计划总投资 3258.19 万元（工程部分直接投资 2619.19 万元），其中中央预算内投资 1629.09 万元、地方配套 1629.1 万元。建设护坡护岸 7.3 千米，抛石固脚 1.865 千米，白蚁防治 9.53 千米，已完成 550 万元中央资金的工程建设量。二是实施龙潭水库除险加固工程。总投资 2351 万元，主体工程于 4 月 10 日全部完成，顺利完成年度建设任务，第二期工程已基本完工。三是实施昭陵港治理，工程批复总投资为 2780 万元，其中中央投资 1668 万元。综合治理河道长度 11.05 千米，其中包括加固堤防总长约 2.16 千米、新建堤防总长约1.29千米。新修浆砌石护岸总长约12.22千米,新建涵闸3处,拆除重建涵管1处，已完成主体工程建设任务。四是实施农村安全饮水项目。农村饮水安全工程项目建设12处，其中单村工程10处，管网延伸2处，计划巩固提升1.88万人，下达国省奖补资金370万元，其中奖补贫困人口190万元。12处农村饮水安全工程全部完工。五是实施农田水利项目建设。总投资1200万元,其中中央资金750万元，涉及龙船、古岳峰镇10个村,加固山坪塘26座,改造河坝4座,改造渠道14360米，建设高效节水农田133.33公顷,已完成主体工程建设任务。

防汛备汛。积极做好防汛备汛工作。修订完善各类防汛预案5个,切实抓好抢险和防守预案的落实。8个镇全部建立和完善防汛预案和小型水库度汛预案,山区镇按要求编制了山洪灾害防御、人员转移预案。严格执行领导带班制和24小时防汛值班制，组建防汛抢险队和巡逻队,队员以青壮年农民、基干民兵和预备役军人为主，共5560人。积极储备防汛抗旱物资,在渌口、龙船、朱亭、南洲、淦田等重点防汛镇设立防汛抢险物资储备点,共储备砂卵石2.5万立方米,木材300立方米,防汛仓库储备彩条布300多捆、11万平方米,编织袋13万个,铁丝1吨,配备挖机、拉水车、水泵、电机、电缆、发电机等防汛抗旱应急物资设备。组织防汛抢险培训,各镇主管副镇长、水利员、山洪灾害易发区信号员、广播员及县水利局技术人员进行为期三天的防汛抢险和山洪灾害防御业务培训，提高防汛应战和实际操作能力。及时开展应急抢险。在6月22日至7月6日特大暴雨中,率先启动Ⅳ级应急响应,并逐步升级为Ⅱ级,抓住抗灾救灾主动权,排除渌口镇甘家园河堤管涌、渌口镇杨梅水闸处渌江河水倒灌、淦田镇建宁水闸2处管涌、淦田镇白鱼村河堤丫雀港堤段排渍泵站处发生河堤滑坡险情等多处重大险情。株洲县获评湖南省防汛抗旱先进集体,县水利局获评株洲市防汛抗旱先进集体。

水生态文明建设。稳步实施湘江保护和治理第二个“三年行动计划”,以河道采砂专项整治和“河长制”为抓手,深入推进水环境治理专项行动。开展水资源消耗总量和强度双控行动,完成水源地安全保障达标建设及评估，对重点入河排污口开展监督性监测，全面整治饮用水源保护区、自然保护区内等敏感水域范围内入河排污口，取水许可和入河排污口监督管理日趋严实,最严格水资源管理制度持续落实落细。株洲县水资源考核在全市排名第二。

水利扶贫行动。帮助12个省级贫困村、403户贫困户脱贫，解决1355人的饮水安全问题,顺利通过省市验收。

【实施河长制】 5月初,县委、县政府出台全面推行河长制实施方案以及考核细则,并多次召开会议研究部署、调度推进,县水利局深入开展巡河巡湖工作,促进河长制有力推进。县镇村三级河长体系全面建立,工作方案和六项制度全部出台,分流域探索建立更有针对性的制度体系，生活污染、工业污染、畜禽养殖、非法采砂、侵占河道、黑臭水体等21类重点治理任务有序推进，年度任务基本完成。（陈　婉）

渌口水电站

【概况】 2017年，渌口水电站内设生技股、办公室、综合股和行财股，在职员工79人，其中中级技术人员10人。电站建于1976年，1978年正式投产发电，为中型水利电力工程。总装机容量3900千瓦（6×650千瓦）。主要以发电为主，兼顾防洪、灌溉。年内发电量为1650万千瓦时，实现销售收入660万元，纳税36万元。

（曹　慧）

农机管理

【概况】 2017年，株洲县农机总动力达52.63万千瓦，拥有各类农业机械11.95万台（套），同比分别增长6%。共推广大型机械82台，其中联合收割机55台，插秧机14台，谷物烘干机械13台。水稻综合机械化作业水平与上年同期相比提高两个百分点，达到77%。

县农业机械管理局成立工作领导小组，在现代农机合作社扶持建设工作中，严格按照省“千社工程”实施要求，把符合条件的农机合作社列入扶持对象。按要求指导购机、机库棚建设，及时上报资料。共扶持建成6家现代农机合作社，其中4家通过省级验收成为示范合作社。在农村机耕道建设中，多次召集镇农机站长开会研究，摸底子、定规模、抓落实，至12月初，超额完成机耕道改造任务。渌口镇花园村、黄霞村，南洲镇昭陵村三个示范点的建设得到市农机局肯定。

推进政府实施农机补贴主体责任，将定补权、监控权、处置权落实到操作岗位。认真实施新进补贴机具现场演示制度，进一步完善农机报废更新补贴机制，稳步扩大新产品补贴试点范围，对补贴资金实行动态平衡管理，推进补贴信息全面及时公开，确保农机购置补贴政策规范高效实施。完成专项补贴资金441万元，补贴机具166台，其中报废补贴机具52台，补贴资金25万元，受益农户134户。

切实抓好农机安全。一是加强组织领导，明确目标任务，签订县镇村三级安全责任状。二是推行部门协作，形成监管合力，围绕“政府主导、农机主抓、部门合作、社会参与”格局开展工作。三是注重服务指导，提升工作水平。农机监理坚持做到检验到田头，服务到家中，形成联合交警上路、安全监理进村、安全员上户、保险进现场的农机执法、宣传、检验、事故隐患排查治理“一条龙”服务体系。农机违法现象明显下降，安全事故在省市可控指标以内，重特大事故为零。（郭正伟）

商贸服务

商务和粮食

【概况】 2017年，株洲县引进内资项目91个，合同引进县外资金152.9亿元,到位42.3亿元。社会消费品零售总额完成46.1亿元，增速12.3%。外贸进出口完成1346万美元,同比增长95.1%。荣获株洲市商务、招商引资、外贸、“放心粮油”、粮食监督检查和军粮供应管理工作先进单位,内贸工作荣获湖南省先进单位、电商扶贫考核荣获优秀县等荣誉。

县政府出台《招商引资工作方案》《招商引资工作考核办法》《飞地招商管理办法》《中介人奖励暂行办法》等文件,细化任务分解到8个镇和62个相关单位,形成“大招商、招大商”的工作格局。在深圳推介会上与广东省望家欢农产品集团有限公司、株洲天和天颐环境设备制造有限公司签约。举办“引老乡、回故乡、建家乡”活动,增进感情联络,促进人才资金回流,成功签约昇英材料科技(苏州)有限公司投资的高性能聚氨酯泡棉材料和由福建蓓乐纸业有限公司投资的母婴护理用品2个项目,合同引资5亿元。签约广州冷弯机电设备有限公司、株洲节能环保产业装备制造园项目。引进戴斯酒店、广祥电子等企业落户；各镇达成“龙湖生态旅游”“鹿茸酒收购重组”“华旺陶粒”等多项合作意向。

内贸流通方面，完成22家批发、零售、服务业“个转企”“小升规”新增任务,超额完成市对县考核指标。组织绿净农业、洁宇日化、华新水泥申报省电子商务企业认证等项目。引进湖南农商通电子商务公司“湖南农村商贸综合服务体86077”电商平台项目正式落地运营。与京东扶贫馆联合打造的电商产业扶贫“一县一品”专区获市领导高度评价。

外经外贸方面，先后召开银企座谈会、国际电子商务、出口信保培训暨商务工作经济形势分析会。银企座谈会为锦华灯饰等企业贷款500万元,解决企业融资难问题。向马来西亚、阿联酋、新加坡、捷克等国家输出海员、厨师、建筑、护士、电子、纺织、机械等技术人员570人,外派劳务规模居株洲市各县市区前列。实现破零3家、倍增2家。

【粮食流通】 收购农民余粮3.5万吨，其中早籼稻1.5万吨、中晚籼稻2万吨。积极申报粮食产后服务中心项目，争取项目资金300万元。“放心粮油”示范工程纵深推进，新建放心粮油示范店1家。在粮食系统开展“一规定两守则”培训，开展系统安全大检查，做好7.5万吨粮食和700吨食用油的保管和清仓查库工作，确保不发生安全事故。（张　辉）

石油经销

【概况】 2017年，中石化株洲县石油分公司加大大客户的开发维护力度，积极开展IC卡五进、开发柴油联名卡客户等一系列活动。共完成轻油销量29424.33吨，其中汽油20082.65吨、柴油9341.68吨。实现非油销售收入2134.20万元，IC卡充值额8515.04万元，日均沉淀资金1022万元。

公司在非油工作上注重营销活动的组织和开展，有效利用营销活动资源，增强易捷便利店在本地商圈的影响力。积极组织年货节的开展，组织各加油站站长去省公司的年货样板站参观，学习年货的现场布置、开口营销，感受年货销售气氛，为公司的年货销售创造条件。

成品油零售超额完成任务。轻油零售完成31335吨（包含库配760吨），完成年度任务30350吨的103.24%，同比增长35吨，任务完成率排在全区第三位；IC卡充值额完成6156万元，超额完成年度任务6万元，同比增幅21%，日均沉淀资金达到1008万元，完成任务的112%，同比增幅21.14%，加油卡资金沉淀完成全区第一。

非油品保持量效双增长。非油基础类完成580万元，完成年度任务的119%，毛利额完成92万元，完成任务的133%，非油完成排在全区第2位，坚固加油站也被市公司作为全市标杆店推荐评为省公司品牌化运营优秀便利店。

安全环保平稳运行。组织各站贯彻落实《安全管理手册》，积极开展日常督查，及时整改查出的问题和安全环保隐患，配合市公司开展资金、发票管理全面检查，从严打击经营违纪违规行为。完成南阳桥、大坝一、白关、王十万四站的安全隐患治理及提质改造工作。

【数质量管理】 完成除白关站外所有站的液位仪系统的安装调试，完成国五油品的置换，数质量情况较好。（王　勋）

供销合作

【概况】 2017年，株洲县供销系统实现销售总额6.11亿元，同比增长11.82%，利润829万元，同比增长13.99%。完成领办创办农民专业合作社24个，系统内企业11个，基层供销社11个，村级综合服务中心（社）14个，庄稼医院1个。

推进供销改革。3月，成立株洲县深化供销合作社综合改革领导小组。5月，出台《关于深化供销合作社综合改革的实施意见》和《株洲县深化供销合作社综合改革实施方案》，下发至各相关责任单位，推进供销改革。

成立项目工作服务小组，做好项目协调服务，成功申报市级系统内农民专业合作社示范社 2 个，基层标杆社 1 个。走访宏畅、洲坪优质稻、康源种养殖、湘春蕨菜等一批项目单位，了解企业的发展现状及存在的问题与困难，提出解决方案。指导督促社有企业、农民专业合作社每月按时上报企业财务报表及统计报表，将统计工作做真、做实。

组织工作人员到省、市供销社学习，赴周边县市学习惠民服务建设经验。与县委组织部、发改、财政、人社、统计、农业等相关部门联动配合，开展摸底调研，在无需新建、改扩建的 27 个行政村选取 12 个点推进惠民服务中心（社）建设。建成服务中心 2 个，服务社 10 个。12 月，联合县财政、人社和统计局通过实地考查、查看资料、听取汇报等形式，对所有服务中心（社）和承担土地托管服务任务的农业发展公司、农民专业合作社、种粮大户进行考核验收，提供惠民服务。

【土地托管】 成立土地托管服务工作领导小组。依托村级组织、农业发展有限公司、农民专业合作社、种粮大户，积极做好土地托管服务工作。采取全托或半托服务方式，与村、组、农户签订《土地托管服务合同》，规范制定土地托管服务制度、流程细则，公开服务流程、标准、价格，接受社会监督，村委会负责监督合同的实施与兑现。现有土地托管服务机构 2 家，即株洲宏畅土地托管服务中心和洲坪优质稻土地托管服务中心，共完成订单式土地托管服务 469.2 公顷。 （刘 莎）

烟草专卖

【概况】 2017 年，株洲县烟草专卖局（分公司）累计销售卷烟 1.42 万箱，销售额 4.34 亿元，实现毛利 1.31 亿元。上缴税收 2808.88 万元，较上年增长 3.71%。

卷烟执法。查获各类涉烟违法案件 76 起，其中销售非法生产卷烟案件 18 起、未在本地进货案件 40 起、无烟草专卖品准运证运输烟草专卖品案件 18 起。查获各类涉案卷烟 2024.9 条，其中假烟 701.9 条。查获涉案卷烟案值 21.39 万元。《张友良销售非法生产的烟草专卖品案》行政处罚案卷被株洲市人民政府法制办评为行政执法案卷优秀案卷。

烟草专卖管理。加强与县公安局、食药工商质监局联合执法行动，逐步形成打假治非常态化机制，开展“春雷行动”、“3·15”消费者权益日、“集市专项整治”等行动，加大打假治非力度，规范卷烟市场。加强快递运输案件查处力度，查处无证运输案件 18 起，案值 12.12 万元。有序开展“双随机一公开工作”，随机走访卷烟专卖户 1125 户，公开检查结果 1125 户，走访覆盖率 100%。积极开展大户专项整治行动，将 67 户卖烟大户列入监管重点，查处大户未在当地烟草专卖批发企业进货案件 9 起，查获卷烟 10.86 万支，案值 3.97 万元，劝导违法违规大户主动退出卷烟经营 3 户。充分依托渌田专卖管理所，加强边界市场监管，辖区边界市场假烟案件和真烟非法流通得以扼制。坚持依法规范证件管理，确保公正公平，新办 112 户，延续 235 户，变更 1 户，停业 7 户，歇业 61 户，恢复营业 1 户，补办手续 6 户，注销 64 户，收回证照 37 户，不予行政许可 14 户，责令停业整顿 4 户，责令整顿后恢复营业 4 户。

卷烟营销。提升客户服务水平，夯实卷烟市场基础。通过容诚 E 平台移动办公系统拜访服务客户 6179 户次，完善客户基础信息，根据客户经营状态提供有针对性的差异化服务策略。通过“一对一辅导+集中培训”模式，开展零售客户培训工作，提升培训的针对性和实效性，覆盖面达到 40%。创新品牌培育方法，促进卷烟落地销售。联合工业企业开展 6 场新品推介会，调查消费者对新品的接受程度，宣传新品卖点，指导零售客户做好库存盘点、盈利分析等工作。大力推进自律互助，完善各项工作机制。共建立 60 个自律互助小组，覆盖城乡 989 个零售客户，占在网运行总户数 80.08%。积极探索创新以“两会一赛一考核”为核心内容的小组建设日常运行机制。“两会”即每月召开小组长会议、小组会议，由客户经理、市管员牵头召开片区自律互助小组长会议，宣传贯彻卷烟营销、规范经营政策，讨论重点工作的对策和措施；自律互助小组长召集本小组成员召开小组例会，探讨、落实小组长会议精神。“一赛”即丰富创新小组活动，经常性开展卷烟陈列、品牌培育、经营能力竞赛以及文体活动，开展拔河、爬山比赛，文化沙龙活动，以及品牌培育、陈列上柜竞赛，共有 336 户零售客户参加，表彰 76 户次，评出陈列示范小组 13 个，陈列上柜明星 1 个。“一考核”包括两个层级：第一层级是将自律互助工作细化为 6 大类 23 项具体指标，纳入相关部门、专销人员的日常工作考核，促进服务管理转型升级。第二层级是每月组织小组长对辖区各小组的经营能力、价格执行、店面形象、规范经营、小组活动等情况进行交叉检查，并将考核结果作为小组年度评先评优的重要依据，以考核促提升，确保小组有序运行。创建“渌烟自律互助小组”微信公众号，加快信息发布、政策宣传，建立沟通顺畅、多维立体的信息交流渠道。配送管理严格规范，服务质量不断改进。规范车组人员的工作行为，提高服务质量。每月对车组配送情况进行一次满意度调查，及时通报调查情况。（朱　莉）

财税·金融

财 政

【概况】 2017年,株洲县完成一般公共预算收入143677万元,为年度预算的102.43%,同比增长9.81%。其中,地方收入98532万元,完成预定目标;上划中央收入35862万元,为预算的118.84%,同比增长39.7%;上划省级收入9283万元,为预算的122%,同比增长14.85%。总收入中的税收比重和地方收入中的税收比重分别达到66%和50.42%,收入增幅、税收比重、地方收入中的税收比重三项市对县考核指标均排名五县(市)第一,实现历史性突破。

抓培源、促招商、稳增收。积极加强财源培植,主动服务招商引资,着力夯实财税基础。安排资金200万元设立企业应急转贷基金,筹集资金支持园区和平台发展。申报工业企业项目12个,争取资金700万元。提请县委、县政府出台经济建设奖励办法,安排资金435万元,对为县域经济社会发展做出贡献的企业进行奖励。认真落实省市财税工作"两个坚决"指示精神,一旬一调度,一月一安排,设立综合治税办,狠抓综合治税工作。开展非税收入检查,严格以票管收、应收尽收,坚持优化服务企业发展,及时减免所有应减免的收费项目。对乡镇协税护税提供全方位支持,一对一对口联系乡镇,支持乡镇税收入库。主动挖掘县外税源,促成齐抓共管财政收入的良好局面。

重统筹、保稳定、惠民生。坚持"开前门、堵后门",对于基本工资、津贴补贴、绩效工资、公积金、遗属补助、社会保障缴费等年初预算足额安排。新增安排1个月工资加津补贴铺底门诊医疗补助,将医疗、工伤、生育保险按政策标准计算安排至部门年初预算,将住房公积金统一到12%的水平。对村级运转、村部建设、重点项目建设资金需求等都摆在突出位置。统筹加强财政支出保障,重点保障民生等刚性支出需求,教育领域的支出达到3.31亿元,医疗卫生事业支出达到2.39亿元,社会保障支出达到3.57亿元,农林水领域的支出达到3.18亿元,住房保障支出达到1.26亿元。脱贫攻坚、土坯房整治等重点民生都实现有效保障。县财政局争取一事一议财政奖补美丽乡村项目、一事一议建设项目、集中连村建设项目等财政奖补资金1016万元,建设项目100余个。统筹安排资金2.2亿元用于重点工程项目建设,渌水二桥、湘江七桥、二线船闸、渌枫大道等一大批关系民生、关系发展的重大项目得到推进。积极争取省级债券资金额度,将部分高息债务置换为低息债务,积极化解政府性债务，助推平台公司做大做强,政府性债务管理回归"绿色区间"。

推改革、抓落实、提实效。提请县委、县政府出台行政机关事业单位经费支出管理实施细则,规范公用经费标准及支付程序,防止随意二次分配。针对实际工作中部门单位的情况反馈,及时提请上级出台补充规定,方便部门单位实际操作。扎实推动公车改革,指导国资部门合理处置应处置的车辆,投入资金700万元搭建县公车管理平台，组织资金1200万元发放车补。积极推动涉农资金整合,赴双峰县等地学习借鉴先进经验,已出台全县涉农资金整合征求意见稿。对财政专项资金绩效评价工作进行专项安排，选取13项资金为年度绩效评价重点项目,聘请社会第三方开展专题绩效评价,科学指导相关单位做好前期工作。协助各预算单位做好2016年度行政事业单位内部控制报告编制工作，做好2017年度县直部门预算公开工作,阳光财政正加速构建。突出加强财政监督管理,启动实施"互联网+监督"改革试点,对镇村财务进行全面监督。开展非税收入全面检查，严格以票管收,严格收支两条线管理,大力推行电子化非税缴款。突出加强对镇村财政财务的管理，重点加强扶贫资金监督管理，坚决杜绝"资金上的违法"。积极开展节假日"四风"监督检查,努力杜绝"四风"反弹,有效杜绝"财务上的违纪"。开展公务用车使用情况检查,有效杜绝"车轮上的违规"。

重实效、抓脱贫。行业扶贫实现"双成效"。一方面,资金投入有成效。投入扶贫资金6500万元，争取上级扶贫资金2725万元,本级安排3775万元,本级扶贫资金安排比上年度投入增加159%。实行扶贫资金"绿色直达"通道,努力确保所有扶贫资金及时拨付,充分发挥财政资金对脱贫攻坚的促进作用。另一方面,资金监管有成效。建立健全扶贫资金监管机制,特别注重加强同县扶贫办、各镇及各相关部门的工作联动，先后开展10余次专项扶贫资金检查,借助"互联网+监督"平台,对扶贫资金实行公开公示，公示资金信息130项,资金总额超过3.45亿元。

切实加强纪律建设,开展涉矿经营自查和财务自查，开展多次廉政警示教育，严格落实党风廉政建设,认真履行党风廉政建设主体责任和监督责任,出台《纠四风治陋习专项整治工作方案》《"雁过拔毛"式腐败问题专项整治实施方案》,推进源头防腐,规范权力运行,促进依法行政,确保依法理财。进一步强化服务意识,提高办事效率,转变工作作风,特别是在财政投资评审和国库集中支付方面,推行财政投资评审信息短信报告制度,每个评审项目进度及时通报业主单位和分管县领导;在国库面审过程中,耐心解释,指导单位修正账务处理。加强基层财政所管理,

通过招考充实财政所队伍。（周长宁）

农业综合开发

【概况】 2016年至2017年4月，株洲县农业综合开发项目分别是渌田镇平山塘高标准农田建设项目(第一批、第二批)、5000吨蔬菜加工新建、33.33公顷优质丰产油茶种植基地新建和24公顷蔬菜种植基地改建项目,开发任务646.67公顷。土地治理项目分成10个标段，完成上级财政资金1689万元，其中土地治理项目1479万元,产业化项目210万元。完成土壤改良100公顷,衬砌渠道10.05千米,渠系建筑物23座，扩建加固小型蓄排水工程13座,农村绿化造林13.33公顷,新修、维修机耕路3.65千米,以及上述4个产业化项目,项目于10月通过省市级验收。

根据湖南省财政厅《关于2017年第一批农业综合开发土地治理项目计划的批复》和湖南省农业综合开发办公室《关于2017年农业综合开发产业化发展一般财政补助项目计划的批复》精神,龙潭镇紫云高标准农田建设项目投资总额1267万元，其中中央、省级财政资金1267万元。产业化项目6个，上级财政投入294万元。两类项目合计财政投入1561万元,资金已全部落实到位。12月,县农业综合开发办公室完成龙潭镇土地治理项目招投标工作,于中旬开工建设。在全面组织实施项目建设过程中,成立工程建设项目指挥部,抽调和选派5名专业工程技术人员深入项目区监管建设进度和质量,负责工程技术的工作人员不定期地到现场进行检查、指导,严格操作规程,至12月底完成工程总量的55%。（杨 文）

国家税务

【概况】 2017年，株洲县国家税务局设11个职能科室、1个税务分局（渌田税务分局)、1个直属分局（稽查局),1个事业单位(信息中心),负责县域范围内的增值税、消费税、企业所得税和车辆购置税的征收管理。获评株洲市国税系统“绩效管理先进单位”称号。

强化税收法治建设，推进依法治税。认真贯彻落实《“十三五”湖南省国税系统全面推进依法治税实施方案》，不折不扣贯彻落实增值税减免税、小微企业和固定资产加速折旧等税收优惠政策,确保符合条件纳税人应享尽享。持续开展窗口代开发票核查工作,打击虚开虚抵,防范税收风险。严格按照《全国税务稽查规范》推进“阳光执法”,防范稽查执法风险、提高稽查工作质效。组织入库税收51520万元,同比增加19366万元,增长60.23%。被授予“2017—2019年度湖南省国税系统法治基地”称号。

积极争取县委、县政府的支持,组织多部门开展河砂卵石税费征管联合整治行动。株洲县人民政府下发《关于加强对全县河砂卵石税费征收管理的通告》,以规范性文件的形式明确砂石管理的征收对象、税费、标准、方法及其他事项。由县财政、国税、地税局牵头,充分利用县政府综合治税平台，全面共享各环节关键信息，与治砂、海事、公安、食药工商质监等部门展开联动，形成最大的协税护税合力，有力打击河砂卵石开采、加工、销售过程中应征税费的偷、逃、漏现象，进一步补齐税收短板，维护河砂卵石开采加工行业的税负公平，提高税收遵从度，充分体现多部门联合治税机制的作用。

制定《"纳税服务提质年"工作方案》，积极组织岗位大练兵、业务大比武活动。将首问责任、限时办结、预约办理、延时服务、24 小时自助办税 5 项服务制度执行到位，丰富预约服务和延时服务内容。投放使用发票发售和发票代开两台自助办税终端，方便纳税人便捷办税。以"深化税收改革，助力企业发展"为主题，联合县地税局举办税收主题宣传活动暨"诚信纳税专车"启动仪式，举行"税收小问答、扶贫大作为"专题税收知识微信问答，组织专家团队现场答疑会，进行现场帮扶，当场解答和解决纳税人的政策疑问，制定专门的帮扶方案，进行上门帮扶。针对政策落实、规范执法、服务质效、信息化建设和廉洁自律五个方面，对纳税人满意度工作进行整改。开展"问需求，优服务，促改革"活动，走访 1576 户纳税人，开展调研座谈，征集纳税人意见和建议，走访面达到 100%。纳税人满意度调查结果以 95.42 分高于全省平均分 3.61 分，高于全市平均分 2.08 分，排名全省第 19、全市第 2 位。

【"一窗一人"试点工作】 县国税局作为株洲市"一窗一人"2 个试点单位之一，从年初开始便进行统筹谋划，从人员配备、硬件支持、系统搭建、账号授权、制度建设、业务学习、服务规范全面落实，制定多项"一窗一人"运行相关制度和方案，多次组织业务学习提高服务质量。"一窗一人"运行良好，除发票代开、车辆购置税、出口退税等特殊业务外，其余综合业务均实现了国税地税一窗通办，纳税人真正做到"进一家门、排一个号，在一个窗，办两家事"。"一窗一人"试点工作通过省、市国家和地方税务局的检查验收。（凌佳洁）

地方税务

【概况】 2017 年，株洲县地方税务局按照"实现一个目标，夯实两项基础，强化三项建设"的工作思路，抓住撤县设区、加速融城的历史机遇，始终坚持以"带好队、收好税"为总揽，以服务地方经济为出发点，以"精致、精诚、精准、精细、精耕"的"五精"工作要求为重要抓手，组织入库各项税费收入 4.64 亿元，其中完成县财政口径税费收入 4.48 亿元，剔除营改增因素，全年同比增长 4354.4 万元，增幅达 16.17%。荣获"湖南省第六届人民满意的公务员集体"，继续保持湖南省文明单位等荣誉称号，纳税人满意度调查位列全省第四、全市第一。

通过健全机构设置，落实人员配备，明确县局征管转型指导思想、转型原则。从征管一线抽调 4 名业务骨干，成立风险管理与纳税评估机构。通过完善制度设计，进一步细化明晰风险管理中各部门的职责与流程，对风险管理全流程予以明确规范，实行分级分类闭环管理。明确各级别风险的应对责任主体，建立风险应对复查机制，确保风险应对的及时性、准确性。通过开展征管数据分析，对比行业税负率，发现税收疑点金额2000余万元，经纳税评估清理，入库税款1600多万元。对国税稽查税款地方税费附征不足，个人股权转让过程中，注销清算环节地税税费未按实申报等涉税风险积极开展纳税评估，有力的堵塞征管漏洞，规范社会纳税秩序。通过强化“四员”管理，实现了转型升级。探索建立办税员、税管员、稽查员的“三员”管理模式，将评估员纳入考核管理，组建“征、管、查、评”专业化税收管理队伍，打破“属地、划片、分户”传统税源管理方式。通过明确“四员”职责，强化绩效管理，推动征管模式由“管户制”向“管事制”转变。

紧盯地方土地项目开发动态，以完善税源信息，专人跟踪管理为手段，将土地税收做细做实。房产税、城镇土地使用税、土地增值税、耕地占用税分别增长6.47%、140.04%、56.94%、218.34%，四个税种合计入库1.26亿元。着重加大了对平台公司、行政事业单位两个行业征管力度，规范平台公司税收管理，实现行政事业单位代扣代缴个人所得税的全覆盖，完成代扣代缴登记的行政事业单位由上年的84户增加到157户，代扣代缴的个人所得税由上年的157万元增加到402万元，代扣代缴登记户数和税款分别同比增长了86.91%和156.05%。不仅补齐税收征管短板，更加深纳税人对税收工作的理解，净化税收执法环境。

提升稽查力度。查处案件26起，其中大要案3起，查补税款1750万元，收入占比达3.77%，为全市地税系统第一。通过部门联动，形成涉税资源共享、信息共用机制，配合国地税费同步征收模式，实现综合治税工作的突破性进展。联合海事部门实现船舶车船税的代征；联合国税、财政、公安、海事等部门，从12月11日起，对河砂卵石行业开展综合治税行动，12月累计征收税费137万元，其中征收地方税费51.37万元。落实税费同征，加大费金管理力度，确保了工会经费稳定增长，残保金由代征改自征后，同比增长131.46%。

结合“放管服”改革要求，立足实际，与县国税局在前期合作的基础上，坚持定期举行联席会议，强化对话沟通，不断探索深层次、全方位的深度合作方式。通过整合资源，实现国税地税部门机构的对口配置再优化、国地税源对等管理。创新设立了株洲县个体税收联合管理办公室、房地产建筑安装行业联合管理办公室、公安税务联合治税办公室，双方互派人员共驻“三个办公室”联合办公，促使国税地税合作更为深入紧密。通过联合征管，实现税收征管提质增效。创造国税地税联合排查、联合定税、联合征收的“三联”管理法，对个体工商户实现联合管理。通过抓好资源共享、巡查治税、分析监控三个方面，实现对房地产、建筑安装行业国税地税联合管理。依托“金三”系统，联合开展税收风险分析，加强信息比对，利用信息管控各项税费，进一步强化税源监控。以“链式传动”开展公安税务联合治税。公安部门的提前介入、预警提醒，为开展税务稽查提供强大助力，确保“颗粒归仓”，优化税收环境，助推经济发展。持续推动纳税服务优化升级，将“一窗一人”办税模式与“三个联合办公室”工作有机结合，提升纳税服务质效。和县国税局研究制定业务分流方案，实行涉税业务分流，减少纳税人排队等候时间，让纳税人切实感受到办税的便捷与高效。进一步精简二手房交易业务办理流程，简化涉税资料报送。通过做好服务，释放减税政策红利，落实各类税收优惠6815.99万元。紧扣时政热点，深入开展税收宣传，4月同县国税、财政局联合开展的“税收小问答、扶贫大作为”系列宣传活动，将精准扶贫与税收宣传相结合。发表各类宣传稿件60多篇，在省、市级主流媒体发布各类宣传稿件10多篇，进一步扩大了社会影响力。在县综治委组织的民意调查中，县地税局取得98.64分，位列87个行政事业单位前列。

【县地税局荣获“湖南省人民满意的公务员集体”称号】 5月24日，株洲县地税局获评第六届湖南省“人民满意的公务员集体”，成为全省地税系统唯一获此殊荣的单位。

【船舶车船税委托代征】 8月11日，株洲市船舶车船税委托代征签约启动仪式在株洲县地税局举行。市地方海事局、地方税务局负责人出席。

启动仪式前，双方就船舶车船税委托代征事项进行工作座谈，围绕船舶车船税征收管理要求、委托代征工作具体实施、部门联合治税具体措施等工作展开详细商谈，确定由县海事处和株洲县地税局负责船舶车船税的委托代征工作，正式签署税费委托代征协议。（夏俊杰）

国有资产管理

【概况】 2017年，株洲县国有资产投资管理中心内设办公室、党建监察股、资产股、考核股和法制股，下辖国有企业6家，其中政府投资公司1家，国有企业5家。主要负责县属国有企业党的集中领导及归口管理、投融资平台公司的财务监督管理、领导班子成员薪酬管理、绩效考核管理，以及行政事业单位和国有企业资产评估、产权登记、资产处置、资产统计、门面收缴等事务性工作。

强化国资运营体系。完成年度行政事业单位资产清查工作。涉及147家单位，资产总计18.1亿元，净资产总计8.3亿元；配合评估公司对行政单位324辆公车进行评估，配合拍卖公司对余下的车辆进行5次公开拍卖及议价工作。收取行政事业单位和破产改制企业门面租金125万余元，维修门面18处，定期对门面及资产进行巡查，确保国有资产不被侵占。

加强财务监督。规范公司国有资产统计报表、预决算报表和财务快报工作的编制和审计工作，积极参与平台公司化债工作，对国有企业的管理层经营业绩进行考核。

“三供一业”分离移交工作。进一步推行中央企业职工家属区“三供一业”分离移交，与广铁集团、国网株洲县供电分公司、石油公司分别签订“三供一业”分离移交框架协议，明确铁路职工家属区7个，396户；供电分公司职工家属区3个，165户；石化公司职工家属1个，19户移交到地方管理。

【组建株洲县渌湘集团公司】 推动国企改革试点，完成市级平台公司改革重组，于3月底成功组建株洲县渌湘集团公司。明确组建方案，通过将国投公司、交发公司股权注入渌湘城投公司，再将渌湘城投公司重组为株洲渌湘投资发展集团有限公司。渌湘集团公司注册资本12.8亿元，年底资产规模为127亿元。在株洲市国资委和县委、县政府的主导下，将渌湘集团51%的国有股权上拨至市国资委代持，渌湘集团提升为市级控股公司。渌湘集团的主体信用等级由AA-提升为AA。（黄　涛）

银　行

中国农业发展银行株洲县支行

【概况】 2017年，中国农业发展银行株洲县支行下辖二部一室，有员工23人，其中在职18人。截至12月末，各项贷款余额218688万元，比年初增长33912万元，累计发放贷款71975万元，收回贷款38063万元。各项存款余额111175万元。账面利润3135万元，同比增加223万元。不良贷款为零。

严格按照资金封闭运行管理要求，扎实完成粮食轮换任务。有粮食企业三家，省级储备粮10000吨，贷款1698万元；市级储备油1400吨，贷款1582万元；县级储备粮3000吨，贷款638万元，轮换任务均已按质按量按时完成。

始终以坚持服务国家政策为己任，坚持金融扶贫。一是抢抓资金规模，及时发放已批待放贷款。累计投放中长期贷款4笔，金额60000万元，其中渌兴水利建设贷款15000万元，大美物流农村流通体系建设贷款20000万元，县旧城改造公司棚户区改造贷款25000万元。二是做好“十三五”易地扶贫搬迁项目的贷款资金支持，投入资金962万元，其中专项贷款618万元、专项基金109万元、中央预算资金48万元、专项债券187万元。该项目共支持157户，432位贫困对象。（赵建明）

中国农业银行股份有限公司株洲县支行

【概况】 2017年，中国农业银行股份有限公司株洲县支行下辖营业部、渌口分理处、箭台分理处、三门分理处、淦田分理处5个营业网点；内设5个管理部门和4个专业团队，有员工117人，其中在职在岗69人。截至12月31日，各项存款余额24亿元，各项贷款余额7亿元，较年初净增1.2亿元，累计贷款投放3.1亿元。缴纳税金281.8万元，较上年增长60%。

支持重点项目建设。加强同政府融资平台的业务联系与合作，对渌口经济开发区南洲工业园路网建设及S331东成大道项目投放贷款1.25亿元，累计向政府融资平台授信6亿元，发放贷款2.75亿元。

支持小微企业发展。准入渌口经济开发区企业12家，累计投放贷款2.1亿元。支持特色农业发展。率先与省农信担保公司合作，于11月启动“惠农担—粮食贷”业务，投放全市首笔惠农担，救灾贷款30万元；投放全市首笔大额“惠农担—粮食贷”，贷款金额300万元；投放贷款570万元用于支持粮食种植及特色种养殖业生产。

开展普惠金融服务。在农村设立“惠农通”服务点205个，服务农民代缴电费361426笔，2824万元。签约渌口、淦田两个镇的涉农直补、扶贫资金“两卡两折”的发放，涉及1.78万户农户近10万农业人口。支持农民进城购房，发放农民“安家贷”152笔，3916万元。（王　珏）

株洲珠江农村商业银行股份有限公司

【概况】 2017年，株洲珠江农商银行全力推动各项工作。7月获取筹建批复，12月获取开业批复。坚持合规改制，严格按照《中华人民共和国公司法》要求，开展股本验资、董监事候选人提名推荐，召开创立大会暨第一次股东大会、第一届董事会和监事会，严格按照程序和任职资格条件选举董事长、监事长、行长等高级管理人员。坚持合力改制，加强与银监部门、湖南省联社、株洲县委、县政府、广州农商银行的汇报协调，合力解决置换土地等问题，扎实开展延伸审计、筹建资料整改及开业庆典筹备等工作，确保各阶段任务顺利完成。12月26日，农商银行揭牌、宣布正式开业。年末，银行存、贷款余额分别为56.18亿元、12.72亿元，存款总量、份额继续居县域金融机构首位。实现总收入2.92亿元，缴纳各项税费1670万元。

建立特色经营项目库，全力支持县域重点经济项目、小微企业、专业合作社的建设发展，累放各项贷款13.13亿元，其中农业贷款10.22亿元、占77.85%。深入开展金融扶贫，累计发放小额扶贫信用贷款451户、1520万元，占全县投放总量的90%以上，超额完成县政府下达的年度扶贫工作任务。对7个金融扶贫服务站中的南塘、花冲、花田、龙潭、李家5个站点完成“三站合一”助农金融扶贫服务站建设，为贫困户脱贫致富提供有力支撑。

加强亲民、便民、惠民的金融服务平台建设，对33个营业网点按周开展“访客户、问需求、优服务”专项活动，按月推进金融知识户外宣传活动，坚持以活动为载体，深入了解和精准对接公众金融服务需求，增强公众的安全金融消费意识。截至年末，支行与客户协力成功拦截网络电信诈骗案件10余起，避免客户遭受财产损失40余万元。在交通不便的偏远地区、金融服务空白区域，建成金融服务站10个，为当地居民提供存、取款等基础金融服务，助力地方经济社会发展。

【开展“人性化服务在柜台闪光”主题活动】 完成渌江、砖桥支行的“精品支行”创建，对案防设施进行达标升级，改善支

行营业服务环境。对镇村残疾人家庭、贫困农户、贫困村开展“送温暖”活动，累计捐赠金额40万余元。（毛帅琦）

保险企业

中国平安财产保险股份有限公司株洲县支公司

【概况】 2017年，中国平安财产保险股份有限公司株洲县支公司有在编人员15人，主要经营范围有机动车辆保险、企财险、意健险、责任险等56个险种，服务企业、个人客户等10万人以上。

秉承“回馈社会，建设祖国”的文化理念，积极履行企业的社会责任，达成保费2496万元，其中车险2265万元、财产险87万元、意外险78万元、农险66万元，市场份额29.1%，排名全县第二。处理案件1500多起，已决赔案998万元，未决赔款350多万元，贡献税收380多万元。

提高对大项目、高端客户的专业化服务水平。面对市场新的保险需求，在做好车险、财险、意险经营的同时，着力挖掘市场空间，调整业务结构，以责任险为开发领域，在中支公司层面，成立重点客户团队，明确划分目标市场和目标客户，实行有组织的营销活动。12月，成功续保66万元农险业务，首次打入学平险市场。涉及农险案件30多起，赔款29万元，涉及学生意外事故案件42起，赔款7.5万元。

始终坚持合规经营，组织学习反洗钱法律法规、非法集资等相关知识培训，定期进行自查自纠，将合法合规经营作为公司的重要工作纳入日常考核中。推出手机在线签订投保单举措，在成本上和程序上进行投保优化，最大力度地保证了客户投保的合法权益。

【全球首推“510极速现场查勘”】 在全球首推“510极速现场查勘”，开启理赔定制时代。平安财险客户服务电话“95511”可以提供全天候无休假服务，受理各类业务报案、免费施救、事故救援、业务咨询、电话销售回访。在全国率先实现网上通赔，客户在投保地以外的任何地区出险，都能享受到和投保地一样便捷、高效的理赔服务。

【首推“云理赔”服务模式】 首推“云理赔”服务模式，实现车险理赔“极速+科技”定制服务时代。线下理赔通过“510极速现场查勘”服务，在全国三线以上城市、90%的区域，客户可享受到城市中心5—10分钟到勘的极速体验。自助理赔可通过线上平台四步完成理赔全程，还可通过“一键包办”享受由平安全程包办的极简服务。依托街景定位、智能调度决策引擎、智能定损平台及风控引擎等科技，提高客户体验，NPS达75.85%，居全球领先水平。

（杨文娟）

中国人寿保险股份有限公司株洲支公司

【概况】 2017年，中国人寿保险股份有限公司株洲支公司内设个险部、银保部、团险部、教育培训部、综合部、客户服务部，下辖白关、三门、雷打石、堂市、朱亭、渌南、淦田7个营销服务部。在编员工24人，专职代理人1218人。

全年保费收入13672万元，其中寿险新单保费4324万元，短期险保费976.8万元，上缴税金185.21万元。共支付满期给付5069万元，支付各类赔款996.5万元。承保中小学学生和幼儿2.74万人，理赔人次达318起，理赔支付42.45万元。计划生育系列保险承保6.91万人，共收保费170.47万余元，赔款136.51万元，赔付率80.1%。加强与各渠道合作，与株洲珠江农商银行合作推广小额信贷保险96.17万元，为农村信贷户解决贷款后顾之忧。提供保单借款服务，借出资金335万元，为投保家庭解决资金周转问题。

加大“国寿1+N”服务力度，组织“保单升级”“财富提速”“VIP客户联谊”等客户增值服务及活动；举办“与财富握手”“企业资产与家庭财富管理”等理财讲堂和“牵手国寿，健康生活”“健康素养”健康知识讲座。

开展“加强外部监管、加强内部管控；遏制违规经营、遏制违法犯罪”的综合治理，努力提升公司综合品质。建立以绩效为导向的企业文化，整合资源，零违规从我做起，结合实际状况，狠抓队伍建设和销售流程管控，重细节、抓落实。制定多项综合管理制度，完善和规范管理。多次组织员工和营销员进行法制教育培训，开展反洗钱，杜绝非法集资、小金库、销售误导和代签名学习。全面推行零现金收付费，首期、续期保费及客户返还金均采取银行转账，有效防范风险。严格单证、印章、宣传资料的管理和使用，未发生一起违规案例。

（姚　银）

中国人民财产保险股份有限公司株洲支公司

【概况】 2017年，中国人民财产保险股份有限公司株洲支公司有在职职工27人，营销员200多人，下辖淦田服务部。实现保费收入4511万元，直接赔款2460万元。其中，“扶贫特惠保”保费收入96.72万元，受惠人数4836人，总保额高达4.8亿余元；农险保费收入742万元，母猪、育肥猪疾病赔付支出389万元。缴纳税金398万元，在县内保险公司中连续排名第一。

【新增惠民惠农险种】 新增惠民险种“生猪价格指数”，保费收入259万元（含政府补贴部分），已赔付136万元。“扶贫特惠保”保费收入96.72万元，受惠人数4836人，总保额高达4.8亿余元，已赔付140万元；大病医疗保险保费收入806万元，已赔付785人次，金额510万余元，其中贫困人口126人次，金额71.29万元。

【启动柜面一体化服务】 案件多发期，客户通过人保公众号实现“微理赔”；交通拥堵时，时刻准备空中救援；工作时间不便外出处理案件时，理赔“午、夜市”为客户带来便利。实现快速、便捷理赔。不断提升服务质量，为客户带来更优质的服务。

（谭若涵）

社会事业

民　政

【概况】 2017年,株洲县民政局指标收入总额为12793.57万元。其中,中央、省级资金9940.1万元,县级配套资金2853.47万元。支出总额为10824.2万元。每月及时与各股室对接民政事业统计工作,于3月完成2016年度五项省级财政资金绩效评价。完成“雁过拔毛”式腐败问题专项整治自查自纠,对各镇的救灾、优抚、临时救助及敬老院建设资金的使用情况进行专项检查。积极参加县财政局组织的财务培训、会计讲座和市民政局组织的财务知识和项目管理培训,完成会计人员后续教育。

城乡低保、兜底保障做到应保尽保、应兜尽兜。城镇居民最低生活保障标准从每人每月320元提高到336元,农村居民最低生活保障标准从每人每月112元提高到128元。农村五保供养标准从每人每月300元提高到316元。通过各项社会救助制度纳入的救助对象约2.1万人,其中包括城市低保对象4784人、农村低保对象4226人(含兜底保障)、集中供养五保对象399人、农村分散五保对象2590人、城乡医疗救助756人、孤儿救助201人。共发放城乡低保金3796.8万元,集中供养五保资金260.67万元,分散供养五保资金1017.83万元,孤儿救助资金141.1万元,大病救助资金251万元,临时救助资金328.66万元。启动渌口、朱亭镇敬老院改扩建工程。

完成“民生100”工程。新增养老床位142张,县社会福利中心积极探索公建民营模式,被确定为全国养老机构改革试点单位。地名普查按照上级要求,落实人员和经费,完成第二次全国地名普查省级成果数据提交工作,顺利通过省级验收,被评为优秀等次。做好社区建设省级福彩公益金资助项目和县级补助社区惠民建设项目的申报工作,完成与攸县,醴陵市、芦淞区的界线联检工作。福彩销售1900万元,慈善募捐324.49万元。婚姻收养等社会工作进一步规范,依法办理结婚登记2050对,离婚登记910对,补领结婚证900对,无一差错。按标准发放一、二级残疾人两项补贴,启动发放重度困难的三、四级残疾人两项补助。

开展社会组织登记工作。全县依法登记的社会团体现有131个,办结10个新登记业务,进行3个法人变更业务,10个主动年检,16个注销手续,接受60余次业务咨询。现存民办非企业单位83家,办结7家新登记业务,办理4家单位的法人变更事项,主动来年检的单位已办结52家,接受业务咨询40余次。做好第二批行业协会商会与行政机关脱钩工作。5月至8月底,12个协会实现脱钩。10月市级验收合格。做好社会组织历史数据的整理与上报工作,对社会团体的主要负责人兼职情况进行审核,将历年来登记的200多家社会组织档案信息全部录入系统,并着手新系统的网上办公。孵化基地共有6家社会组织入住,其中1家为壮大组织,其余5家顺利“出壳”完成法人登记事项。办理收养登记4例，接待群众咨询、帮助联系福利院等一系列解释工作30余次。开展农村留守儿童摸底调查，共有留守儿童2383人。20%的村和社区建立了留守儿童之家，其中渌口镇接龙桥社区和龙潭镇花田村分别建有两个留守儿童之家示范点，并设立县级未成年人保护中心。

做好救灾减灾工作。6—7月，8个建制镇不同程度遭受暴雨洪涝灾害，共造成25617人次受灾，紧急转移安置1758人；倒塌房屋260间，严重损坏房屋29间，一般损坏房屋1019间。农作物受灾3478公顷，直接经济损失约1.56亿元。灾害发生后，积极开展抢险救灾工作。共为灾区群众发放大米1800公斤、食用油170桶、鱼肉蔬菜370份、饮用水282桶、牛奶和饼干700份、八宝粥400份、蜡烛2000根。共发放救灾款700万元，救助6660人；发放御寒棉被540床。10月，发放精简下放人员生活救济款16余万元，发放人数244人。发放重度和困难残疾人两补资金，5283人553万元。申报渌口镇向阳社区创建全国综合减灾示范社区、渌口镇接龙桥社区创建湖南省综合减灾示范社区、淦田镇淦田社区和朱亭镇古镇社区创建株洲市综合减灾示范社区，已全部验收合格。广泛宣传“5·12”全国第九个防灾减灾日，制定宣传方案，拉挂横幅，展出板报，发放资料。

落实优抚安置工作。发放各类优抚资金2082.95万元。开展重点优抚对象接访、走访及谈心活动，接待走访100多人次，涉军群体稳定。安置三级以上转业士官10名，开展退伍士兵免费职业教育技能培训工作，投入42万元培训退伍士兵84名。

【殡葬改革】 9月，株洲县人民政府正式成立“株洲县殡仪馆设施项目建设协调指挥部”，确定政府投资公司“株洲渌湘集团发展有限公司”作为项目业主，建设资金由县政府筹集与争取上级资金相结合。已完成规划选址、立项批复、一期林地报批（约17.33公顷）、项目可行性研究论证报告的编制、委托设计等工作。组织镇、村、组相关人员到衡阳殡仪馆实地考察，召开村民听证大会，宣讲政策；组织职能部门、设计单位工作人员到衡阳、武汉等地考察和学习。

【指导村（居）换届选举工作】 成立工作班子，指导村（居）换届选举工作，对全县139个村（居）全覆盖逐村指导，对重点难点村实施一村一策指导，确保村（居）平稳顺利换届。 （凌国强）

移民开发

【概况】 2017年，株洲县移民开发局内设办公室、后扶规划计划股、财务股和库区运行管理站。下辖株洲航电枢纽库区运行管理站。主要职责是负责全县大中型水库移民的后期扶持与开发；移民工作的指导及组织实施，协调，处理库区和移民安置区的移民纠纷，维护库区稳定。县移民局获评湖南省移民信访维稳工作先进单位。

帮助困难移民避险解困。一是严把政

策关，对镇村摸底上来的搬迁对象逐村逐户进行调查，对不符合条件的按政策剔除。二是严格依规依程序办理，对照有关文件的要求，拟定人员在当地村组进行二轮公示，召集村组人员讨论评议，再由镇政府发文确认，关键环节严格执行文件不走样。三是全程参与监督，适时督促试点对象户拆旧房，建新房或购房，对因故不能完成搬迁的对象讲清利害关系，促使其创造条件建房、购房。四是工作推动进展快、效果好。农历新年前，20户55人试点对象中，11户28人的房屋已主体竣工，提前完成省、市对县"民生100"绩效考核指标。

开展移民资金专项检查。结合整治"雁过拔毛"式腐败问题专项行动，6月15日开始，对8个镇的移民资金管理使用情况进行为期半个月的专项检查。通过检查2016年移民后扶资金收支情况，查阅凭证、账簿、会计报表，未发现违纪违法问题，但存在村财会人员报账不及时和移民后扶资金未专项核算情况。督促限期整改，加强与镇财政部门的协调，就移民后扶资金的管理、使用及财务核算作出具体明确规定，确保资金使用的合理性、安全性、效益性。移民后扶资金严格管理，及时以"一卡通"的形式，足额发放四个季度移民直补资金372.66万元。

扶持移民项目。根据移民村报送的项目申报表，分两个组深入各移民镇村查勘现场，分项目把关，确保后扶项目落到实处。报送省移民局年内5批次项目计划，安排资金1292.2万元，移民后扶项目109个（道路硬化42千米，渠道建设21.1千米，山塘整修17座，维修涵闸55座，生产开发帮扶企业15个，培训移民360人次）。年底全部完成。通过项目带动，预计引导社会资金投入5000万元以上。

培训移民。采取"选准对象、瞄准就业"的原则，举办移民培训班3期，其中实用技术培训2期、转移就业培训1期，培训内容为家禽家畜饲养等，培训移民360人，培训金额20万元。

【加强涵闸泵站管理】 完成对库区两岸涵闸和泵站的摸底排查，组织专业维修队伍到库区各泵站和涵闸进行例行的检修和保养，完成昭陵三排水管自关门改造，提升库区度汛能力。为涵闸和泵站管理人员投保20万元/年的人身意外险，提高他们的工作积极性。

【解决重点项目遗留问题】 6月，省移民局召集株洲市移民局、湘潭市移民局、衡阳市移民局及相关县区移民局，会同中南勘察设计院与湖南发展集团在株洲县召开专题会议，协商解决株洲航电枢纽工程历史遗留问题、新增问题以及项目验收的推进方案。长航库岸加固工程和南洲镇乌石垅通库公路的结算工作顺利推进，长航库区护岸工程进入财政结算评审阶段。

（韦　青）

城市建设投资管理

【概况】 2017年4月，株洲县城市建设投资管理中心（株洲县“智慧渌口”信息中心）正式成立，为正科级全额拨款事业单位，有6名在编在岗职工，另有13名合同聘用制网格调度员、热线坐席员。主要负责“智慧渌口”信息平台及网络系统建设、运行、维护和管理；为县委、县政府工作决策提供大数据服务，推进各部门数据资源整合共享；为行政机关、事业单位提供“互联网+”信息平台开发应用服务，协调配合有关部门推进智慧产业发展。负责统筹、指导网格化管理体系运行、数据维护；负责网格化管理公共安全信息处理及日常事件的协调指挥；承担网格员的聘用、管理、培训、考核工作。

“智慧渌口”项目在“十三五”期间拟分三期进行开发。年内主要建设一期项目，包括“两平台三中心五应用”，“两平台”即城市管理信息平台、公共服务信息平台，“三中心”即大数据中心（城市运营中心）、网络融合中心、网络安全中心，“五应用”即网格化服务管理平台、应急联动处置平台、OA协同办公系统、智慧党建平台、“互联网+政务服务”平台。2月，县委常委会研究决定建设“智慧渌口”项目，多次组织项目筹建办赴广东、浙江、福建及省内等地考察学习，结合株洲县实际，初步形成“智慧渌口”项目建设基本设想。经过严格的招投标程序，聘请专业的项目设计服务单位，做好顶层规划设计，按需编制信息化项目和场地装修施工设计文本。10月，在完成项目一期建设招投标后，及时督促中标单位入场进行平台开发和电子政务外网敷设工作，启动信息中心场地装修。项目整体进度较好较快。场地装修方面，渌湘大厦三楼信息中心主体工程基本完成；平台开发方面，“互联网+政务服务”平台完成540项审批事项梳理，网格化服务管理平台、OA协同办公系统、智慧党建平台基本具备上线功能，应急联动处置平台开发基本完成，待机房及视频融合系统建设完成以后，预计2018年上线；政务外网敷设方面，74个县直部门完成光缆敷设70处，开通40处，8个镇已全部开通，139个村（社区）完成光缆敷设75处。

【实行网格化服务管理】 全县按照任务均衡、无缝对接、全面覆盖的标准划分为260个单元网格，分批次采用公开招聘和镇村推荐的方式，配备172名网格员，多次进行业务技能培训和数据采集工作安排，启动镇村网格化服务管理中心示范点建设。数据采集工作完成入户采集100559户，完成率99%，人口采集329875人，完成率96%，企事业单位及个体工商户采集3946户，房屋采集80913栋，房屋拍照72896户，总体完成率98%，数据录入完成率70%；完成南洲镇政府、渌口镇接龙桥社区、淦田镇淦田社区示范点建设。

（张文亮）

城 镇 建 设

住房和城乡规划建设

【概况】 2017年,株洲县住建局紧扣"加速融城,加快发展,打造'三区一中心',推进'四个一体化'"发展思路,依法履职,深入开展环境优化,实施项目攻坚、企业帮扶,各项工作进展顺利。获评株洲市文明建设"文明单位",株洲市五四红旗团支部,株洲市住建系统工作目标管理红旗单位、株洲市建设行业安全生产目标考核红旗单位。株洲县质量安全监督管理站获"省级文明单位"称号,社会治安综合治理、脱贫攻坚、两型社会建设、征地拆迁"百日攻坚"、安全生产、招商引资、信访维稳、政协民主评议等工作获评"先进单位"。

各项指标实现历史新高。建安产值达到86.57亿元,同比增长22.14%;完成建安收入63.82亿元,同比增长28.9%;完成入库税收13252.51万元(首次突破1亿元),同比增长145%。在建项目48个,建筑面积约133.3万平方米,工程造价21.20亿元。完成市政基础设施配套费收入1192.85万元。完成财政预算内项目招标131个,招标控制总价52903.69万元,实现历年新高。完成两个项目PPP模式包装,吸引社会资本近30亿元(农村污水治理、湘江东岸综合治理)。城镇化率45%,新增管输天然气用户391户,城镇污水处理率92%(2017年县级要求达到90.5%),水质综合合格率99%,绿化覆盖率32.87%。

规划管理水平不断提高。建立"业务会把关、初步设计审查、专家会审核、规委会决策"的四审机制,制定三年预算投入3208.85万元的规划编制计划,按照"大方大气、特色特点、品质品味、依法依规、效率效益"实施原则,严控容积率、停车位配比等关键指标,高标准审查通过项目32个。

行政服务能力不断提升。完成审批服务"两集中、两到位"设置,职责范围内的审批服务事项全部完成梳理及流程再造,规范化、标准化工作基本完成。全程参与全县"智慧渌口"及"建设投资项目一门式改革",组织"一会式"联合审查5次,审查项目10余个。进一步缩短审批时效,2017

全年已完成的505项申请事项审批时效较法定时限缩短50%以上。

行政执法力度不断加强。共参加12次拆违行动，拆除违章建筑10114平方米，强拆违法建筑33栋。对28个涉及招投标、违反基本建设程序、扬尘治理不力违法项目的责任主体进行了行政处罚，罚没款金额达到3293375.42万元。

脱贫攻坚取得较好效果。2017年省下达株洲县危房改造任务指标429户，实际完成危改任务1043户，其中完成资金拨付的有711户，1628万元资金全部如实拨付到农户手中。农村危旧土坯房专项整治签订协议12790户、拆除9093户、修缮928户、拨付资金9850万，符合“一户一宅”且有人居住的下达任务数1616户，实际完成1601户。

公共服务设施不断改善。城市主次干道维护效率提高1倍以上，全年累计修复9200余平方米，绿化养护明（暗）检24次、巡查近千次，疏通排水管道16处，有效处置保障了雨雪冰冻天气桥梁、道路通行安全，优质高效完成汛期、冰冻天气道路、桥梁设施维护。新奥燃气完成燃气过江，新增配套管网2.9千米，新建气站1个。瓶装液化气市场秩序及使用安全监管力度不断加大，取缔违法违规经营网点近50个，没收过期钢瓶及违法违规黑网点钢瓶336个。（高泽琦）

供水排水

【概况】 株洲县自来水公司日供水能力4万吨（含调水），累计用水户42283户。完成供水量1403.65万立方米，较上年增长1.39%，完成售水量866.07万立方米，较上年增长9.43%，其中包括工业用水总量210.10万立方米、生活用水总量522.01万立方米、经营性用水总量97.88万立方米。水质合格率97.89%，敷设供水管网6.78千米，完成一户一表建设改造1002户。公司荣获湖南省文明卫生单位、湖南省园林绿化单位、株洲县档案工作优秀单位荣誉称号。

安全保障。完善自动加矾系统，推进排泥机、清水池、沉淀池的改造，安装管式混合器，组织滤池刮沙补沙、设备防腐、土方清理，实现水质全省在线监控，水质全面达标。加大安全生产投入，完成水厂变压器增容改造和配电间安全防护设备设施标准化建设，安全供水保障能力提升；深化部门自查自纠和领导干部带队检查制度，开展“安全生产大排查大管控大整治百日行动”，发现并整改安全隐患70处；完善应急预案体系，成功应对渌江、湘江百年一遇特大洪灾，在水淹泵房的情况下，确保了安全供水，实现安全责任事故为零。

管网建设。紧跟城市建设步伐，延伸供水主干管网，畅通城市供水脉络。投资618.4万元，敷设供水管线6.78千米，相继拉通和谐大道、航空大道等供水“主动脉”，受益人口2.7万余人；供水管网向城乡结合处快速挺进，形成东达松西子社区，西至和谐大道，南通南洲大道延伸段，北抵建南花园的供水网络。

惠民服务。关注民生热点，细化服务

管理,持续推进供水服务品牌建设。投入资金100余万元,改造供水管网1500米,完成南星小区、卫生局等老旧小区户表改造,居民用水更有保障;为低保居民减免用水6.96万立方米、惠及低保家庭1463户;规范供水秩序,稽查处理违章用水564起;组织供水服务进社区15次,拉近服务最后一步,持续提升客户满意度;接听热线来电1800余次,受理业务2900余例,办结率达99%。

【城镇排水】 株洲县污水处理厂服务范围为县城湘江以东主城区,日设计处理量2万吨。完成二级污水处理量435.5万吨,日平均处理污水1.44万吨,COD削减量437.24吨、氨氮削减量32.22吨。完成8台推流器、2台提升泵、2台回流泵和刮泥机等设备的维修与更换,组织对二沉池进行清理清淤,出厂水稳定达到了国家《城镇污水处理厂污染物排放标准》(GB18918-2002)一级B标准要求,一级A标建设项目已全面完工。（万 婷）

供 电

【概况】 2017年,国网株洲县供电公司完成售电量7.32亿千瓦时,同比增长7.33%;电网最大负荷23.251万千瓦,同比上升15.73%。综合供电电压合格率99.585%,用户供电可靠率99.8103%。荣获株洲市园林式单位、供电公司先进基层党组织,获评湖南省安全工作先进集体、品牌建设先进集体、工会工作先进集体,并保持湖南省文明单位荣誉称号。

深入推进“本质安全实践”,坚持以“三会”管控生产秩序,以“三种人”规范作业现场,实现现场安全的可控、在控、能控。利用互联网+建立安全管控平台,实现作业计划全管控、安全稽查全覆盖。公司层面共稽查现场722个,覆盖率100%。坚持开展配电线路集中检修12条,消除缺陷隐患1326处,整改异常台区84个。强化配电间(台区)日常管理,完成548个台区砍青扫障,砍伐树竹12万余棵,悬挂警示牌433处。开展漏保检查1598人次;政企联动发放宣传资料2765份,取缔挂钩用电127处,处置外破隐患4处,杜绝责任性外人触电死亡事件发生,确保安全稳定。截至2017年12月31日,公司实现人身、设备安全运行7094天,创历史最好成绩。荣获湖南省供电公司安全工作先进集体,这是近10年以来获得的最高安全荣誉称号。

坚持问题导向,持续深化规划引领,完成“十三五”城农配网规划报告编制,积极做好项目储备,上报17条10千伏线路(新增改造)、10个县城台区、122个村网改造及3个专项改造项目,通过2018年规划评审1.71个亿元。完成电网建设投资6611万元,新建、改造的项目分别是变压器142台、10千伏线路44.576千米、400伏及以下线路505.807千米。全面完成中共十九大及春运保电等政治任务。落实属地化协调职责,配合开展500千伏星古Ⅱ回线路协调工作。

始终坚持“立足地方、服务渌湘”的宗

旨，配合县委、县政府的提质改造工程实施，积极推进渌水Ⅱ桥、渌枫大道、东城大道杆迁、污水处理厂、南州产业园及南洲大道3号、18号道路电缆改造等工程，为县域经济的持续发展提供有力的电力保障。积极开展“企业帮扶年”活动，主动上门服务客户，获得政府与企业好评。

【整治用电乱象】 重拳出击整治华新水泥厂周边地区4个村1239户延续8年之久的私拉乱接、拒交电费达100多万元的用电乱象。在县政府强力支持下，通过摸清情况、理清思路、整合资源、明确措施、强化执行，收回陈欠电费1208802.02元，供用电秩序逐步规范，台区线损由整治前的46.18%下降到现在的12.17%，圆满完成华新周边地区用电秩序整治活动。

【供电扶贫】 加快光伏扶贫项目接网工程建设，贫困村光伏接入项目6个，装机容量1.87兆伏安，加大上网电量结算力度，积极争取财政补贴拨付兑现。克服物资供应滞后、施工力量不足等影响，加快推进贫困村电网改造工程建设，全面完成12个贫困村的电网改造任务。

（邓乐刚）

城市管理

【概况】 2017年，株洲县城管系统坚持市场化运作、网格化管理、精细化作业、标准化考核，加快转型升级，城市管理水平稳步提升。

严格城管执法。按照定人、定点、定时、定标、定责的“五定”要求，严格执行网格化执法巡查。累计巡查纠章2万余人/天，劝导纠正占道经营、出店经营、占道作业、渣土滴洒、噪声污染、油烟扰民等行为14000余起。针对城管热点难点问题，开启“清扫”模式，集中优势“兵力”实施专项治理。开展占道经营专项整治，将县城主街道的占道修洗车、占道广告制作、占道摆放水果等行为规范入店，指定西瓜销售疏导点12个，清理僵尸车18辆。开展环保专项治理，取缔公共场所露天经营餐饮、烧烤摊点，完成机关单位食堂油烟净化器普及安装。

提升监管能力。规范渣土运输管理，要求施工工地围挡施工、配备清洗池、硬化进出口；要求渣土车辆净车出场、封闭运输、按指定路线行驶。巡查施工工地800余次，依法查处运输车辆“滴、洒、漏”现象60余起。规范广告灯饰管理，开展“牛皮癣”清理工作，清除门店“一店多牌”现象，召开户外广告行业会议，完成路灯维护市场化采购竞谈，清理拆除不规范、陈旧户外广告300余处，办理展销活动许可25起。规范农贸市场管理，建成渌江明珠绿色超市，完成向阳和2个甘塘坡农贸市场的升级改造，开展梅苑和老党校2个马路市场的综合治理。

坚持精细作业，优化服务质量。推进环卫服务向背街小巷及无物业管理小区延伸、向“城中村”延伸、向城郊及周边镇落延伸，环卫作业面积扩大到160余万平方米。优化作业能力，严格落实24小时保洁、主街道1天1轮回清洗、人行道3天1轮回清洗、垃圾即现即扫等制度，累计压缩、转运、无害化处置城乡生活垃圾3万余吨，县城生活垃圾无害化处理率100%，乡镇生活垃圾清扫和处理率达85%以上。优化硬件设施，分批完成各乡镇垃圾收集地坑斗的维修，新购一批垃圾吊运车辆和垃圾收集设施，启动建筑垃圾填埋场项目的地勘、设计等工作。

推动治违控违。通过媒体、电子屏、宣传车等宣传工具，全方位宣传制止和拆除违章建筑的法规政策，真正形成控违拆违的强大声势。按照“以村定责、以责定人、以人定效”的原则，严格推行“谁管理、谁负责”和“即查即拆”制度，大力推动违章建筑清零工作，完成县重点控规区的历史违章建筑摸排工作，逐步拆除历史存量违章建筑105处1.8万平方米。

强化队伍建设。采取集中培训与经常性教育相结合、“走出去”与“请进来”相结合、学与用相结合等灵活多样的教育方式，全年组织法律法规和业务知识讲座21场次、安排业务骨干外出学习交流48人次。严格执行“日督查、周通报、月考核、年考评”制度，切实做到工作有计划、有重点、有目的、有成效，处置城市管理事部件案件10654件，结案率99%。（李志平）

环卫管理

【概况】 2017年，株洲县环境卫生管理处下设办公室、收费队、监察考评股、法制股、生活垃圾压缩站和财务股等6个股室。有正式职工98人（含退休职工42人），合同工23人，市场化公司员工386人。主要负责县城580个垃圾果皮箱和60台环卫车辆的维护保养，日清运处理县城区113个垃圾收集站、点及8个镇94个垃圾收集地坑斗的生活垃圾，收集至中转站压缩后转运华新水泥环境工厂协同窑焚烧处理，年焚烧处理生活垃圾近4万吨。清扫保洁范围包括县城街道（含伏波大道、南洲新区）、广场、农贸市场、绿地、河堤、渌江风光带、铁路、无物业管理小区等；实行实名公厕所长制度，保洁维护县城公厕22座。

生活垃圾压缩站新增车库18个，镇新增地坑式垃圾斗20个，新增8吨摆臂式吊运车1台、路面清洗车1台，新做地坑式垃圾斗40个用于更换旧斗。为了解决道路和建设施工场地扬尘问题，新购专用多功能抑尘雾炮车1台。15座水冲式公厕全部安装水表。

改善空气质量。一是强化道路扬尘治理，两家市场化公司在日常洒水降尘频次的基础上，再在每天上午、下午、夜间增加洒水、冲洗路面各1次。二是禁止垃圾焚烧，成立工作小组，对县城范围内焚烧枝叶、垃圾和其他废弃物的行为进行巡察劝导、处罚。三是抑尘车在早中晚的扬尘、油烟污染高峰值时上街喷水降污。

（莫　莉）

城市拆违

【概况】 2017年，株洲县拆除违法建设执法大队按照“拆控并举、以控为主、以拆促控”的工作方针，开展不间断、全方位、高频度的巡查，严防突击抢建行为的发生，对违法建设做到“第一时间发现、第一时间查处、第一时间拆除”，拆违控违工作取得新的突破。发现并制止违法建设157处，面积28778.1平方米；拆除违法建设121处，面积36514.74平方米；存量违法建设清零129处，面积20792.32平方米；配合项目开展拆违清障行动11次，拆除东城大道、渌枫大道、紫涵湖、惠天然城市公园、二线船闸、园区15平方千米等重点项目、重点区域内抢搭抢建违法建设5000平方米，清除抢栽抢种苗木4.67公顷。

协调成立存量违法建设清零行动领导小组，制定《株洲县存量违法建设“清零”行动实施方案》，对南洲、渌口镇存量违法建设进行全面摸底。统筹部署存量“清零”工作，形成高位推进的良好态势。

健全管控网络，坚持以镇、村（社区）为前沿，县直有关部门指导、巡查、监管三级控违拆违管控网络，形成“全天候、全覆盖、无缝隙”监管的机制。创新巡查制度，投入7万余元购买无人机，着重巡查项目周边、山林等地域，对发现的违法建设及时移交相关中队处置。

优化内部职能，组织中层骨干到株洲市天元区、石峰区和醴陵市治违大队学习交流，借鉴兄弟市县区拆违控违工作方面的成功经验。对内设机构和职能进行调整，增设直属中队加强控违拆违和存量“清零”执法的调度、协调、监督、管理工作，配齐配优中层干部，调整中队人员，加强项目中队队伍力量，使队伍更加精干、责任更加明晰、配合更加默契，工作效率进一步提升。（李　斌）

征地工作

【概况】 2017年，株洲县征地工作协调管理办公室紧紧围绕“加速融城、加快发展”这个中心，规范、高效、精准、阳光推进征地拆迁工作，征拆数量创历史新高，“百日攻坚”完成协议签订608户，拆除房屋809栋，征地393.33公顷，完成项目18个。其中，完成2016年扫尾任务协议签订79户，拆除房屋359栋。被评为株洲市征拆征收和“百日攻坚”先进集体。

创新方法，坚持科学规范的服务管理。一是优化服务模式，实施双向服务。建立住户调查、征地补偿双向服务体系。一方面，对拆迁户进行全面调查，取得详细资料，建立拆迁档案，为责任单位提供优质服务。另一方面，延长作息时间，为责任单位和征拆户提供全天候服务。二是优化工作方式，主动搞好对接。分项目、片区、责任单位建立工作联系制度，切实做到政策宣传、住户调查、业务解释、合同签订、信息反馈五同步。三是规范操作流程，提升工作效能。建立简洁、方便、快捷、高效的办事制度和工作运行模式。所签约人员由征管办集中办理业务，统一口径、统一标准、统一文书格式，一个拆迁户签约配置一名业务和分管领导，从资料审核、补偿计算、问题处置、审核把关、合同签订，实行“一条龙”服务。

以人为本，坚持务实为民的征拆理念。始终坚持以人为本的理念，把征拆对象作为县域经济发展的建设者、发展成果的共享者来看待，既推进征拆工作的开展，又确保拆迁群众的利益不受损害。一是树立民本拆迁的理念。坚持做到征地拆迁“进民户、访民情、交民友、解民难”，以心换心、以理服人，以情动人，做到文明行动、友情操作。二是树立阳光拆迁的理念。全面推行阳光操作，公开征地拆迁法规政策、补偿标准、补偿数额，把拆迁工作置于社会监督之下，使征拆工作“见得阳光、晒得太阳”，消除拆迁户的疑虑。三是树立依法拆迁的理念。注重实事求是，依法运作。特别是在补偿数量、安置面积等方面，均按实物量调查勘测确定数据，核发补偿，以事实为依据；在政策运用、拆迁程序等方面，严格依法依规操作，以法律为准绳，真心维护拆迁户的合法利益。

一把尺子，坚持公正补偿竭力维护群众利益。严把政策制定、补偿标准、资金发放等各个环节，竭力为拆迁群众着想，确保群众利益不受损害。一是合理确定补偿标准让利于民。3月，市政府出台新的征地拆迁操作办法，征管办充分结合县情，把握让利于民的原则，对新老项目进行全面摸底，详细掌握被拆迁户情况，对操作办法进行修改完善。通过新老政策核算对比，寻求最佳标准平衡点，出台的《株洲县实施〈株洲市集体土地征收及房屋拆迁补偿安置办法〉办法》，已经市人民政府审批同意实施。二是全程公开公示取信于民。认真对被拆迁户土地面积、房屋面积、人员情况进行现场调查摸底，登记造册，按照补偿标准统一核算，将补偿结果以户为单位分村进行张贴公示，设立阳光公示栏，让群众全程参与监督。（盛行波）

建设投融资

【概况】 2017年，株洲渌湘投资发展集团有限公司由株洲县渌湘城市建设投资有限公司、株洲县国有资产投资有限公司、株洲县交通建设发展有限公司组成，并于4月11日正式挂牌。注册资本12.8亿元人民币，系国有独资公司。现有员工80人，配备高管人员10名。内设综合管理、党群办、财务管理、投融资管理、土地经营、工程管理、前期规划、社会事务、审计法务9个部门，下辖株洲县渌湘城市棚户区改造开发有限公司、株洲县渌湘房地产开发有限公司等9家子公司。主营项目投融资、土地一级开发、城市基础设施建设、棚户区改造和房地产开发等业务。截至12月31日，公司资产总额为127.66亿元，负债总额56.25亿元，资产负债率44.06%，信用等级为AA。

房地产公司完成渌湘新苑一期、渌湘大厦、渌湘市场相关附属工程建设，二期建设正在进行征拆扫尾。棚改公司完成8个棚户区改造项目，共改造居民用房2535户，完成投资7.85亿元，同比增长115%，向上争取专项补助资金5383.6万元；3月8日，集团与中山汇德资本举行戴斯酒店签约仪式。

为适应集团化管理、高水平运行的需

要，公司对内部制度进行改革、优化、创新。积极引进用友财务信息化管理系统、BIM工程管理系统等现代化管理手段。通过房地产开发、招商引资、与央企合作、加强子公司管理等多种渠道来增强公司的多元化盈利能力，努力打造集城市建设、土地开发、资本运营三大功能于一体的政府平台公司，多次荣获株洲市、县重点工程建设、国有资产经营、招商引资工作、文明建设工作先进单位等称号。

完成土地开发投资14.08亿元，批回用地指标78.29万平方米，同比增长151%，其中项目用地48.72万平方米、储备用地29.57万平方米。完成29个地块土地出让的后续缴费工作，可供出让的储备土地存量为218.43万平方米，同比增长37%。完成征地199.6万平方米，截至12月31日，累计支付征地拆迁款11.47亿元。新建道路1.18千米，续建道路2.5千米。截至12月底，出让市城发集团6个地块，共计23.2万平方米。

全力支持项目建设。11月，启动渌水大桥人行楼梯、桑园北路、规划五路及渌水大桥隔音墙项目施工；积极推进湘江流域（株洲县段）东岸治理、航空大道等项目的前期工作；渌枫大道、东城大道、渌水二桥、株洲县渌口经开区水质净化中心等省、市、县重点项目正在全力有序施工建设中；完成和谐大道项目建设、南洲大道南延段项目主体建设、滨水北路项目建设、渌江风光带二期景观工程项目建设、"两所一中队"项目主体结构建设、县中医院改扩建门诊住院楼建设及污水处理项目主体结构建设，10座危桥改造项目已交工验收。

【成功发行12亿元企业债券】 新增融资授信50.93亿元，同比增长76%；到位资金40.23亿元，同比增长78.4%；。8月15日，公司在中央债券交易所深圳客户服务中心成功发行12亿元企业债券，期限7年，共有18家省内外金融机构和投资人参与认购投标。（吴文博）

房产管理

【概况】 2017年，株洲县房产管理局抓住房产开发"牛鼻子"，房地产市场健康快速发展，房地产呈现销量与价格齐升、开发与解决遗留问题并进、商品房与保障房建设并行发展的良好局面。

共有房地产企业23家，比上年增加2家，新增"四上"企业2家；房地产新建项目8个、续建项目10个，房地产开发投资12亿元，比上年增长8.5%；施工面积51.8万平方米，同比增长21%；销售面积42万平方米，同比增长110%；发放商品房预售许可证43份，预售面积23.33万平方米，同比增长56.5%，销售均价3671元/平方米，同比增长11.2%，协征税收8286万元。

棚户区改造。项目任务2587户，总投资45.4亿元，全部采取货币化安置，至11月底开工率100%。发放补贴700户，资金126万元。

抓项目争资金，积极推进招商引资工作，中央和省、市下拨住房保障专项资金

4954.6 万元，基础设施配套资金 2300 多万元，棚户区政策性融资 13.485 亿元，公积金增值公租房补助资金 543 万元。将历年来留置的保障房配套设施资金 1968 万元下达至项目，其中渌湘西苑 588 万元、大石围 280 万元、乡镇 300 万元、县城 800 万元，用于解决历史遗留问题和完善基础设施。引进实力房地产开发企业：同创合巨房产及株洲顺凯利房产投资 4.7 亿开发的都会中心和顺凯公馆顺利开工。

公平做好分配入住管理。严格按照国家、省、市相关要求，加快推进公租房（含廉租房）建设。计划任务套数 5001 套，实际完成开工套数 4981 套。已分配入住 4470 套，总分配入住率 90%。分配任务数 1372 套，实际分配 1401 套，分配入住率 102%。

规划编制棚户改造。对规划区内的老旧危房进行调查摸底，根据城市总体规划、土地利用规划、项目的实际可行性及可持续发展等方面综合考虑，将符合棚户区改造条件的 19 个项目 7546 户列入 2018—2020 年计划，其中货币安置 5738 户，改扩翻建 1808 户。

【房产档案实现信息化】 加大信息化建设投入。与重庆立鼎公司合作，投入 50 多万元，对 41008 份纸质档案进行电子信息录入，房产档案全部实现电子化管理，进一步提高办证效率和服务水平。

（黄富强）

住房公积金管理

【概况】 2017 年，株洲市住房公积金管理中心株洲县管理部有工作人员 8 人，其中正式编制干部 4 人、劳务派遣人员 4 人。其职责是按照株洲市住房公积金管理中心的授权全面管理株洲县行政区域内住房公积金的各项业务工作。

全县归集住房公积金 14254 万元，提取住房公积金 7002 万元、1773 笔，归集总额 8.76 亿元，归集余额 4.58 亿元。新增缴存人数 581 人，完成民生实事任务 450 人的 129.11%、计划 500 人的 116.2%。发放住房公积金贷款 6624 万元、261 笔，贷款总额 5.25 亿元，3331 笔，购建房支取 2.1 亿元，合计资金 7 亿多元，贷款余额 2.4 亿元，贷款逾期率为零，贷款呆账率为零。实现住房公积金增值收益 300 余万元。支持中低收入家庭购建房，促进县城房地产业的繁荣，贡献房地产税收 2 亿元以上，带动建筑业、建材业等相关的产业 20 亿元以上。有近 5000 家庭通过住房公积金购房建房提取和贷款，解决住房困难或改善居住条件。每年通过办理按年还本业务，可以为贷款户节约利息支出 200 万元。年内为政府拨付廉租房建设补充资金 543 万元，历年累计 3082 万元。

提升效率、优化服务。按照缴存群众的需求，不断拓宽优质服务方式，提高服务质量和效率，完善前台服务大厅设施设备，使办事群众更满意。实施把缴存人当亲人的服务理念，为缴存人提供更加优质、快捷、高效的服务。

【公积金综合业务管理系统建设】 1月，中心上线更加安全便捷的新一代住房公积金综合业务管理系统，新系统严格对标《住房公积金信息化建设导则》和《住房公积金信息系统技术规范》，并于9月在省内率先通过了部、省基础数据“双贯标”工作验收。新系统革新业务运作模式，实现“让信息多跑路，让群众少跑腿”，做到业务流程可查询、规则可配置、流程可随时优化。取消职工办理住房公积金提取业务，提交提取审批表并由职工所在单位盖章的要求，职工携相关资料在服务大厅可即到即办，当场办结；取消职工个人住房公积金账户必须绑定中国建设银行龙卡的要求，职工可自行选择中、农、工、建、交、邮储等银行的储蓄卡绑定个人住房公积金账户。通过与房产、公安、人民银行的信息共享查询机制，直接调取职工户籍、产权、抵押信息，简化职工办事流程。配合业务信息管理系统的开发，全新建立了包含微信、微博、网站、手机APP等8个服务渠道为一体的综合服务平台，于上半年陆续开通运行。依托中心信息交换平台，客户可通过中心门户网站、微信、APP等新渠道实时查询到单位及个人的住房公积金缴交、贷款情况；短信平台则为缴存单位及个人主动推送包括住房公积金缴存、年度结息、业务办理进程、还款提醒等多项信息。综合服务平台的业务预约、信息查询、信息发布和互动交流等服务功能，使群众办事、咨询更加的方便快捷。

（郭谌苹）

交通·邮电

公　路

【概况】 2017年,株洲县公路局负责境内国省干线及农村公路1574.219千米的建设、养护和管理工作，其中省道5条179.490千米,县道47条381.361千米,乡道64条278.128千米，村道415条735.240千米。先后荣获株洲市公路工作目标管理考核红旗单位、干线公路建设目标管理优胜单位、干线公路养护目标管理优秀单位、农村公路建设目标管理三等奖、农村公路养护目标管理三等奖、公路路政目标管理优胜单位、公路安全生产工作红旗单位称号。

开展公路管理体制改革。正式接收由原县农村公路管理站移交的1337.83千米农村公路。先后修订绩效考核、劳动规范、安全管理、小修保养、财务审批、宣传报道、公务用车以及接待就餐等管理制度,公开竞聘选拔二级机构的副职岗位。11月,通过内部考选,从养护中心调整14人进入路政队伍。

加强公路养护。投入5214个保洁工时、2680个清障保通工日和866个机械台班，修补坑槽642平方米，开窗挖补584平方米,摊铺双层表处1136平方米、沥青罩面2563平方米,整修水沟6千米,标准路肩7.5千米,完成打草路段240千米、刷白桥梁28座、刷白行道树90千米、刷白公里碑百米桩90千米，处理桥头深陷8处98平方米，清理桥梁泄水孔和伸缩缝28座;修复波形护栏750米,清洗和刷漆护栏11000米,油面贴缝9800米;干线公路优良率达到92.5%。

抓好工程建设。严格按照精细化项目管理制度抓好工程建设,打造精品优质工程。完成农村公路窄路加宽线路10条23.779千米、断头路改造线路16条31.115千米、改造8座危桥工程,以及105千米生命安全防护工程。

强化路政管理。坚持依法治路,依法依规开展超限运输执法和路域环境治理,外勤人员每月上路巡查不得少于22个工作日。开展各类专项整治行动10余次,出动巡查执法车540余辆次、执法人员2498班次。查处超限车辆376台,收取罚(没)款131.45万元,卸(驳)载货物3022.55吨,结案率 100%，站点超限率为 0.03%，2 名暴力抗法人员被依法行政拘留。查处路政案件 22 起，挽回经济损失 6.8 万元，路政大队代表株洲市参加全省公路路政知识竞赛决赛，获得第一名。

实现安全保通。做好“春运”、全国“两会”、中共十九大重要节点等安全生产工作。处理重大安全隐患 5 处、较大安全隐患 11 处、一般隐患 30 余处。6 月 22 日至 7 月 6 日，株洲县遭遇特大降雨，引发洪涝，路政执法人员取消休假，组建党员突击队、路政先锋队抗洪抢险，确保主汛期公路畅通，先后共出动抢险人员 600 余人次、抢险车辆120 余台次，处置因暴雨产生的公路安全隐患 35 处，修复泥石污染、树体倾倒、边坡塌方等阻车灾害点 20 余处。先后参加了渌田镇铜锣子筑堤、古岳峰镇内湖抢险、县城沿江风光带清淤等行动。

【实施道路建设技术援助】 选派优秀技术员前往西藏扎囊县交通局进行短期专业技术援助。10—12 月，开展“扶贫攻坚一百天，群众满意一百分”扶贫工作“双百行动”，在做好与古岳峰镇家和村结对帮扶的同时，主动与渌田、朱亭、龙门、龙潭等镇十余个贫困村对接，利用行业优势解决群众出行难、出行危的问题，助力扶贫年终验收。 （刘　玉）

交通运输

【概况】 2017 年，株洲县交通运输局内设办公室、人事教育股、财务股、农路股、安全监督股、法规股、交基股七个股室，有在职干部职工 60 人。下辖正科级财政全额拨款事业单位县公路局和副科级财政全额拨款事业单位县道路运输管理所。荣获株洲市交通运输发展目标管理考核先进单位、农村公路建设目标管理考核三等奖等称号。

境内公路总里程达 1810 千米，路网密度 1.76 千米/平方千米，逐步形成了以国省干道为主轴、县乡道路为骨架、通村公路为网络的交通路网体系，其中四级公路占 80%以上。初步形成干支相连的交通网络。京珠高速、S207（原 S211）贯通南北，芷渌公路、S333、网朱公路连接东西，伏波大道连接株洲市区，县城距株洲市区 8 千米；距黄花国际机场 50 千米，仅 1 小时车程；京广铁路贯穿南北两端里程 50 千米，武广高铁 15.05 千米，京珠高速境内全长 24 千米，设有朱亭、王十万 2 个互通口。水路总里程 77.8 千米，湘江县境流程 65 千米，渌水县境流程 12.8 千米；各类码头 41 处，两千吨级航道株洲水上服务区设在县境内，千吨级船舶可通江达海。

重点项目建设方面，株洲航电枢纽二线船闸是株洲县唯一的国家级重点工程项目，总投资 13 亿元，于 2015 年 11 月开工，截至 2017 年 12 月完成投资 12 亿元，按照工程进度将于 2018 年 9 月完工。渌水二桥总投资 2.5 亿元，已累计完成投资 1.3 亿元，预计将于 2018 年底完工。东城大道已完成征地 61.33 公顷，房屋征拆 62 栋，累计完成投资 4.3 亿元。配合省交通厅高管局做好醴娄高速项目前期工作，正开展线路走向设计，已完成工可编制，并报交通部进行行业审批。渌口港区正在开展前期工作，已完成项目选址、工程可研报告编制，总投资 3.5 亿元。长株攸公路（S209 株洲樟桥至攸县渌田公路）县境约 14 千米，由株洲市交通局负责项目前期工作，已完成地质、压矿等工作，总投资约 6.5 亿元。

农村公路建设方面。完成通畅工程 100 千米、窄改宽公路里程 66 千米、断头路改造 31 千米、公路安保设施 106 千米、危桥改造 8 座、标准化渡口码头改造 10 座，新建农村客运招呼站 30 个。

运输管理方面。开展打非治违、安全生产大排查大整治专项行动，道路运输行政执法到位，工作进入常态。水上客渡船公司化运营进入实施阶段，客渡船节假日、赶集日义渡制度、渡口签单发行制度全面推行，交通运输安全生产形势平稳可控，社会治安综合治理维稳工作继续实现"五无"目标。（阳名强）

交通建设质量安全监督

【概况】 2017 年，株洲县有农村公路建设里程 100 余千米（包括升级改造项目）、危桥改造 19 座，以及生命防护工程等。为提升农村公路质量与安全，县交通建设质量安全监督局加强农村公路、农村公路小型桥梁新建、改建、改造工程的质量安全监督管理，先后开展质量安全检查 20 次，采取巡查、抽查、重点检查等方式，对所有项目进行质量安全监督管理，重点加强对危桥改造项目的质理安全监管，对存在质量和安全隐患的工程项目下达质量整改通知书和停（返）工令，责令施工单位停工整改。（邓绍明）

地方海事

【概况】 2017 年，株洲县地方海事处负责管辖渌江航道 12.8 千米，省管湘江航道 60 千米，渡口码头 35 处，持证船员 62 名，在册船舶 50 余艘。

加强水运安全监管，保持辖区水上交通安全"零"事故、"零"伤亡记录。先后开展安全执法检查 98 次，出动执法人员 398 人次，检查各类船舶 550 余艘次，排查各类安全隐患 40 余起次，下达整改通知书 40 余份，整改复查合格率 100%。

开展"高考""中考"护航、端午龙舟赛、湘江二线船闸工程开工等专项维护行动；配合县人民政府开展湘、渌江砂石、水上交通安全、"打非治违"和安全生产月等整治行动。重点对渌口菜码头人渡、白沙洲汽渡、朱亭和淦田渡口水进行重点安全监管，对逢场赶集日、节假日进行现场维护；对各镇渡船渡口、重点水域船舶停泊、装卸秩序加强安全管理。（黄　明）

邮　政

【概况】 2017 年，株洲县邮政分公司有从业人员 133 人，其中正式工 80 人、劳务工 53 人。内设综合部、市场营销部、代理金融（保险）部、文化传媒部、渠道平台部、快递包裹部。下辖车站储蓄所、津口路储蓄所、渌田支局、白关支局、朱亭支局、雷打石支局、伞铺支局、古岳峰支局、姚家坝支局、张公岭支局、黄龙桥支局、王十万支局、中心营业所、三门邮政所。

邮政收入完成3990.59万元，完成市公司计划任务的98.5%，增幅16.6%。其中：金融类3236.49万元，增幅14.2%，占比81.1%；邮务类435.76万元，增幅16.9%，占比10.9%；速递物流类318.34万元，增幅36.2%，占比8.0%。

年末邮储余额达22.17亿元，净增3.03亿元，完成进度的79.76%，年增幅15.84%。余额规模市场占有率19.75%，位居全市第一。火车站储蓄所、津口路储蓄所余额净增额排名进入全市前十，张公岭支局增幅进入全市前十。保险新增11032万元，完成进度80.52%，较上年同期多增3832万元，增幅53.22%。

快包收入完成248.52万元，完成计划任务的82.8%，同比增幅36.1%。通过“双十一”“双十二”快递包裹旺季发展契机，加大揽投人员、车辆的投入，专业团队合计揽收快递包裹210万件，收寄快递包裹55万件，新增有效协议客户34户，实现量收并进。

新建综合便民服务点52个，累计建点307个，活跃度92.5%。通过便民服务点的建设，代收费规模开始凸显，代收费规模达7385万元，完成年计划的123.08%，同比增幅32.02%。邮乐购实体店新增262个，批销专门店新增252个，批销完成439.5万元，完成省定年计划进度的89.33%，位居全市第一位。

（易蔚蔚）

电　信

【概况】 2017年，中国电信股份有限公司株洲县分公司不断加强信息技术基础设施建设，贯彻落实提速降费、信息惠民、普遍服务的国家战略，业务收入、利润均超产完成。荣获“湖南公司先进基层党组织”“湖南公司抗洪抢险共产党员突击队”“湖南公司美丽庭院”“株洲公司业绩考核先进单位”称号。

基础设施建设。投资476.27万元加强有线网络建设，新增FTTH端口0.8万个，其中农村新增0.7万个，FTTH端口期末数到达6.5万多个，光网村到达数172个（包含原属株洲县地区的雷打石、白关、三门3个镇），行政村光网改造覆盖率97.18%，围绕大流量、大视频、大数据三大战略，以及NB-IOT业务拓展提供能力保障，重点解决网络能力盲点和用户需求热点问题，为客户提供可靠、高速、灵活的接入。对城域网出口、IDC出口进行适度超前扩容，截止年底，出口带宽达到60G，峰值带宽利用率为35.6%。新增MSE接入服务器，由过去端对端GE级别汇聚，提速到10GE汇聚，控制单PON口下用户数，满负荷情况下户均带宽达到300M以上。投资无线网络建设1050万元，新建4G基站35个，4G基站达到数192个，确保农村光网到达区域实现无缝覆盖，加深、加厚城区无线覆盖，重点对“五高一地”区域进行无线建维优工作,解决“五高一地”区域客户感知,为VOLTE商用提供强有力的网络保障。

（唐旌望）

移动通信

【概况】 2017年,中国移动通信集团湖南有限公司株洲县分公司深入推动市场业务发展，加快万物互联时代信息化布局，改善客户服务质量，移动通话客户达13万户,实现有效计费收入8700万元。

持续开展渠道业务发展竞赛,灵活调整资费政策,稳步提升用户规模,期末客户份额达70%。探索流量经营新模式,破冰政企行业单位，持续增强经营创收能力。聚焦营销资源，定向迁转2/3G客户，强化4G套餐推广,4G客户渗透率达58.77%,同比提升8.88%。搭建直销模式，拓展营销触点，加强宽带业务精细营销，净增宽带客户6700户。

规范营销行为,做好营销推广、套餐适配、开展“我满意,我推荐”和“心服务、新体验”等服务主题互动活动,确保客户感知和业务可持续发展。重点提升“流量业务”与“家庭宽带”两类业务的服务支撑能力,做好流量使用和套餐升挡的关怀提醒，面向用户普及宽带自助排障知识,完善网格化快速维护机制,提升重点业务客户满意度。关注客户投诉问题的一次解决和升级投诉预防，及时响应客户合理诉求,准确把握客户期望值,强调业务规定标准化解释,及时为客户排忧解难,客户满意度领先值为8.14,整体NPS领先值为38.94,网络感知满意度领先值为9.22。

完善4G网络覆盖的深度与广度,促进2G用户向4G网络迁移,建成4G基站568个,城区4G网络覆盖率100%。对贫困村弱覆盖区域进行摸排,制定解决方案和执行计划，完成12个贫困村新建移动通信网络。4G网络行政村覆盖率100%,行政贫困村覆盖率100%。实现县城和乡镇的连续覆盖和农村热点区域的有效覆盖。自2014年以来,全面推进“光纤到户”建设,积极开展老旧小区光纤改造,落实光纤到户国家标准,打造“全光网城市”,依托高品质网络推出家庭百兆宽带为统领的极光宽带,让客户体验到更宽、更快、更精彩的互联网+服务,建成“光纤到户”小区232个,实现家庭宽带覆盖用户5余万户,均具备接人100M带宽的能力,已有宽带用户1万多户。

【城市信息化建设】 10月,“智慧渌口”信息化建设项目正式启动。依托移动强大的集客业务建设支撑能力,短短三个月的时间完成70个县直部门和75个乡镇、行政村(社区)光缆建设工作,其中40个县直单位和8个镇正式投入使用,为“智慧渌口”应用系统搭建了基础框架。

（熊　辉）

国土·环保

国土资源管理

【概况】 2017年，株洲县完成22个项目预审工作,上报37个建设用地项目,总面积300.1441公顷；批回20个，总面积218.116公顷；批回储备土地4宗，面积36.7公顷。完成城乡建设用地增减挂钩项目392处，总面积85.27公顷。征收土地351.2公顷。挂牌出让土地25宗，面积73.38公顷，成交土地价款16.13亿元;划拨供应土地18宗,面积20.74公顷。完成各项国土收入18.16亿元。县国土资源局获评“湖南省文明建设标兵单位”“湖南省节约集约用地先进单位”，株洲县被授予“湖南省节约集约模范县”荣誉称号。

先后开展国土资源动态巡查819次，发现并有效制止各类违法行为61起,现场制止61起，其中包括立案查处各类土地、矿产违法案件21起,结案21宗。开展安全生产执法监督检查49次，打击取缔违规开采9处，完成安全隐患整改治理4处。拆违8处,面积3215平方米。接待处理群众信访34件，代表县人民政府行政诉讼和行政复议14件，处理热线反映的问题31件。

受理各类不动产登记业务4955件，办结4637件，颁发不动产权证书2229本，不动产证明4315本。大力推进国土“一张图”建设,积极搭建“数字株洲县”地理信息公共服务平台。原平山乡“房地一体”试点工作基本完成,县农村集体土地所有权确权登记发证工作顺利通过省级验收。对20家持合法采矿许可证矿山企业进一步加强矿政管理,未发生超深越界等非法生产现象和安全事故。汛期出动人员150余人次，巡查地质灾害点210处，重点监测点12处，新发现地质灾害隐患点7处,发送地质灾害预警短信90000多条,提交应急处置建议10份。

完善保护标志牌19座,新增界桩260块,全面划定永久基本农田。完成2016年度淦田镇瑶泉村历史遗留和自然灾害损毁土地复垦工作，恢复耕地面积2.33公顷。古岳峰镇横塘村洪宜水田提质改造试点成功,投资110万元,面积10.67公顷，培肥566.86吨,耕地等级由八级提升为四级。争取资金2456.59万元,完成2016年度4个省级、6个市级农村土地综合整治项目,总建设规模1206.66公顷。坚持项目向贫困地区倾斜的政策导向,继2015、2016年投入800万元完成政花、长远、生田、兴台、花冲等村的农村土地整治项目建设后,2017年投入900万元,完成庙湾等贫困村的农村土地整治项目,确保贫困村农村土地整治项目全覆盖。

耕地占补平衡项目新增水田49.87公顷。对2012—2014年耕地占补平衡项目进行完善,新增耕地540公顷,出让33.73公顷,为县财政创收8600.98万元。危旧土坯房改造与城乡建设用地增减挂钩相结合,推进危旧土坯房集中整治,完成危旧土坯房调查及测量13844户,面积132.8公顷,可纳入城乡建设用地增减挂钩拆旧区的农村居民点用地47.8公顷,其中新增耕地33.93公顷、其他农用地13.87公顷。

【颁发不动产林权首证】 9月30日,株洲县颁发不动产林权首证,标志着株洲县在继土地、房屋不动产统一确权登记后,林权类不动产统一确权登记正式拉开序幕。随着不动产统一确权登记向自然资源延伸,不动产登记中心将以不动产登记为基础,构建自然资源统一确权登记制度体系,对水流、森林、山岭、草原、荒地、滩涂以及矿产资源等所有自然资源统一进行确权登记。（陈博宇）

环境保护

【概况】 2017年内,株洲县环境保护局积极配合中央环保督察,对8批17件交办件全部做到"四个不放过",即不查清不放过、不处理不放过、不整改不放过、不落实不放过,坚决按要求整改到位。在教育系统"三考"期间,会同县教育局等部门组织特护期专项行动,公布环保热线,组织环境执法人员开展夜间巡逻,在考场周围值守,给学生营造安静的学习和考试环境。

加强环境管理。审批建设项目46个,环保"三同时"执行率100%。以排污许可证的管理和发放为切入点,规范企业的排污管理,完成减排项目5个。重点企业的排污持证率和年审率均为100%。

整治农村环境。以"沉淀池+厌氧发酵+沉淀池+人工湿地"的模式,修建龙凤村、太田村、花冲村、龙门镇4个集中式污水处理站,总造价约110万元。为288户贫困户、1320户非贫困户进行污水处理。

提高环境质量。4个经省环保厅认可的水质环境监测点位及时进行水质环境监测,上报数据达标率达到90%以上,饮用水源地水质达标率100%,无城市黑臭水体。湘江水资源治理取得初步成效,从源头上减少对水质的污染。

严格环保执法。对涉及未批先建、未经环保验收投入生产的各类环境违法行为进行重点清查,共下达责令改正环境违法行为决定书41份,立案18起,移送公安行政拘留1起,预处罚款150万元。会同公安、城管、畜牧等部门开展长江经济带化工企业、页岩砖企业废气污染、县城餐饮油烟等17个专项整治和专项行动。共接受群众来信来访225件,调处率和回复率均为 100%。

抓好环保宣传。围绕环境日主题“绿水青山就是金山银山”，县环保局联合县城管局、住建局、畜牧局、两型办、创建办等部门举办“弘扬生态文明，构建美好渌湘”大型文艺演出活动，发放各类宣传资料 4000 余份，接受咨询 300 余人次，宣传环保方面的法律法规。

重视环境监测。完成县城年度大气环境质量监测，按时按质对县境 3 个地表水、1 个饮用水源地进行采样和分析，饮用水达标率 100%；对空气质量每周在政府门户网上公布，截至 11 月 30 日，县城空气质量优良天数为 267 天，优良天数比例为 79.9%，与上年度同期相比增加 2.4%。不断强化企业监督性监测，对华新水泥（株洲）有限公司、县污水处理厂两个重点企业按时开展监督监测，获得监测数据 96 个；出具 42 份纠纷监测报告单及 72 份监督性监测报告单，通过日常的监测，建立企业污染源档案，为环境执法和环保决策提供科学依据。

【完成生态保护红线划定任务】 县政府组织渌口经济开发区、发改局、环保局、交通局、各镇多次召开专题会议，结合县域总体规划和区域发展布局，以及撤县设区的发展要求，对省技术组提出的红线划定方案进行详细核实，提出切实可行的修改方案，报省环保厅审查，获得全部采纳，圆满完成生态保护红线划定工作。

（胡小燕）

教　育

综　述

【概况】 2017年，株洲县共有中小学校70所，其中普通高中2所、职业高中2所、完全中学2所、初中5所、九年一贯制学校14所、小学23所、教学点22个。在校学生26214人，其中小学13722人、初中5539人、普高5171人、职高1782人。登记注册幼儿园67所，在园幼儿7233人。在编教职工2287人，离、退休教职工1617人。

顺利通过“湖南省现代教育技术实验县”评估认定，荣获株洲市县级教育工作先进单位和高考质量突出贡献县。

改善办学条件。县财政预算内安排教育资金4.41亿元，财政一般预算支出26亿元，预算内教育经费支出占财政一般预算支出的比例同比增长1.87%。投入6313万元，完成学校建设项目74个，其中：投入493万元完成龙船镇、龙门镇、龙潭镇、县机关幼儿园以及民办幼儿园建设任务，实现公办幼儿园乡镇全覆盖；投入1200万元推进城市扩容增加学位工程，缓解城区学位紧张问题；投入60万元改善渌口镇湖塘小学特殊教育办学条件；投入2785万元继续推进农村义务教育薄弱学校改造工程，完善农村学校的办学条件和乡镇教职工的生活环境；投入713万元，对淦田镇梓湖小学、古岳峰镇古岳峰中学、龙船镇堂市中学实施教师周转房建设，解决农村中小学教师住房困难；投入644万元改善普通高中办学条件；投入418万元实施职业学校“三年攻坚”工程，发挥公办职业学校的办学效益和引领示范作用。

加强教师队伍建设。年内新招录选调教师103名，90%以上分配到农村偏远学校，申报20个初中起点公费定向培养师范生指标。1名教师获市级“五一劳动奖章”，2名教师荣获株洲市“最美乡村教师”荣誉称号，1名教师荣获株洲市“最美乡村教师”提名奖荣誉称号。推选20名候选人参加株洲市第七届学科带头人评选并获通过。完成春、秋两批次教师资格认定工作，共认定教师资格38人。组织第一、二批中小学教师信息技术应用能力提升工程网络研修培训，培训教师1547人；成功申报湖南省“国培计划”项目县，送培教师参加国家、省、市、县四级培训共计2400

人次，教师综合素质进一步提升、业务能力进一步增强。

提高教育教学质量。高考考生二本及以上一次性上线率达38.75%，较上年提升5.13%；二本以上录取率达44.88%，较上年提升7.19%。学考一次性合格率91.12%，较上年提升6.19%。大力推进德育综合改革行动计划，完成心理健康辅导总站和10个标准心理咨询室建设，学校专兼职心理咨询教师配备率达80%以上。认真开展书香校园活动，中小学生积极参加“阳光校园·我们是好伙伴” 主题教育读书系列活动，县教育局被国家教育部关工委授予优秀组织单位。以推广“知了书屋”图书室建设项目为契机，着力打造乡村小规模学校阅读教育特色，乡村小规模学校提质攻坚项目举措和成果获得《中国教育报》《湖南教育》等国家、省级媒体宣传推介， 食堂管理经验被《今日女报》、红网等多家媒体广泛宣传。启动县五中与渌口镇中学的集团化办学试点，合理安排义务教育起始年级学生学位，没有新增大班额。

推进教育科研。充分用好“小学校长专业委员会”和“初中青蓝工作室”平台开展教研活动，强化县级研训作为、推进校本教研开展。针对近三年新聘的221名教师，设立16个青蓝工作室，聘请46名指导老师点对点开展专业指导与服务，组织开展新教师达标课、高中教师竞赛课。积极组织参与省、市竞赛活动，获得省级一等奖2人，市级一、二等奖24人；收集教研论文417篇，4篇获国家级奖励，45篇获省级奖励，221篇获市级奖励。积极推进校本课程开发，南阳桥中学《六礼三仪》《践行红色文化——将军精神代代传》获省二等奖和三等奖，渌口镇中学《经典诵读》获省三等奖。

创新体艺工作。积极推动学校大课间体育活动，认真落实《株洲县中小学校推广“校园足球”实施方案》，举办初中、高中足球联赛，淦田镇梓湖小学成功申报全国足球特色学校，认真组织参加株洲市“至美”杯中小幼美术、书法（篆刻）、摄影比赛，县教育局荣获优秀组织单位。组队参加市“三好”运动会，获得小学男子、女子组团体总分第一名。办好中小幼艺术展系列活动和全县中小幼文艺汇演。充分利用乡村学校少年宫资源， 开展学生社团活动，丰富学生生活，提升学生综合素养。大力推进校园文化建设，渌口镇中学、育红小学获得株洲市第五届中小学生汉字听写大赛冠军。在湖南省“文明风采”竞赛中，县职业中专2名学生荣获一等奖。

深化职业教育。顺利完成职业教育攻坚项目验收工作。在湖南省“文明风采”竞赛和全国职业院校“华唐杯”客户信息服务技能大赛中，县职业中专学生2人获得一等奖，1人获得二等奖，2人获得三等奖。株洲海事职业学校以培养国际海员为特色。民办教育健康发展，湘渌实验学校坚持课改兴校；湘骏文武学校武术特色彰显，在湖南省第五届武术大赛和株洲市第十三届运动会中，获得金牌、银牌、铜牌136枚；潇湘实验学校投入4700余万元提升办学条件。

强化安全管理。积极推进依法治教和

依法治校，建立健全现代学校制度，基本实现“一校一章程”，获得株洲市“六五”普法依法治理先进单位。认真落实教育教学管理岗位安全职责，不断完善“三防”建设，积极创建平安校园，持续加强安全教育、安全管理与安全督查，未发生一起较大以上校园安全责任事故。处理群众来电、来信、来访120余件次。完成中央和省级教育专项资金内部综合审计调查；对中小学及公办幼儿园的食堂财务人员进行业务和财经纪律教育培训。

整治教育违规收费行为。开展“廉洁文化进校园”教育活动。抓好惩防体系建设，集中开展“违规征订教辅资料”“家教家养”“违规收费”等群众关注的热点问题进行集中清理整治，“三乱”现象得到有效遏制。

【教育资助全覆盖】 “金秋助学·资助贫困大一新生”活动共筹集善款66.78万元，资助106名寒门大学生。资助学生1.145万人次，发放助学资金1058万元，县教育局获评湖南省百佳学生资助工作单位。建立“一生一档”教育扶贫档案。教育工会筹集帮困资金11万元，慰问困难教职工104户；21名教师获得“励耕计划”“润雨计划”救助；16名患癌教师享受职工互助医疗补助。

【获省“全面改薄”绩效考核奖励资金100万元】 2月3日，株洲县荣获湖南省“全面改薄”绩效考核奖励资金100万元（“全面改薄”即全面改善贫困地区义务教育薄弱学校基本办学条件，实施年度为2014-2018年）。全县规划总投资11175.92万元，覆盖小学23所、教学点22个、初中18所（其中含九年一贯制学校13所）、农村义务教育中小学校共计63所。从2014年至今，已对63所学校办学条件的薄弱环节均进行大幅度的改善，办学条件得到明显提升。“全面改薄”累计投入资金7472.32万元，占五年规划总投资的67%。其中，校园校舍建设累计投入资金6180.14万元，设施设备购置累计投入资金1292.18万元。学校办学条件各项指标均排在株洲市各县市区前列。

【建成16所乡村少年宫】 近年来，株洲县把乡村学校少年宫建设作为关爱未成年人思想道德建设的重要载体之一，通过中央和省专项彩票公益金资助、县财政自筹等方式全面推进乡村学校少年宫建设。已建设16所乡村少年宫，实现镇村学校少年宫全覆盖，着力打造“一宫一品”的特色少年宫，惠及1.5万余名学生。如龙潭小学结合当地地理和物产特色，自制竹竿，自编简易竹竿舞；淦田镇中学开设的剪纸和拉丁舞；龙潭镇砖桥中学开设的空竹、舞龙；南洲镇和平中学开设的泥塑、滑板等活动，各具特色，活力四射。

中小学校乡村少年宫推行民间游艺进校园，继承中华民族优秀传统文化。大力开展文体娱乐、技能培训、经典诵读活动，逐步迈向具有自身特色的建设模式，坚持把乡村学校少年宫建设与县域文化特色相结合起来，提升学校发展内涵，促进学生快乐健康成长。

【启动“阳光雨露”行动——素质拓展夏令营】 7月16日，株洲市乡村小规模学校提质工程“阳光雨露”行动——素质拓展夏令营在南洲镇清水塘小学举行。开营仪式上，株洲市黑蚂蚁足球俱乐部向该校捐赠衣服130套、球鞋130双、足球100个。活动时间为7月16—20日，南洲镇100百名学生参与各类活动。内容包括合唱一首歌曲，表演一段英文舞台剧，学习足球基本知识，急救知识、感恩活动、心理体验游戏、职业规划、安全辅导、感恩教育等。

【开展金牌教师表彰评选活动】 株洲县首届“金牌教师”评选活动于3月正式启动，经过个人申报、学校初选、材料审核、理论考试、微课面试、综合考评、网络投票、公示等环节进行综合评价，历时6个月。9月8日，在株洲县庆祝第33个教师节暨尊师重教大会上，18名优秀教师分别获得“金牌教师”和“金牌教师提名奖”。

（晏　丹）

学　校

株洲县第五中学

【概况】 株洲县第五中学创建于1968年，学校占地面积14.53公顷，1995年被省教委授予首批“湖南省重点中学”匾牌，2004年被认定为“湖南省示范性普通高级中学”。

2017年，学校有高中教学班36个，在校学生1613名，在编在职教职工218名，其中包括特级教师2人、正高级教师2人、高级教师73人、硕士研究生20人、株洲市学科带头人13人、县级骨干教师36人。

学校本着办人民满意的教育宗旨，全面实施素质教育，坚定不移地推行高效课堂改革和自主管理，不断优化各项工作，提高工作质量，提高课堂和管理效益。高考参考人数499人，其中包括：重本上线87人（不含音、美、传媒），其中600分以上9人；二本以上312人，高考二本以上录取率达71.8%。荣获株洲市2017年高中教育质量建设突出贡献单位称号。

学校始终强调质量意识，大力推进教研教改，努力提高教学质量和教师教学水平。教学中将教学重心下移，做到“教师主导”“学生主体”，真正回归“育人为本”。

推广“1+1”框架下“共享课堂”教学模式。继续推进学案引领下的“1+1”课程模式，即“1节自习课+1节互动课”，全面推广“共享错误教学法”，在课堂教学中，鼓励学生暴露问题，展示错误，纠正错误，总结错误。

“四课”并驾齐驱促课改。即每年安排示范课、竞赛课、教研课、汇报课，各教研组组织两堂以上的示范课、教研课，上半年组织非文化科目教学竞赛，下半年组织文化科目教学竞赛，组织一次新进教师或青年教师汇报课。

强化名师效应，推进名师工程。继第二届名师工作室后，“阳志长名师工作室”成为湖南省第三届网络名师工作室，学校强化名师效应，推进名师工程，成立株洲市特级教师工作站，培养了一批株洲市学科带头人。在推动自身学科建设的同时，积极发挥省示范性中学的辐射引领作用，带动了县一中、三中、渌口镇中学等学校的教研教改。

强化课程管理，致力基地建设。学校致力于株洲市高中数学课程基地建设。每期开设20余门校本课程，形成学校特色。以数学为龙头，开发了《个性辅导》《数学文化》《辅导思想》三个系列的数学校本教材，探索国家课程校本化的途径；建有株洲市首个“数学实验室”，积极探索数学实验进课堂的新途径。

学校教师论文屡屡获奖，其中国家级20篇、省一等奖8篇，市一等奖7篇。学生参加国家级竞赛获奖6人次，省级获奖104人次，市级获奖31人次。

学校以教育实践活动为载体，多手段、多平台地将学生教育贯穿于德育活动中，开展系列主题班会活动，编写《主题班会课程案例汇编》；开展系列生命安全教育、感恩教育、绿色行动、心理健康教育、阳光体育活动，丰富师生的校园生活。

（王　玮）

株洲县职业中等专业学校

【概况】 2017年，株洲县职业中等专业学校有教职工155人，其中专任教师137人，包含双师型教师69人、高级专业技术职务34人。教学设备齐全，校内有高星级酒店实训场所、汽修实训基地、数控实训基地、服装实训基地、创客孵化基地。在校学生1300多人。中等职业教育开设有汽车运用与维修、数控技术应用、客户信息服务、高星级饭店运营与管理、计算机应用、老年人服务与管理等专业。电大学历教育开设有工商管理、行政管理、法学、土木等40多个专业大专和本科学历课程。

教育教学管理。顺利通过株洲市职业教育重点建设“农村智能职校”验收和“市级绿色校园”复核验收。采用“走出去”“请进来”培训方式，安排20多位老师参加省市各类培训，组织班主任参加湖南省中职德育年会论文评选活动，教师徐欢腾被评为“湖南省百优资助工作典型”，龙佳被评为“市级优秀教师”。学生市级语、数文化抽考取得第一、三的好成绩。

实习安置向行业及国内顶级企业靠拢，考察株洲长城计算机公司及湘潭高新区计算机专业实习基地，组织学生参加长沙博世、长沙众泰、长沙明城国际大酒店、湖南航星档通、湖南新旗舰文化传播等企业招聘会，做好实习就业学生的跟踪服务，全面开展寻生寻优行动。学生对口就业率95%以上，就业安置率100%。

推行全封闭管理，改建南校门，新设置智慧校园出入卡，加强对进出人员的检查及校园周边环境的整治，实行日日检查；加强防火、防寒安全教育和紧急疏散演习；制定各项安全预案，确保学校的安全和稳定；定期召开学生家长会，增强家校间沟通。开展“学习宪法知识，争做最美守法少年”活动；启用品学兼优的学生当班、团干部，开展“校园十佳学生”评选活动，培养优秀志愿者队伍，发展新团员，开展团学会联欢活动，加强团学会的沟通能力与凝聚力。

开展大课间阳光体育运动，组织校足球队参加株洲县2017年高中生足球联赛。开展“向国旗敬礼”“中国梦”等爱国主义教育主题活动。成立梦想电影社、舞蹈社、音乐社、足球社、非遗剪纸文化等社团，促进学生健康发展。非遗文化“佳心剪纸”社团在株洲职教界颇有影响，梦想电影协会获“2017年株洲市终身学习”品牌。打造“三能节”校园文化，开展第八届“三能节”竞赛与展示活动，组织学生参加田径赛、手抄报、诗文朗读、计算机速录、辩论、摄影、剪纸等竞赛与展示活动，彰显中职学子职业素质能力。

制定《技能竞赛备战方案》，各教研组成立训练队，聘请技术专家，积极组织学生专业技能训练。12月组织25名学生参加株洲市职业院校学生技能竞赛加工制造、信息技术、旅游服务、交通运输等9个项目的竞赛，吉泽旺、朱继翔获得机械零件测绘与CAD成图技术项目一等奖，马庆获得酒店服务项目二等奖，10名学生获得三等奖。

设置创业创新课程，传授学生电商新知识、培养学生创业意识；成立“创业社团”，引领社团成员通过淘宝创业、微商创业及社群创业这三个平台打造客户网。完善创业孵化室，新增系列产品及陈列柜，提供良好创业环境。

统筹职教培训资源，发挥“中心”效应，推进职业培训，教师培训和电大工作。开展退伍军人、育婴师培训和“双提工程”“两后生”等培训工作，累计培训3436人。成人教育网络形成性考核1508人次，课程注册2469科次，总报考3984科次。

【推动“一户一产业工人”培养工程】 6月13日，株洲市“一户一产业工人”培养工程工作推进会在株洲县召开。市人大常委会副主任、市总工会主席王建之、县委书记罗绍昀，以及70多位与会人员到株洲县“一户一产业工人”培养工程总部县职业中专现场参观了创客大学培养基地、第6期育婴师培训班、汽车维修培训班和创业孵化基地。

【实施智力扶贫“双提工程”项目李家村试点工程】 10月，株洲市智力扶贫“双提工程”项目李家村试点工程由学校成教社培部负责组织培训，经过对49名学员进行了解，针对他们的向往职业，确定培训专业，设计专业课程，采用“一人一目标、一人一方案、一人一导师”的“一对一”师傅带徒弟教学管理模式，为双提对象量身定做培训方案，让学员用最短的时间学最多的知识，掌握一技之长，凭技能脱贫致富。该项工程被株洲市教育局评为创新工作一等奖。

（李　平）

株洲县第一中学

【概况】 2017年，株洲县第一中学有教学班30个，其中高中部21个、初中部9个，学生1500人，教职员工159人。是省级

“园林式单位”。

教学成绩不断提高。学校高考在生源极度缺乏的情况下,高考二本及以上一次性过线70人,录取86人。成绩位列全市同等中学前列。一次性过线率为96.4%,学科竞赛成绩取得长足进步,有16人获得省市县学科竞赛奖项。

学科教研效果好。根据学校自身的特点,加强校本研讨,发挥学科教研的连接作用,组织教师参加“十百千万”工程和“一师一优课”“一课一名师”及微课比赛,科目之间举行教学能力竞赛,取得良好效果。

坚持“三百”方针,目标明确,效果明显,足球竞赛获株洲县初中部第一名,株洲市级邀请赛第三名。（陈宇铭）

株洲县第三中学

【概况】 2017年,株洲县第三中学有教学班18个,学生800名,教职工80人,其中包括高级教师18人、一级教师28人,包含专任教师69人、研究生3人。校舍面积15800平方米。1人获得“株洲市金牌教师提名人”称号,1人当选株洲市物理学科带头人。

学校以建设“平安三中、美丽三中、幸福三中”为目标,落实立德树人的根本任务,办学影响力不断提高。获得“湖南省体育传统项目(武术)校”“株洲市禁毒预防教育示范校”“株洲市文明校园” 等荣誉称号。

教学质量创新高。高考一次性二本及以上上线51人,录取比例33.77%,超过县教育局预定目标15.77个百分点,再次实现“低进高出”的办学效益。

特色办学显成效。学校探索“体教结合”的教育模式成效初现。参加株洲市“三好杯”武术比赛,获金牌16枚、银牌9枚、铜牌5枚,以270分的成绩获得团体总分第二名;在摔跤比赛中,获金牌14枚、银牌16枚、铜牌18枚,以887分的成绩获得乙组团体总分第一名;在柔道比赛中,取得金牌20枚、银牌17枚、铜牌10枚,以855分的成绩获得乙组团体总分第一名。学校获得株洲市第十三届运动会“贡献奖”。在湖南省青少年武术锦标赛中,李骞、李宇轩、周文娟三名学生获得国家二级运动员称号。9月,在湖南省青少年柔道锦标赛中,代表株洲市参赛,获得金牌4枚、银牌2枚、铜牌3枚、团体总分第三名,文珍、何羽佳、张思瑶获得国家二级运动员称号,学校代表队获得“体育道德风尚奖”。10月,在湖南省青少年摔跤锦标赛中,蔡湘、王光强、胡双、李琴琴、龙涛等同学代表株洲市参赛,取得金牌5枚、银牌6枚、铜牌12枚,获团体总分第二名。

（马红艳）

株洲县育红小学

【概况】 2017年,株洲县育红小学有教学班37个,在校学生2042人,教职员工117人,其中包括中学高级教师10人、小学高级教师79人。校舍面积9048平方米。

学校在全县小学教学质量综合评比中名列第一。科技、文艺、体育工作再上新台阶：11名学生的科技创新作品获株洲市一等奖，2名教师指导的科技创新作品获全国金奖；在株洲县年度中小幼文艺会演中，群舞《奔腾》、民乐合奏《中华魂》、古诗诵演《静夜思》三个节目均获一等奖，其中《静夜思》获“优秀原创奖”；在株洲市“三好杯”田径运动会上，分别获得小学组男子、女子团体总分第一名。在株洲县中小学生田径运动会上，夺得小学组团体总分第一名。安全工作扎实开展。被株洲县综治办、株洲县教育局授予“平安校园”称号。

促进教师的专业成长。95人参加湖南省晒课活动、40人参加湖南省微课大赛活动、5人参加国家级晒课。20多人的课件、论文获省、市、县级奖励，50多人获县艺术之星优秀指导教师称号。5月，张建老师在湖南省品德与社会赛课中获得一等奖。

提高学生的综合素质。3名学生设计的邮票获得省级金奖；学生科技创新作品共获得9项国家专利；在株洲县中小幼学生书法美术作品比赛中，80多人获一等奖，100多人获二、三等奖；获株洲市、县艺术之星比赛一、二等奖的学生有200多人。在株洲市汉字听写大赛中，获“团体总分一等奖第一名”。

提高的办学水平。加大德育工作力度，尤其注重家校沟通渠道，被评为“株洲市文明校园”。充分发挥学校德育领导小组的核心作用，完善德育工作管理机制，设立以校长为首，德育处成员、班主任参加的德育工作中心，确保领导重视、任务落实和实施有序三到位。以德育处牵头，班主任及思品课教师为骨干的德育工作小组，确保活动策划、总结提高和内容创新三到位。形成以班主任为龙头，任课教师红领巾岗全员参与的德育教育日常工作网络，确保全员育人和各方责任落实到位。

（田　珏）

株洲县机关幼儿园

【概况】 2017年，株洲县机关幼儿园有大、中、小班6个教学班，幼儿225人，教职工26人，其中中小学一级教师14名。专任教师13名，市级百优教师1名，市级学科带头人2人，市级教育能手2人，县级金牌教师1名，县级骨干教师1名，县级教育能手1名。

狠抓保育保健工作、教育教学教研和安全防范工作。对内，抓实教研，抓牢安全，抓住活动，进一步提升内涵式发展。课题《如何将剪纸活动融入到幼儿的一日活动中》被列为省级课题，已立项。对外，抓发展，协调处理好各种关系，多方筹措资金，改善办园条件。对食堂、门厅、塑胶坪、游戏活动区域进行改造。获株洲市学前教育协会先进单位、无烟校园先进单位等市级荣誉。通过市级示范性幼儿园复评。获县教育局年度工作考核一类单位。

在株洲县教育系统六一文艺汇演活动中，参赛节目《欢庆腰鼓娃》获综合评比获一等奖，指导老师获优秀指导奖。角色游戏《森林购物街》获二等奖。在株洲县中小幼书法美术比赛中，获一等奖22个，二等奖11个，三等奖2个，11位老师获优秀指导教师奖;1 人获株洲市社会领域教研课比赛三等奖;2 人获株洲县社会领域教研课比赛一等奖;1 人获株洲市教师建构技能比赛三等奖;教师积极撰写论文,1 人获省级三等奖,1 人获市级一等奖,5 人获市级三等奖;1 人获评株洲市第七届学前教育学科带头人;1 人获评株洲市百优教师之一、株洲县金牌教师;1 人获株洲县第四届骨干教师;1 人获株洲县第三届教学能手。 (肖喜林)

文化·档案·传媒

文化体育

【概况】 2017年，株洲县文体广新和旅游事业呈现出蓬勃发展的良好态势。荣获株洲市十三运会青少年组团体总分第二名，市武术比赛青少年组金牌总数与团体总分第一名，市散打比赛青少年组金牌总数与团体总分第一名，市柔道比赛青少年组团体总分第一名，市摔跤比赛青少年组团体总分第一名。荣获“株洲市党的十九大期间广播影视安全播出工作先进集体”，市文化市场综合执法技能比武团体三等奖。微电影《不忘初心》和舞台剧《饭局》获株洲市“清风株洲”征文金奖，《角色乡长》获三等奖。荣获市“新人新歌大赛”美声组第一名、通俗组第四名。原创节目《剪活儿》荣获省欢乐潇湘三等奖；“三湘蒲公英”少儿活动荣获省文化厅金奖。参加省委宣传部、省文化厅等单位举办的“书香湖南·红星闪闪耀童心”少年儿童系列读书活动，选送作品荣获一等奖1名、三等奖4名、优胜奖3名。杨得志故居获批湖南省爱国主义教育基地。

文体活动丰富多彩。先后开展正月十五日“金鸡闹元宵”活动、清明祭扫主题爱国主义教育系列活动、世界读书日活动、“三湘蒲公英”少儿专场以及象棋、围棋赛、羽毛球比赛。举办“欢乐潇湘·幸福渌湘”和“渌湘集团杯”篮球赛等大型文体活动。组织编排原创作品参加市“清风株洲”活动。组织各镇广场舞骨干和爱好者参加湖南省原创广场舞教练员培训班，培训骨干300人。“两馆一所”免费开放，杨得志故居接待9.8万人次。组织县体育代表团参加株洲市第十三届运动会，取得较好成绩。

阵地建设再上台阶。投入300余万元开展公共文化服务体系创建。8个镇均建立了300平方米以上的综合文化站，覆盖率100%，按照一个文化活动广场、一个文化活动室（90平方米）、一个简易戏台（长10米，宽5米，高0.8米）、一个宣传栏、一套文化器材（含1套音响和部分乐器）、一套广播器材、一套体育设施器材（含1个篮球场，2个乒乓球台，1套体育健身器材）的标准设置文化活动广场、电子阅览室、可移动舞台、体育设施器材、宣传栏，统一标识标牌。实行“一站多协会”管理模式，各镇配备3人以上专职人员，每年至少举办2次综合性大型文化活动，上等级站率100%。每个镇打造2个创建示范村，以点带面开展创建工作，99个村、社区建有集党建、文化活动、农家书屋、文化广场、农民体育健身工程于一体的综合文化服务中心。发放15套健身器材，实现社区全覆盖。投入120万元专项资金，打造县文化馆和图书馆达三级馆。对县文化馆装修改造，新设4个活动室。新购20万元图书充实图书馆藏，投入80万元加速图书馆数字化建设，购买3台电子图书借阅机，新建门户网站、开发手机客户端移动图书馆、推出微信公众号。按照“一个总馆+多个分馆+若干服务点”的基本架构，打造覆盖8个镇文化馆分馆，实现图书馆总分馆通借通还，建立上下联通、服务优质、有效覆盖的县、镇、村服务体系。

旅游事业前景广阔。接待游客98.6万人次，增长19%，实现旅游收入5.93亿元，增长20%。制定《2017年株洲县旅游产业规划编制》，推进朱亭文化旅游特色小镇建设，做好湘江株洲县段水上旅游规划。完成策划包装项目5个，任务9000万元；完成固定资产投资近1亿元。完成“小升规”企业2家，“个改企”2家；完成精品民宿建设10家，建成旅游厕所8座。积极申报省旅游发展资金项目4个，市服务业资金补助项目2个，洪灾景区补助项目2个。提升农家乐品质，打造星级乡村旅游示范点和农家乐3家。举办油菜花和葡萄文化旅游节等活动，组织参加“3·15”国际消费者权益日宣传活动和株洲市夏秋两季乡村旅游节。组织旅游企业负责人参加省、市专题培训班，提升从业人员素养。省旅游行业质量抽检合格。

非物质文化遗产得到传承。举办非物质文化遗产传承人培训班，培训120人次。开展非遗再调查活动，加强非遗项目挖掘保护。开展非遗进校园活动，组织文化志愿者非遗传承人走进校园展示和传授非遗技艺，在全市首创“非遗传承+乡村旅游+非遗产品展销”模式，县非物质文化遗产传承示范基地在松西子田园山庄挂牌。

文物保护全面加强。注重文物巡查，定期对文物保护单位及保护点进行安全巡查，累计检查115次。抓好文物维修保护工作，争取资金160万元，完成省市重点文物维修3处；加强文物保护宣传，开展“世界博物馆日”宣传活动；发现王十万淞沪抗战烈士墓；征集22件民俗文物；做好老字号和明清古建筑的调查摸底。

文化市场管理到位。贯彻落实“一单四制”，严格隐患治理，重点开展春节、“五一”、国庆等重大节假日期间文化市场、文物、旅游相关单位的安全检查；深入开展“百日行动”，组织检查10余次，以查促改。暑假期间，开展文化市场专项整治行动，维护市场秩序，查处违规经营案件，立案4起，结案4起。做好中共十九大召开期间安全播出工作；迎接国家广电总局、省市相关部门对安全播出的专项督查。做好节假日领导带头值班值守和文化、旅游市场的日常巡查工作。

【送电影下乡3000场】 送戏下乡30场，数字电影放映任务全面完成，狠抓全年的安全放映工作不放松，确保设备安全无事故。数字电影放映任务全面完成，共计“送电影下乡”3000场。（张 锫）

档案史志

【概况】 2017年，株洲县档案馆接待群众查阅档案1025人次、1561卷次，复印8970页。县档案史志局投入3万元对档案库房窗户、窗帘及部分档案装具进行更换。6月底至7月初的汛期中，按照省、市要求，发布紧急通知，加强对档案工作的安全保护，特别对乡镇、村级档案室进行汛期严格监管和保护，全县档案整体安全。开展“6·9”国际档案日宣传活动，围绕“档案——我们共同的记忆”宣传主题，通过悬挂宣传横幅、摆放宣传展板、播放档案知识录音、发放宣传资料、现场解答业务法规知识等方式，面向社会大众传播档案文化。共计发放宣传资料500余份，接待咨询群众400余人。组织参加株洲市档案局举办的“档案——我们共同的记忆”征文比赛，上报征文14篇，并编辑出版。积极组织开展档案法律法规知识竞赛，学习、宣传、贯彻档案法律法规，提高全社会档案法治意识，共有500人参与知识竞赛。县档史局荣获湖南省档案宣传工作先进单位，株洲市档案工作先进单位、党史工作先进单位、地方志先进单位等荣誉称号，以及国际档案日“档案与民生”征文活动组织奖。

3月27日，全县档案工作会议召开，各单位分管档案工作的领导和档案员220余人与会。出台《关于加强和改进新形势下档案工作的实施意见》，对下一阶段的档案工作提出具体的指导意见。10月开始，对8个镇、82个县直部门档案工作进行年度执法检查与业务指导，通过实地查看，逐条对照档案管理工作考核标准进行综合考评，下发《档案执法检查通知书》，督促其限期整改，共下达整改通知书45份。县档史、国土和房产局对房产档案移交工作进行全程监督，共移交档案4.5万余卷、盒、箱。

加强做好重点项目的档案指导工作，对240个全宗、16.07万卷档案再次进行清理、整理，对各单位和镇档案收库工作进行调研、安排，新增馆藏档案8805卷（件），递增5.5%。

党史编研工作。制订并编写《党史工作规划（2016—2020年）》。完成《株洲党史人物大典》《建党建政在株洲——纪念秋收起义》，与株洲市党史办合作编撰出版回忆县籍英烈宋乔生的《井冈英魂宋乔生》一书。

地方志编纂工作。《株洲县年鉴》（2017年卷）收集初撰稿件118篇，全书分为10个部类，共50万字，并向各县直机关、镇、村、企业征集彩版80版330张，宣传报道县委、县政府的中心工作彩版6版40张，县内重要事件图片存档468张。为《湖南年鉴》《株洲年鉴》提供了株洲县地区的内容。

【渌口镇位列全市乡镇档案工作考核第一名】 积极探索基层档案规范工作，为渌口镇创建工作制定创建工作实施方案，并派出档案业务指导人员到渌口镇开展档案工作业务培训，重点讲授和指导档案归档范围、重点档案和专门档案的收集、整理等工作。10月27日，市档案局考核验收组对渌口镇进行考核验收，该镇以98.5分排名全市第一，顺利通过乡镇档案室示范创建考核验收。

【启动档案“信息化”建设】 按照中央、省、市、县关于加强新形势下档案工作的相关要求，启动县档案馆信息化工作，制定信息化建设实施方案(2017—2020年)，对利用率高的档案进行目录数字化，已完成目录录入5万余条。

【开展“寻找记忆中的株洲县”老照片征集评选活动】 县档史局联合县委宣传部、广播电视台、摄影家协会于5月10日至12月31日开展“寻找记忆中的株洲县”老照片征集评选活动，征集由社会各界人士收藏或拍摄的，反映株洲县在政治、经济、社会、文化和市民生活等方面不同时期的老照片。对入选的老照片进行评奖，并安排在株洲县新闻网、“掌上渌口”APP、“渌湘兰台”微信公众号等媒体上进行公示和展览。共征集参评老照片68张，县广播电视台先后推出专题报道3期。

【实现《株洲县年鉴》公开出版】 《株洲县年鉴》由株洲县档案史志局承编，第一卷于1996年出版，至2017年已出版19卷。其中的2000年卷、2002年卷、2004年卷为两年一鉴，其他年份均为一年一鉴，在2017年以前未公开出版发行。县委、县政府高度重视地方志工作，认真贯彻落实“一纳入、八到位”的要求，加大财政投入，提高年鉴编纂专项经费，《株洲县年鉴》年内实现公开出版。（陈　兴）

广播电视

【概况】 2017年，株洲县广播电视台有职工78人，下设新媒体中心、FM96.5电台、村村响广播、无线转播台。新闻综合频道开设《民生新看点》《渌湘剧场》《阳光剧场》《平安渌湘》《渌湘新闻》《清风渌湘》栏目。新媒体中心开设本地新闻、渌口视角、专题栏目、每刻每拍、单位动态、直播间栏目。FM96.5和村村响广播开设本地新闻栏目。

《渌湘新闻》播发251期，播发稿件1656条。围绕精准扶贫、创业就业等重大题材组织稿件，进行系列深度报道。制作《她耀渌湘》《为了绽放的笑脸》等12个专题片。积极与上级广播电视部门联系对接，创新外宣形式，讲好渌湘故事，其中《学习贯彻党的十九大精神——湖南新能源产业迎来黄金增长期》《株洲县：蕨菜干畅销日韩　贫困户享分红》新闻在湖南卫视新闻联播播出，共在株洲市主流媒体发稿77条。

下半年，关停渌湘生活频道和渌湘图文频道。完成渌湘综合频道整体改版，实现从硬件到软件的提级改造。在株洲广播电视奖评选活动中，电视短消息《世界那么大，乘船去看看》被评为广播电视奖二等奖，电视长消息《最后的三个学生》、社教专题《凤凰山下》获评株洲广播电视奖三等奖。广播作品《关注留守儿童》被评为全省公益广告扶持项目三类广播作品，县广播电视台被评为全省广播电视公益广告优秀播出机构。实现安全播出“零事故”，获评株洲市中共十九大安全播出工作先进集体。举办“寻找最美劳动者”“扶贫助学·大爱渌口”“同心共筑梦·助推大发展”演讲比赛、全民毅行等活动，并全程直播。

【实现媒体整合】 成立株洲县新媒体中心，“掌上渌口”APP 客户端同时上线，实现媒体整合。投入 140 多万元购置新媒体 APP 平台设备、专业照像机。APP 注册用户量达到 9.2 万户。利用 APP 策划开展了“油菜花节”“印象渌江、溯源之旅”等活动。村村响广播于 12 月安装调试完毕，实现开播。（何　娟）

图书发行

【概况】 2017 年，湖南省新华书店有限责任公司株洲县分公司销售中小学生教材及各类图书 138.8 万册，实现营业净收入 1886 万元，利润 122 万元，上缴税金 13.5 万元。

公司通过与县相关部门进行协调，与学校沟通，在春季开学期市场教辅和“一教一辅”得以同时发行。在市场教辅完全脱离政策支持，销售额大幅下滑的情况下，公司员工分组入校做营销，入校摆摊 20 余次，加大对市场教辅的推荐和销售，共计完成销售码洋 13 万元。教材教辅销售 1518.35 万元，其中完成教材销售码洋 423.35 万元、教辅销售码洋 1095 万元。

图书业务部共计完成图书销售额 320 万元，其中一般图书 210 万元、大宗业务图书 110 万元。销售中共十九大等政治读物 5.6 万余册，码洋 60 余万元。县委党校、县地税局等单位创建图书室购买图书 8 万余册，码洋 10 余万元。争取六个镇和育红小学图书馆（室）的图书更新，共计 3.3 万册，码洋 31 万元。幼儿教材发行码洋 68 万元。职业中专从秋季开始所有教材都从新华书店购进，码洋 30.5 万元。春秋二季开学期间，组织员工到各镇中学和高中学校摆摊推销，销售码洋 1.5 万元。利用全民阅读契机，利用发信函方式发出信件 300 多封，征订热点方面的政治书籍，销售码洋 1.2 万多元。在毕业证书里发放正版字典等工具书优惠订单，完成码洋 2.2 万元。

依托省市公司的安排，做到月月有活动，期期有新招。在暑假期间的金秋教辅大联展活动中，从开始的备货到陈列销售扩大销售量，针对寒暑假期间学生阅读课需要，精选部分名著供其选择，共计销售 8.6 万元。春节期间，开展了图书八折、“文学名著假期推荐”等活动；开学时开展“向优秀学生和三好学生献礼”、文教图书八折让利销售和流动售书下乡等活动；6 月，开展少儿图书八折和“六一”向进店的小朋友送小礼品等一系列活动，千方百计扩大图书销售额。（胡　蓉）

卫生·计生

【概况】 2017年，株洲县卫生系统公开招聘专业技术人员61人，引进高层次卫生专业技术人才8人。淦田、朱亭镇中心卫生院获评全国“群众满意乡镇卫生院”。县疾控中心完成“县级乙等”等级达标验收。县一医院新增特色科室6个，县中医院新增科室1个，淦田、朱亭、南洲等镇卫生院均有自身的特色科室。

开展“群众满意乡镇卫生院创建”“三湘农民健康行”“平安医院创建”活动，结合村级合并，为139个村(社区)设置卫生计生站，配齐配强配优基层卫计队伍。组织卫计办与卫生院工作人员进村入户，孕产妇系统管理率达94.46%、住院分娩率达99.91%，高危孕产妇管理率达100%；免费优检和免费“两癌”普查任务全部超额完成。

公共卫生服务全面提质。全县无甲类传染病报告及突发公共卫生事件发生，免疫接种率达98%。为城乡居民建立电子档案273092份，重点人群档案信息年度使用更新率达82.54%；开展35—64岁适龄妇女免费两癌筛查8011人，筛查发现的5例宫颈癌、11例癌前病变患者均得到及时诊治。孕产妇免费产前筛查3943人，超额完成任务。

监管督导机制全面落实。组织开展2次县级计生综治单位、各镇计生工作专项督查和合村后村级卫生室的设置督查。制发《株洲县学校卫生监督专项行动方案》等文件，公共场所的卫生监督覆盖率100%。保持系统内部稳定，未发生群体性进京赴省上访事件。制定《株洲县打击“两非”违法行为专项检查方案》，立案查处典型案例7例，连续8年获湖南省整治“两非”工作先进单位。

医疗改革稳步推进。新建县中医院住院大楼，国家基本药物制度、双向转诊、分级诊疗等系列医改政策进一步巩固。县一医院、县中医院分别与龙船镇卫生院、朱亭镇中心卫生院组建医联体，县级优质医疗资源下沉基层，群众在家门口即可享受到质优、价廉、便捷的医疗服务。全面启动家庭医生签约服务和药品采购“两票制”，公立医院改革纵深推进，继续实施县、乡两级医疗机构门(急)诊挂号费、诊查费全免，优化服务流程，群众就医负担得到减轻。

健康扶贫创新模式。健康扶贫有新模式。出台建档立卡贫困户在县内医疗机构住院“入院零预付、报销零起付、出院零支付”的“三个零”政策，开通贫困患者就诊绿色通道，实行住院结算“一站式服务”。全面落实“三个一批”，大病集中救治一批216人，慢病签约管理一批6069人，重病兜底保障一批35人。

门诊治疗费用报销比例提标。将肝硬化失代偿期、先心病、结核病和尿毒症等24种慢性疾病门诊补偿报销比例由80%提高至100%，封顶线在原来的基础上提高一倍。

签约服务全覆盖。对于患有重病和长期慢性疾病的贫困患者，由家庭医生签约团队建立一对一结对帮扶关系，进行用药指导，提供药品代购和上门服务，并制定个性化健康管理方案，全县建档立卡贫困人口家庭医生签约率100%。为12755人开展了健康管理，其中包括65岁以上老年人2112人、高血压患者873人、糖尿病患者286人、严重精神障碍患者287人、0—6岁儿童165人、孕产妇12人。确保贫困人口健康档案建档率和健康管理率均为100%。开展省级贫困村免费白内障筛查、义诊等180余人次。

年内，全县共出生4684人，出生率为12.57‰，自然增长率为5.29‰，符合政策生育率为98.08%，人口出生性别比为100:111.85（女=100）。计生各项指标和相关工作任务达到了省考核要求，再获湖南省计划生育工作优秀单位，连续27年保持省市先进。（谢　俊）

疾病预防控制

【概况】 2017年，株洲县疾病预防控制中心报告法定传染病14种，1599例，累计发病率为545.81/10万；无甲类传染病报告；报告乙类传染病7种，728例，与2016年同期（549例）上升32.60%；报告丙类传染病5种，871例，与2016年同期（1119例）比下降22.16%，死亡0例；无非典、人感染H7N9禽流感、中东呼吸综合征、霍乱疫情发生，无突发公共卫生事件。

完成艾滋病自愿咨询检测550人次，实际检测1612人次，HIV确认阳性1例，梅毒抗体检测阳性0人；干预注射吸毒人员857人次，检测131人次，未发现阳性感染者，发放艾滋病防治宣传手册2827份，散发安全套24077余只；新增治疗人数11人，符合治疗条件65人，已纳入治疗59人，治疗比例90.77%。

有序开展免疫规划工作，单苗接种率达95%以上。居民建档上报电子档案274418份，应建档数为295100份，建档率为93.0%。高血压和糖尿病患者管理率分别为37.1%（22064/59489）和29.3%（6721/22900），规范管理率分别为53.4%（11793/22064）和56.6%（38.5/6721）；血压、血糖的控制率分别为87.2%（19250/22064）、85.4%（5742/6721）。全县65岁及以上老年人口数42655人，健康管理人数22155人，健康管理率51.9%。在册精神病患者数1315人，年在管患者1307人，年管理率为98.63%。

通过对18504名中小学生进行健康体检,发现视力不良人数5846人,其中轻度2364人、中度1441人、重度2041人;龋齿人数7096人,其中龋齿22947颗;沙眼1053人,中耳炎52人,扁桃体肿大971人,鼻息肉38人,色弱123人,心脏听疹杂音21人,心率不齐18人,心动过速66人,皮肤疾患155人,其他疾病249人。

根据《关于开展入学新生结核病筛查工作的通知》(株县卫联〔2017〕14号)文件要求,应筛查入学新生7190人,实筛查学生7172人,筛查率99.75%。

在淦田、龙船、龙潭、渌口和南洲镇监测点采取200名8—10周岁学生碘盐及尿碘样,100名孕妇的尿碘及碘盐样,为200名8—10周岁学生现场B超检测甲状腺容积,累计300份盐样,200份尿碘样。其中,碘盐样品中碘含量合格份数294份,碘盐合格率98%,碘盐覆盖率100%(300/300),碘盐食用合格率为98%。

【开展健康素养监测】 10—11月,在渌口镇城区、淦田镇、南洲镇开展成人烟草流行调查。应调查270户,实际调查270户。其中,家庭问卷以结果编码200结束的259户,应答率95.9%;个人问卷以结果编码400结束的258户,应答率95.6%。

【开展灾后防病】 6月,株洲县发生洪灾,灾后及时开展消毒防病工作,派出医疗防疫队41支次,158余人次,发放应急物资27.8万元、发放灾后防病知识宣传折页5万份,消毒面积101200平方米,对55口水井及8家集中式供水单位进行饮用水水质监测。咨询专家的市民2000人次。

【开展水质检测】 通过对朱亭、龙潭、龙门、淦田镇的贫困户采集水样,进行水质检测,共采集412个水样,合格数273个,不合格数为193个,合格率为66.26%,并现场开展饮用水卫生知识宣传。

【举行突发公共卫生事件应急处置培训】 7月7日,县疾控中心举办突发公共卫生事件应急处置培训班。各县直医疗单位分管院长和医务科长、各镇卫生院公卫办主任、防疫专干及县疾控中心职工共100余人参加培训。内容有灾后传染病防控调查处置、群体性不明原因疾病调查与应急处置等。 (刘　丹)

卫计执法监督

【概况】 2017年,株洲县卫生计生综合监督执法局内设监督一科、监督二科、稽查科、信息科、办公室,被监管单位有公共场所115处,学校、托幼机构135家,集中式供水单位6家,各类各级医疗机构204家,消毒产品经营单位28家,消毒产品生产及服务单位3家。

加强生活饮用水卫生监督。定期对城区和农村集中式供水单位开展检查,监督覆盖率100%,共检查城区集中式供水单位1家、农村供水单位5家,城区供水单位管理机构、卫生制度健全,水源防护落实到位,水处理工艺合理,水质合格率高。

农村饮用水卫生管理水平逐年提高。

整治医疗服务市场。重点打击非法行医、无证行医及“两非”等违法行为。从5月开始对204家医疗机构进行监督检查，查处各类案件46件，对25家医疗机构罚款4.3万元，对40家医疗机构予以警告。抽查各类医疗机构医务人员137人，发现5人未取得相应资质独立上岗，对使用非卫生技术人员执业的8家医疗机构予以行政处罚。把好行政许可前置关，参与医疗机构设置、执业许可、变更、校验等行政许可前置审查。开展打击“两非”专项行动，处理“两非”典型案件7起。组织开展对医疗机构向外承包、将非法医疗技术临床应用或违规使用医疗技术临床应用情况的检查，督查二、三类临床医疗技术临床应用备案情况，没有发现未经批准擅自使用临床技术的违法行为和医疗机构对外出租承包的情况。开展医疗广告专项整治行动，对各医疗机构在新闻媒体、户外等处发布的医疗广告进行清理、规范和整顿。

强化学校卫生监督。强化与教育行政部门和疾控等机构的联动机制，开展联合检查。卫生监督部门负责卫生监督指导，疾控机构开展学生饮用水监测。关注学校卫生安全。对各级各类学校开展拉网式监督检查，重点对饮用水进行监督，建立学校传染病防控和饮用水基本情况一览表。检查学校135所270户次，出具卫生监督意见书270份，责令限期整改学校25所，完成整改25所，学校饮用水监测106个样，合格87个样，合格率82.08%，监测率100%；对17所学校进行卫生行政处罚。

防治传染病。加大对医疗机构传染病防控、消毒隔离的监督管理。监督抽检开展内镜诊疗的二级及以上医院2家和35家基层医疗机构（诊所、乡镇卫生院、村卫生室等）的注射室。各医疗机构做到“一人一用一消毒或灭菌”，对传染病人与特殊感染患者所使用后的器械进行专门处理；无过期消毒产品；内镜清洗消毒登记内容完整；使用的消毒剂浓度每日定时监测并做好记录。

【开展第二类疫苗预防接种专项监督检查】 3月20日—4月7日，对12家疫苗接种单位开展第二类疫苗预防接种专项监督检查。共计出动卫生监督员37人次、监督车辆 18车次，出具卫生监督意见书12份，对接种单位和人员的资质情况，第二类疫苗公示及接种告知情况，疫苗的接收、购进、分发、供应、使用登记和报告情况，预防接种异常反应或疑似预防接种异常反应的处理和报告情况等进行监督检查。开展预防接种的医疗机构均配备自动冷链系统，严格按照规范实时监控冷藏温度，未发生因人为因素引起的预防接种不良反应，未发现从其他非法渠道和途径购进疫苗的情形。对发现的问题，当即下达整改意见书，督促完善疫苗接种工作。

对12家县直管放射诊疗单位的放射诊疗工作开展专项检查。完善放射诊疗安全防护和质量保证措施，加强工作人员执业健康管理，切实保证公众、受检者和放射工作人员的健康权益和工作安全。

开展专项整治消毒产品违法宣传疗效行动，重点检查5家大型连锁药店旗下经营单位18家，检查抗抑菌制剂等消毒产品30余种。开展消毒餐具专项检查，督促企业改善生产条件、完善卫生设施。对城区2家餐饮具集中消毒单位进行卫生审查，对2家餐饮具消毒单位生产的餐饮具进行抽检，共抽检72个样品，委托县疾病预防控制中心对样品进行检测，合格率100%。对于部分存在卫生安全隐患的单位，下达监督意见书，督促落实整改。开展卫生用品生产企业专项监督检查。共检查卫生用品生产企业2家，发现1家存在擅自改变更衣室等功能间用途、原材料和成品存放不符合卫生规范、生产车间卫生设施不完善、产品标识不规范等问题，对其下发《卫生监督意见书》，责令限期整改。

（盛娟艳）

医　院

株洲县第一人民医院

【概况】 2017年，株洲县第一人民医院有在职职工493人，其中临聘人员207人。有正高职称医师1人，副高26人，中级职称108人。设有13个职能科室，18个临床科室，5个医技科室，开设床位503张。

完成总诊疗126125人次，同比增长23.5%；业务总收入1.47亿元，同比增长68.12%，其中医疗收入1.35亿元，同比增长68.44%。

通过引进和培养方式优化人才队伍建设。积极参加南华大学、长沙医学院等院校招才引智工作，与60名应届毕业大学生签订意向协议。采取送出去、请进来方式加强人才培养，派出60名医疗护理骨干人员前往省、市级医院进修培训学习，株洲市中心医院对口支援第十三批专家来院进行半年的指导工作。加大人才引进力度，引进神经外科副主任医师1名，硕士研究生1名，信息技术人员1名，本科生21人，招聘护理人员70名。多次邀请教授来院开展业务讲座。医务科、护理部组织业务学习合计29次。

严格医疗质量管理，保障医疗安全。一是严格落实医疗核心制度和各项诊疗常规，从诊疗流程、首诊负责制、医疗质量督查、减轻患者负担、降低患者药费、合理检查、合理用药等方面进行规范和落实。二是加强学科建设，持续加大对重点建设专科和扶持专科的支持力度，规范科室管理，新建神经内外科，将内分泌呼吸内科、消化内科合并设科，将医疗发展部、质控科、信息科单独立科，不断完善和优化学科建设体系。三是大力开展新技术、新项目，继续以微创、介入为突破，提高疑难及危重症的救治能力，普外科、神经外科、骨科、泌尿外科等科室开展心血管介入治疗、关节镜下修复术、脑外科等新技术、新项目20余项，1—12月C、D型病历共8603份，比上年同期增长58%。四是积极筹建三个中心，即胸痛中心、卒中中心、创伤急救中心，其中胸痛中心、卒中中心已经挂牌。五是不断完善医疗质量管理，成立质控科，专人负责全院质控管理，为提升医疗质量奠定良好基础，共抽查出院病历1280份，合格率82.95%。六是承接县结核病、艾滋病等传染病防治、血液储备中心、高危孕产妇急救中心的转移，进一步优化资源配置。

提高护理质量，增强服务能力。开展"用心服务，创造感动"暨评选"优质护理服务先进科室"活动，树立主动服务意识，制作具有专科特色的"优质护理服务"宣传专栏，扩大"优质护理服务"影响力，积极开展延伸服务，制作健康宣教微视频，建立QQ、微信交流群，使护理工作不仅局限在病房内，而且延伸到社会上、家庭中。注重护理水平提升，每月开展三基理论考试及护理技术操作考试。不断总结经验，积极开展护理新技术、新项目，开展无创呼吸机、心脏介入术前术后、支纤镜检查的护理等，取得良好的效果。根据护理队伍特点改善护理服务模式，推行成组化护理，以高年资护士带领年轻护士分组管理病人，确保护理服务质量与安全。将高危患者护理及抢救车纳入统一管理，确保护理安全。开展优质护理服务专题汇报工作，表彰了五官科、手术室、中医康复科、泌尿外科、儿科、妇产科六个优质护理服务先进科室。

加强药事、院感、输血管理工作，规范药品耗材、院感、输血管理。强化药品耗材质量和处方调配管理，做到药品耗材账、物相符，百元医疗收入耗材占比由年初的27%降为19.64%；出台临床用药考核办法，降低药占比，全年药占比28.4%；开展临床抗菌药物使用专项整治工作，出台抗菌药物使用考核办法，全年抗菌药使用率控制在56.96%，不断降低抗菌药物使用强度；积极推行药品采购"两票制"；严格执行《医院感染管理办法》《消毒技术规范》《医疗卫生机构医疗废物管理办法》《输血法》等有关法律、法规，加强督查指导。

做好医共体建设工作。发挥人才、技术、设备、信息和管理优势，实施对口合作帮扶，切实提高基层医疗机构服务水平，促进分级诊疗模式的形成，为城镇居民提供安全、有效、方便、价廉的医疗卫生服务，解决老百姓在家门口看病就医问题，4月，与古岳峰镇卫生院建立医疗卫生服务共合体，先后派出60名医疗骨干到古岳峰镇卫生院开展医疗技术指导。6月，与渌口镇卫生院建立较紧密型医联体，由内分泌呼吸消化科派出医疗骨干长驻渌口镇卫生院，建立联合病房，进行糖尿病专科建设。

做好下乡义诊工作。共派出医务人员下乡义诊1359人次，免费为群众诊治、检查17480人次。

推进家庭医生签约服务。开展家庭医生签约工作，以居民需求为导向，以居民健康利益为核心选派中级以上医务人员28人，建立医院家庭医生服务团队，开展各项家庭医生工作，实现贫困人口签约率100%，重点人群签约率60.59%。举办"大爱人医，情满渌湘"大病救助慈善晚会，募捐善款31万元，首批12人共获赠7.9万元爱心救助款。

【建立专科联盟】 与三级医院形成专科

联盟，加强专科建设，提升医疗技术水平。分别是与中南大学湘雅二医院形成湖南省肾脏内科专科医联体；与湖南省儿童医院形成湖南儿科医疗联合体；与湖南省肿瘤医院形成湖南省肿瘤专科联盟；与湖南省人民医院形成湖南省普外腹腔镜技术联盟；与株洲市胸痛中心（株洲市中心医院）建立协作关系。

建立株洲县第一人民医院微信公众号官方自媒体。在历史上开创性地通过自媒体进行宣传，截至年底，已制作发布新闻169条，平均阅读量2000人次，平均点赞量60人次，位居同级医院前列。通过主流媒体宣传医院，《掌上渌口》发布新闻24篇，《株洲日报》1篇，《新湖南》4篇，《当代商报》、新华客户端、华声在线、市卫生计生委网站各1篇，红网株洲2篇，县广播电视台40条。（曾　容）

株洲县中医院

【概况】 2017年，株洲县中医院设有内科、外科、骨伤科、针灸理疗科、妇产科、血透科、重症监护室、急诊科、五官科、肛肠科、检验科、影像科、药剂科等临床医技科室。针灸理疗科、骨伤科为市级重点专科。有在职职工246人，其中正式编制157人、聘用89人。有硕士2人，大专及本科学历200人；高级职称14人，中级职称60人。编制床位200张，实际开放床位235张。诊疗人数71362人，入院病人8830人，出院病人8655人，住院手术1101台。业务总收入5597余万元。骨伤科获重点专科能力建设项目1个（中央资金）；外科获省级重点中医特色专科建设项目1个。

加强中医药服务。先后安排乡村实习医生11人，接受风湿与疼痛三联序贯疗法株洲地区培训班在医院开班，继续开展“冬病夏治”三伏贴及中医药适宜技术推广活动。开设中医健康大讲堂，安排专人为辖区内65岁及以上常驻居民和0–36个月儿童提供中医药健康管理服务；开设医院微信公众号、与株洲县广播电视台合作开设宣传栏，加大中医文化宣传。开展6次“走进社区、送医下乡”义诊活动，义诊人数700余人次。发放健康处方、中医保健、防病治病小册子及科室联系咨询卡20000余份。

引进新技术新设备。骨伤科、疼痛科开展微创椎间孔镜技术，成功实施株洲县首例椎间孔镜椎间盘摘除手术。开展“风痛宁”三联灌注疗法、三氧大自血疗法、臭氧注射镇痛，微创埋线，粗隆间骨折PFNA内固定术等技术。购置医用臭氧治疗仪、脉冲空气波压力治疗仪、中医定向透药治疗仪、智能熏蒸仪、肛周熏洗仪、除颤仪、麻醉机、可视喉镜等一大批医用设备设施。8月，信息化二期工程启动，在原基础上增加LIS、PACS系统，进一步完善医院信息化建设。借助网络信息化建设与上级三甲医院达成远程医疗会诊，进一步提升医疗技术水平和服务能力。

（肖华芳）

株洲县妇幼保健计划生育服务中心

【概况】 2017年，株洲县妇幼保健计划生育服务中心有在岗职工94人，卫生技术人员78人，中级及以上职称25人，其中副主任医师4人。设有妇产科住院部、妇产科门诊部、儿童保健门诊部、妇幼保健科、优生拓展部、检验科、B超室、医务科、护理部、行政保障科10个科室。共接诊门诊病人33743人次，住院病人1483人次，完成总收入1862万元。

接诊产妇4336人，完成孕产妇系统管理人数4126人，系统管理率94.46%；育龄妇女叶酸新增应服用人数4281人，叶酸服用人数4080人，服用率95.30%；7岁以下儿童30118人，保健管理28019人，保健管理率93.03%；3岁以下儿童15038人，系统管理13981人，系统管理率92.97%；免费婚前医学检查3774人，婚检率86.2%，优生优育检查完成2724对，完成全年检测率101%；免费产前筛查数3543人，检查率90.85%，筛查高风险人群435人，高风险孕妇接受干预诊断366人，干预诊断率84.14%（项目指标要求80%）；地中海贫血初筛人数3332人，其中筛查阳性人数271人，阳性发生率8.13%。

承担农村适龄妇女免费“两癌”检查，总任务数8000人，实际完成8011人。针对孕期妇女管理，切实做到孕期全程管控，以妇幼公共卫生县乡村三级网络为平台，积极开展各类筛查活动，组织专家下乡、下村、入户进行各类指导和检查，抓牢孕期妇女管理工作。

推动妇幼体系建设“大保健”模式改革。在医院儿童保健门诊进行试点，初步形成保健与临床紧密结合局面。

（林　安）

县辖镇（场）

龙 潭 镇

党委书记	谢 娜
党委副书记、镇长	李 战
党委副书记	钱聪平
党委委员、人大主席	王苗均
党委委员兼政协联络工作负责人	马琳艳
党委委员、纪委书记	叶淑芳
党委委员、副镇长、武装部长	孙 毅
党委委员	刘义锋
党委委员、组织委员	李 娜
副镇长	王桂生
	谢志良

【概况】 2017年，龙潭镇辖9个行政村，263个村民小组，人口21250人，面积131.12平方千米，其中包括：山地面积64.31平方千米，占总面积的49.05%；耕地16.61平方千米，占总面积12.66%。镇党委下设13个党支部，共党员864人。有中学2所，小学3所，幼儿园2所，卫生院2所，村卫生室16个，敬老院2所，贫困群体救助中心1所。完成财政总收入1960万元，比上年增长830万元，财税收入折算财力856万元。

优化产业结构。立足本地资源特点，积极培育和发展生态农林特色产业和养殖业。改良优化有机生态米、宁乡花猪养殖、高地黄桃等5个试验种养殖品种。神农林下中药材、文家生态土鸡、韶华凤凰山黑山羊、盛丰苗木等种养殖业逐渐发展壮大。引进农业综合开发合资公司1家，公司+合作社+农户的市场模式初具规模。全面完成农村土地确权工作，有序推进土地流转，新增土地流转面积10%以上，新培育农民专业合作社2个，农村集体经济进一步发展壮大。

精准扶贫有力推进。有建档立卡贫困54户，五保户11户，低保户2户，坚持把发展贫困村集体经济和促进贫困户增收致富作为打赢脱贫攻坚战的首要任务来抓。立足"一村一品"，培育一批扶贫产业，在砖桥、龙潭、花田三个省级贫困村投资200万元，在白关光伏产业园委托代建240千瓦光伏发电项目；发挥本地农业产业公司和农民专业合作社示范引领作用，加强产业帮扶力度，解决百余名留守贫困户就业问题，在龙潭镇宏畅公司就业的贫困户有24户32人，人均工资1800元/月，另有7户通过小额信贷贷款成为公司股东，直接分享红利。顺利通过省、市、县检查验收及第三方评估，圆满完成预脱贫工作目标。

基础建设更加夯实。实施农村公路通畅工程11.7千米，窄改宽4.7千米，危桥改造2座，安保工程16千米。以渠道整修为主，"五小"项目投入近30万元，整修、疏通水渠50.8千米，维修山塘36口，申报小型水库中修计划2座，积极筹备污水处理厂建设事项。新造林133.3公顷，抚育1333.3公顷。新建信号基塔2座，年初制定农用电网改造计划全部完成。全部完成危房改造项目，共计67户，其中新建65户、修缮2户。全面完成贫困户改水改厕工作。基本完成四个省级贫困村土坯房集中整治及非贫困村土坯房整治工作。

民生福祉持续改善。落实村级卫生计生业务融合工作，投入9.8万元对卫生计生服务阵地进行全面升级，强化村级卫计工作阵地。新增奖扶对象35人，准确率和及时率100%，落实计生系列保险保费67900元，占总任务的85%，完成优生健康检查176对，占总任务的93%。镇卫生院收治贫困户患者537人，医疗救助资金60万元，农合减免47万元，兜底减免12万元，贫困户免费体检488人。救助因病、因灾400余人18余万元，大病救助76人20余万元。核查、申报在册和新增的重度残疾人273人，合计发放生活和护理补贴32万元。对因灾倒房户、灾后重建户、农业损失户进行入户调查、登记、上报，发放灾情救助物资60万元。发放重点优抚军人85人抚恤金70万余元，发放年满60岁以上农村退伍军人81人生活补贴261600元。在花田村集中居住点建设镇留守儿童之家。

社会事业协调发展。完成创建市级安全生产示范镇工作；拆除鞭炮厂厂房22栋，规范整治3家木材加工厂，排查烟花鞭炮零售户39户，督查学校、企业等重点区域安全隐患40余处，下达整改通知16份。通过开展治安大巡防、平安家庭创建等活动，发挥典型示范带动作用，及时处理和化解矛盾纠纷，无一例群体上访事件发生，上半年及下半年民调工作全县排名第一，信访“百日攻坚”活动全县排名第二。通过成立贫困学生帮扶档案，实行“一对一”帮扶，为54名在籍学生精准扶贫对象发放助学金及生活补助款29500元。完成9个村的农家书屋创建达标工作，每个农家书屋配备了1500册以上的图书。环境卫生整治措施有力，效果显著，获得“株洲市卫生镇”称号。（杨文汇）

龙潭镇村级情况简介表

表 1

项目 数量 村或居委会	村(居)民小组(个)	户数(户)	人口(人)	耕地面积(公顷)	粮食产量(吨)	党(总)支部书记	村(居)委会主任
龙潭村	43	736	3052	225.4	1406	刘必武	丁文华
新华村	24	496	2239	83.67	877	彭中波	陈新洋
新燕村	20	338	1503	185.4	1285	陈梅庄	刘铁华
紫云村	28	602	2350	201.3	1221	尹铁山	唐运旭
太田村	27	672	2723	263.13	2391	刘建高	齐少海
砖桥村	37	852	3735	338.53	3026	龚佑超	吴湘洪
西冲村	27	511	2100	150.67	1387	肖学志	郭利强
文家村	21	235	1100	71.07	709	暂缺	齐清华
花田村	36	641	2448	142	1314	黄国友	齐　科
合　计	263	5083	21250	1661.17	13616	—	—

朱 亭 镇

党委书记	张 兴
党委副书记、镇长	张建华
党委副书记	陈新华
党委委员、人大主席	田 富
党委委员	颜松林
党委委员、纪委书记	刘洋搏
副镇长	文 强
	唐志勇
	曹志宏
	易 鸿

【概况】 2017年，朱亭镇辖17个行政村，1个社区，面积165平方千米，人口4.15万人。耕地面积2942.9公顷，林地面积8831公顷，是驰名中外的“人工林海之乡”。镇党委下设党（总）支部24个，共有党员1426人。实现地区生产总值9.2亿元，同比增长8.1%。完成税收财力890万元，为任务的215%。实现固定资产投资5.46亿元，为任务的112%。农村居民人均可支配收入17217元，较上年增长9.6%。

脱贫攻坚成效显著。始终把脱贫攻坚作为第一民生工程，分类施策、精准帮扶，顺利通过各级检查验收。投入扶贫专项资金51万元，完成减贫94户318人，龙凤、政花2个省级贫困村实现脱贫，贫困发生率降至1.48%以内。发放小额贷款400万元。完成易地搬迁11户39人，实施危房改造115户，292人享受教育助学。发放生态补偿金10万元，惠及贫困人口781人。为贫困户建立健康档案1877人，签约家庭医生1877人，开展免费健康体检1400人。400户1311人通过产业扶贫受益。

村庄面貌大为改观。坚持基础先行，不断改善生产生活条件。完成道路提质改造共计26千米，其中硬化12千米、加宽14千米，完成3座危桥改造。强力推进土坯房整治工作，签订拆除协议2485户，拆除2189户，修缮153户。新建浦湾、杉桥、黄龙村4个垃圾地坑斗，发放环保垃圾桶2086个，改厕96户，新装农村生活污水处理设备165套，环境卫生得到明显改善。

民生福祉不断改善。完成社会保障兜底和农村低保清理整顿工作，重新评定低保户134户、357人。投入资金150余万元，对朱亭、龙凤敬老院进行全面修缮，新建特护区床位50张。发放各类临时救助等资金190万元，向洪涝灾害中受灾群众发放救灾物资价值10余万元，向倒房户发放救助15万元。发放退耕还林资金40余万元，发放计生对象奖励扶助资金62万元。大力支持教育发展，解决黄龙中学校门安全隐患问题。朱亭中心卫生院获评“全国群众满意乡镇卫生院”称号。深入推进国家公共文化服务体系示范区创建，各村（社区）文体活动蓬勃开展。打造九都湖、龙凤村示范文化家园，组织村（社区）文艺队伍参加县文艺节目竞演，展现朱亭人民的精神风貌。

社会大局和谐稳定。开展安全生产大排查大管控大整治行动，强化食品药品安全、道路安全和消防安全，安全形势平稳可控。重视信访维稳工作，畅通信访渠道，积极化解矛盾纠纷,年末综治民调工作排名全县第二,在县信访维稳“百日攻坚”活动考核中位居前列。

【打造文化旅游特色小镇】 近年来,朱亭镇认真贯彻落实新型城镇化的有关要求,各项工作成效显著,先后被列入全国重点镇、湖南省历史文化名镇、株洲市新型城镇试点示范镇、株洲市特色小镇。镇党委、政府严格按照省、市、县新型城镇化建设要求,加强规划引领,突出文化旅游特色;强化基础,推进“五张网”建设;突出持续,推进“两个强化”举措,打造文化旅游特色小城镇。一是挖掘人文资源。朱亭镇文化底蕴深厚,文化文物古迹众多,将重点打造几个旅游景点,扩大古镇影响力,发扬古镇传统文化。对古镇景观按照“修旧如旧”的原则,恢复历史景点,修复古貌,重点保护现有历史人文设施,打好文化金字招牌。二是整合自然资源。境内凤凰山是南岳衡山 72 峰之一,海拔 782 米,也是百里人工林海的主要山丘。利用凤凰山丰富森林资源及渌鸿风电项目,继续鼓励打造“千里林海”,形成“游凤凰仙山、观渌鸿风电”系列旅游景点。三是充分利用建设湘江流域风光带的契机,依托湘江沿岸,打造株洲至挽洲岛的湘江旅游休闲风光带。

(周　壤)

朱亭镇村级情况简介表

表 2

项目 / 数量 / 村或居委会	村（居）民小组（个）	户数（户）	人口（人）	耕地面积（公顷）	粮食产量（吨）	党（总）支部书记	村（居）委会主任
长远村	14	357	1466	95	781	何玉国	朱义球
生田村	10	321	1171	89.6	568	邹　军	颜红卫
天台寺村	18	396	1516	78.07	750	曾顺青	肖仁庚
龙凤村	28	860	3139	242.93	2367	何伏桂	
九都湖村	20	507	2088	223.33	1608	何湘宜	何湘国
四房村	20	443	1706	171.07	1496	颜永安	刘铁光
金福村	27	780	2890	223.73	2304	许永立	何凯雄
政花村	21	511	2120	110.8	1146	何金林	何仕成
黄龙村	30	782	3164	223.47	2077	龙国南	莫贻成
黄洲村	27	905	3680	231.13	2453	肖国庆	齐启斌
杉桥村	24	870	3405	251	2647	何晓华	谢迪清
朱亭村	12	534	2129	135.67	1298	向小武	齐要平
马桥村	16	488	2100	156.13	1692	尹玉安	马建军
双江村	18	516	2174	172.33	1832	齐建端	齐赛寒
浦湾村	38	835	3193	211.73	2145	陈和平	姜伏林
红旗村	12	408	1601	157.26	953	刘年山	刘细和
高福村	15	494	2200	169.6	1569	许　明	刘铁根
古镇社区	15	1001	1771	—	—	胡笔文	文　娱
合　计	365	11008	41513	2942.9	27686	—	—

龙 门 镇

党委书记	刘天职
党委副书记、镇长	邹剑勇
党委副书记	尹　明
党委委员、人大主席	郭炼强
党委委员兼政协联络工作负责人	张智敏
党委委员、纪委书记	何　波
党委委员	文永忠
副镇长	夏震林
	禹丽芳
	吴　乐

【概况】 2017年，龙门镇有土地面积126.5平方千米，耕地面积1916公顷，林地面积8666.67公顷，其中楠竹1000公顷。辖12个行政村、229个村民小组，总人口21986人。完成税收733万元，为年计划任务的244%。

项目建设。投入600余万元的新敬老院顺利完成整体搬迁；投入287万元新建一栋政府周转房，用于改善机关干部办公住宿条件；争取财政“一事一议”项目6个，包括村级交通道路和水利设施建设；完成1座危桥改造；村部建设实现全覆盖。

招商引资。有企业10家，其中规模企业5家，分别是国辉建材、天润生物科技有限公司、太湖压件厂、天宇米业、康泰农副产品生产有限公司。天宇米业新增投资2000万元扩大生产规模，已完成厂房、仓库扩建工程。

基础建设。完成公路硬化总计约150千米，实现并村后12个村的水泥路网全覆盖。新修硬化道路12.5千米，拓宽改造4千米。有水库7座，其中小I型1座、小II型6座。投资700余万元，新修山塘11口，疏通渠道8条16000余米，硬化水渠28条34000余米，除险加固小II型水库1座。

科教文卫。有学校4所，分别是太湖中学、果田小学、春风小学与长冲小学；幼儿园2所，分别是凤形幼儿园和果田幼儿园。共有在校学生592人，教师124人。有中心卫生院一所，医生18人，病床30张，村卫生室12个。

精准扶贫。有扶贫对象286户、899人，按照一户一本台账、一户一个脱贫计划、一户一套帮扶措施的要求，挂图作业，按图销号。已实现脱贫155户536人，2个省级贫困村全部退出。危房改造110户，已完成异地搬迁41户、危房改造108户。

安全生产和信访维稳。实现无一次安全生产事故、无一次食品安全事故、无一次重大森林火灾目标。健全信访维稳工作机制，司法调解34起，调解成功率100%。实行镇村干部维稳责任包干制，严格按照信访维稳“百日攻坚”活动要求，制定“五包一”信访工作模式，形成党政班子成员包片、镇干部包村、村干部包组的信访维稳工作机制。每周工作日安排党政领导及机关干部接访，及时化解矛盾纠纷和存在的隐患问题。获得市级平安乡镇荣誉称号。

民生保障。发放低保、五保、临时救助

等资金90万元，向洪涝灾害中受灾群众发放救灾物资价值15万元，发放大病救助资金14万元。发放退耕还林资金61万元，生态公益林资金71万元。发放计生对象奖励扶助资金22万元。 （江　凤）

龙门镇村级情况简介表

表3

项目/数量/村或居委会	村（居）民小组（个）	户数（户）	人口（人）	耕地面积（公顷）	粮食产量（吨）	党（总）支部书记	村（居）委会主任
龙门村	20	447	1700	176	1750	谢桂兵	谢益民
李家村	24	478	1831	166	1500	贺志勇	陈胜将
永福村	17	447	1676	192	2434	肖松甫	谭运华
狮凤村	23	570	2400	246	2386	易建平	曾宪明
洪塘村	10	310	1261	140	1410	匡梦良	肖　洪
果田村	11	348	1800	101	1200	刘泽玄	赵政权
长冲村	28	482	2097	125	420	苏　武	邓海山
清塘村	22	609	2384	228	43200	王国荣	易新国
龙形村	14	324	1431	113	1200	徐石山	谭建国
太湖村	19	440	1786	156	756	刘安明	唐正根
花冲村	23	505	1952	144	215.5	齐建平	黄金山
桐梓村	18	439	1668	129	1579	唐智勇	朱水初
合　计	229	5399	21986	1916	58050.5	—	—

淦 田 镇

党委书记	唐志军
党委副书记、镇长	谭　震
党委副书记	吴　毅
	张海清(挂职)
党委委员、人大主席	晏　亮
党委委员兼政协联络工作负责人	罗　斌
党委委员	唐　军
	曹志辉
党委委员、组织委员	朱宗泉
党委委员、纪委书记	肖利国
副镇长	罗艳兰
	马德意

【概况】 2017年，淦田镇有土地面积140.8平方千米，其中耕地面积3016.1公顷。辖14个行政村，2个居委会，350个村民小组，人口35422人，其中城镇人口4382人。有中学3所，小学4所。镇党委下设15个党总支，40个党支部，党员1519名。实现财税收入865万元，创新记录。

致力安全保障。联合县国土、工商、公安等部门，开展打非治违专项行动，取缔平山塘水泥厂泥碎石非法生产。对企业、交通、电力、渡口、食品和校园安全进行排查督查，排查清除隐患16处，设置危险路段安全警示牌6处，防止各类事故的发生。严格监管南港铅锌矿改扩建工程，消灭隐患于萌芽状态。洪涝灾害期间，先后抢修湘江河堤白鱼村段丫机港、建宁村水闸、铜锣子堤等多处险堤，实现不垮一堤，不伤一人的目标，被评为株洲市抗洪救灾先进集体。

致力产业转型。培育第一产业。继续支持和扩大楚丰苗木、蟠龙龙虾养殖、宏图蔬菜基地，培训贫困户，提供劳力支持，以产业带动辐射周边贫困户发展。做大金龙种养殖专业合作社，并申报省级示范社。引进株洲五丰牧业有限公司，签订40.67万平方米土地流转协议，计划投资3亿元建成2万头母猪养殖基地。做强第二产业。积极与长沙超班有限公司协商，促进其与华旺陶粒厂合作经营，投资6000万元进行升级改造。加大金利环保空心砖厂生产监管，限产限量确保排污不超标。融合发展第三产业。促进兄弟农庄、五丰山水库、金永农业等休闲农业转型发展。投资500万元建成山水生态农业发展有限公司，通过环保养殖集中处理餐厨垃圾。

致力社会治理。着力增加公共服务供给，从解决老百姓最关心最直接最现实的利益问题入手，让老百姓都能享受发展成果。完成全镇电网扩容提质改造，推进南塘、毛坪、宏图村安全饮水项目。完成南塘和八斗桥的危桥改造，推进12.4千米通畅工程和9千米提质改造，改善群众交通出行。排解矛盾维护稳定。严格实行“五包一”制度，确保特护期平稳过渡。开展平安创建活动，评选出镇级“平安家庭”377户、县级128户。定期开展警地巡逻、夜间巡逻活动，排查矛盾纠纷和不稳定因素，化解矛盾纠纷39起。推进网格化管理，网格员入户采集信息工作有序开展。信访维稳

“百日攻坚”活动排名全县第一。文教卫计健康发展。实现村村响全覆盖，创建南塘、毛坪和建宁村等5处文化家园。完成华石中学、官塘小学及鲇鱼山小学等学校教师周转房建设和基础设施升级改造，改善办学条件。完成卫计合署办公，积极实施镇中心卫生院改扩建项目，提升医疗服务水平。

致力精准扶贫。将22项扶贫工作任务分配到各班子成员和各部办，制定《淦田镇党政班子脱贫攻坚工作责任分工表》，实现每项扶贫工作都有责任领导和部门，形成脱贫攻坚齐抓共管的格局。完成搬迁户易地搬迁22户，危房改造163户，完成贫困户危改任务。破解群众产业发展瓶颈，发放金融扶贫资金46笔、146万元，超额完成县下达任务。全面落实雨露计划，补助贫困寄宿生10万元，多次开展助学捐助活动，保障贫困学生正常就学。大力开展健康扶贫，完成贫困户体检和签约服务全覆盖，住院1245人次，免费医疗为贫困户节约22.3余万元。全面推进危旧土坯房整治工作，签订协议567户，拆除286栋，拨款自改243户。71户229人脱贫，2个贫困村实现摘帽，顺利通过省、市考核验收，被评为县脱贫攻坚先进单位。

【南塘村被评为2017年度全国文明村】 11月，中央文明委公布第五届全国文明村镇名单，南塘村荣获全国文明村。获评“全国文明村镇”，表明该村既有“颜值”，又有文明内涵。该村处于湘中腹地丘陵地区，拥有万亩竹林，有天然氧吧之称。村里开发建设了“百丈瀑”峡谷山水景观和佛教圣地“君山寺”景观，发展了富硒蔬菜、香米、红薯、黑山羊等特色种养殖产业，是人们亲近自然、放松心情的好去处。　（顾力雄）

淦田镇村级情况简介表

表 4

项目 / 数量 / 村或居委会	村(居)民小组(个)	户数(户)	人口(人)	耕地面积(公顷)	粮食产量(吨)	党(总)支部书记	村(居)委会主任
白鱼村	30	818	3003	339	3295	谢志光	姜峥嵘
平山村	29	771	2717	285.6	2103	谭远和	吴志雄
官塘村	27	585	2039	273.8	3023	谢友根	刘拥军
华石村	35	777	2857	298.8	3041	马能飞	罗继朋
清溪村	18	314	1093	71.5	501	陈建文	魏铁桥
八斗村	21	521	1906	114.5	822	唐纪明	陈飞跃
南塘村	16	394	1532	93.1	1110	曾武军	张伟军
毛坪村	13	273	1050	67	795	唐明灯	江　日
宏图村	32	931	3251	291.9	3405	刘华福	陈金明
横岭村	18	585	2138	209.1	2336	王美华	侯　荣
铜锣村	22	512	1997	209.3	2344	周青山	周立壮
淦田村	32	831	3137	282.8	2426	吴　敏	陈红岩
建宁村	27	568	2088	230	2603	王成彪	王军良
山峡村	30	621	2350	249.7	2760	丁建尧	侯跃进
淦田居委会	—	856	2297	—	—	丁金彪	
平山居委会	—	1019	1967	—	—	谢春娥	
合　计	350	10376	35422	3016.1	30564	—	—

南　洲　镇

党委书记	谭桂平
党委副书记、镇长	龚麒麟
党委副书记	马文雯
	彭吉(挂职)
	彭艺超(挂职)
党委委员、人大主席	成　力
党委委员兼政协联络工作负责人	张　雄
党委委员、纪委书记	梁海燕
党委委员、副镇长、武装部长	唐晓晖
党委委员、组织委员	李嘉周
党委委员	宋辉军
	何邦正
副镇长	袁　雄

【概况】 2017年，南洲镇辖19个村、1个居委会、455个村民小组，人口50852人。全镇面积137平方千米。经济基础雄厚，发展势头强劲，公共财政预算收入、固定资产投资、规模工业增加值分别达到1亿元、5.4亿元、9.1亿元，同比增长为22%、20%、12%。农民人均可支配收入18570元，同比增长10%。完成税收可用财力1047万元，实现历史性突破。是株洲县的产业园区、拓展城区和开发新区，荣获全国文明镇称号。是开国上将杨得志的故乡。

征地拆迁全面提速。完成113.33公顷土地、167栋房屋的征地拆迁任务。南洲新区污水处理厂、华升雪松等12个重点项目顺利开工，湘江七桥、和谐大道等15个重点项目如期竣工。

招商引资形势向好。成功签约株洲市城发集团，计划投资101.6亿元，建设占地面积8.4平方千米的南洲生态新城。引进福岭木业项目，引资金额达4600余万元。策划包装南洲新区公共停车场、跃进水库旅游等3个项目。

农业产业提质升级。实施重金属污染耕地第三方治理和治理式休耕项目，修复农田1666.67公顷。项目扶持30余家农民专业合作社参与种植业结构调整，打造9户家庭农场。

脱贫攻坚扎实推进。吸引5家“就业扶贫爱心培训机构”来镇设点，举办职业技能培训10场，帮助60余户贫困家庭提高脱贫致富能力。发动21家合作社、家庭农场与115户贫困户签订“扶贫帮扶协议”，平均每户增收1.3万元/年。帮助100多户贫困户申请扶贫信贷200万元，完成65户199人的减贫任务。

民生保障硕果累累。实现农村新增转移就业300余人次，组织送岗下村大型招聘会4次，提供岗位1345个。发放临时救助资金29.6万元，大病救助资金40.61万元，各类救灾救济资金共计88.33万元。开展农村低保和社会保障兜底脱贫对象认定清理整顿工作，1481余户不符合条件的保障对象被清出名单，实现社会救助阳光化。完成城乡居民养老保险和城乡居民医疗保险的收缴工作，完成情况居全县第一。

社会治理卓有成效。建立和完善镇村两级综治维稳信访工作网格化管理体系，组织开展系列治安巡防40余次，民调群众满意度大幅提升。排查和解决校车安全、铁路安全隐患和纠纷72起,整治涉赌涉毒、“两抢一盗”问题3起。未发生重特大安全生产和食品药品安全事故,社会大局和谐稳定。

城乡面貌不断改善。投入72万元用于镇村环境卫生和常态保洁工作,修缮垃圾池20个、新建地坑斗4个,配备垃圾桶400个,切实改善农村人居环境。投入500余万元用于横江村美丽乡村建设,并成功通过省级美丽乡村示范村项目验收。投入1000余万元实施昭陵港治理工程。投入50多万元用于“五小水利”和水毁工程建设。投入609万元新修农村公路18千米,拓宽改造14千米。投入农村电网改造资金500多万元,完成2个村的电网改造。严格审批村民建房用地申请,做到选址、定点、验收工作人员三到场。切实保护耕地,严格控制乱占乱用耕地行为。积极开展农村危房改造工作,70户危房改造工程全部竣工并通过验收。开展农村土坯房集中整治行动,签订土坯房整治协议970户,拆除土坯房480栋,修缮312栋。16个村(居)启动新改扩建村级综合服务平台建设。

换届选举顺利完成。完成村(居)换届选举工作,新村(居)委班子成员中,大专及以上学历37人,占比34%;平均年龄47岁,比上届下降3岁,90后大学生村干部首次出现。班子成员的文化程度、年龄结构、女性比例均有很大改善。

【株洲市第三次全国农业普查入户登记工作在南洲镇启动】 1月3日,株洲市第三次全国农业普查启动仪式在南洲镇机关院内举行,县委副书记、县长刘克胤致辞。十名普查员代表进行宣誓。株洲市副市长提名候选人顾峰宣布株洲市第三次全国农业普查入户登记工作正式启动。启动仪式结束后,农业普查员来到南洲镇马家湾村农户邓正安家中,就农户的基本情况进行逐项登记,并手持智能数据采集终端(PDA)现场采集数据,标志着株洲市第三次全国农业普查正式进入入户登记实战阶段。

【渌口大桥(湘江七桥)通车暨龙洲路开工仪式举行】 3月21日,株洲渌口大桥正式通车。市委书记、市人大常委会主任毛腾飞,市委副书记、市长阳卫国,市人大常委会党组书记、副主任刘光跃,市政协主席蔡溪,县委书记罗绍昀,县委副书记、县长刘克胤,县人大常委会主任罗禧瑰,县政协主席王亚男出席渌口大桥通车暨龙洲路开工仪式。

渌口大桥全长957.13米,宽28米,双向6车道,设计时速80千米/小时,总投资3.35亿元。大桥建成通车,将打破制约株洲县发展的交通瓶颈,为县域扩张,经济发展带来机遇。

龙洲路东接渌口大桥,西至S333,全长约2.7千米,宽40米,总投资约4.65亿元。龙洲路的建设将实现渌口大桥与湘江大道的交通联系,进一步加强县域和市区的交通联系,有利于带动株洲县及雷打石等片区的经济发展。

【南洲镇第一届妇女代表大会召开】 8月3日，南洲镇召开第一届妇女代表大会，81名代表参加会议，县妇联负责人及镇党政领导出席并讲话。会议选举产生了25名新一届执委委员，执委会第一次会议选举出主席和副主席。 （吴 雁）

南洲镇村级情况简介表

表5

项目 数量 村或居委会	村(居)民小组(个)	户数(户)	人口(人)	耕地面积(公顷)	粮食产量(吨)	党(总)支部书记	村(居)委会主任
泗马村	24	651	2628	205.9	2265	宋西刚	宋增建
洪桥村	22	566	2341	227.6	2607	田新双	田金科
石板桥村	35	732	2910	296.6	2848	刘国平	宋跃飞
昭陵村	25	576	2219	178.6	1351	田良波	田志雄
大观村	35	636	2543	214.2	2214	刘辉明	
田家湾村	22	560	2232	163.4	1728	田运不	孙建如
将军村	23	631	2404	184.4	1796	田国才	
北洲村	25	610	2192	143.4	1503	王必怀	田雪光
早竹村	26	701	2942	199.7	2034	鄢选战	孙海连
红星村	24	821	2982	186	1982	廖相广	朱隆彪
荷塘村	17	492	1982	133.5	1186	陈光高	欧春连
江边村	21	614	2402	176.9	1550	张　雄	周放军
南洲村	13	461	1917	111.6	1187	王志辉	邓白泉
马家湾村	27	772	2960	205.7	2216	林雪飞	邓正安
横江村	19	604	2507	176.9	1627	刘基平	胡新华
南山村	17	612	2325	152.7	1660	刘柏良	陈聪明
湘东村	30	819	3512	193.2	1944	曹发明	刘永良
湘渌村	28	1034	3482	219.1	2124	许银飞	陈　帅
南岸村	19	902	3112	190.6	1924	张建孝	朱爱明
昭陵居委会	3	443	1260	—	—	甘　彬	王迎亚
合　计	455	13237	50852	3560	35746	—	—

渌口镇

党委书记	刘占良
党委副书记、镇长	张　勇
党委副书记	李大海
	黄赛花(挂职)
党委委员、人大主席	(空缺)
党委委员兼政协联络工作负责人	陈向荣
党委委员、副镇长、武装部长	徐　文
党委委员	冯　怒
	夏凤姣
	罗　娟
党委委员、组织委员	文　娟
党委委员、纪委书记	罗纪昂
副镇长	唐　辉
	杨浩(挂职)
	杨清(挂职)

【概况】 2017年,渌口镇辖22个行政村、4个社区,有村民小组553个,居民小组103个,总人口99652人。面积138.56平方千米。实现GDP85.63亿元,同比增长8.5%;完成社会固定资产投资约54.4亿元;实现城镇居民人均可支配收入31545元,农民人均纯收入17805元,同比分别增长8.5%、8.9%。引进税收817万元,完成目标任务204%,创历史新高。继续保留“湖南省文明镇”,荣获省级、市级“创新创业带动就业”示范乡镇等称号。

项目建设有序推进。完成征地211.47公顷,签订房屋征拆协议355户,拆除房屋212户。开展阳光拆迁、依法拆迁,组织大型拆违行动5次,拆除违章建筑物19栋,面积3520平方米。青龙湾、紫涵湖、湘江东岸综合治理、渌枫大道、东城大道、航空大道等31个重点项目进展顺利。

招商引资成效显著。引进丰汇机电设备有限公司、蒂尔斯维特酒业有限公司、超亮种养殖专业合作社等12家企业,引进资金1.17亿元,社会固定资产投资不断加大,为经济发展增添新的后劲。

镇村面貌不断改善。完成水、电、路、讯、房等配套基础设施和公共设施建设投资2300万元,投入900余万元加强18个村(社区)综合服务平台建设;投入1200万元完成28千米的村、组级公路硬化;投入200余万元完成26处“五小”水利工程和水毁工程;投入884万元打造“湖南省美丽乡村”花园村和“株洲县新农村建设示范片”松西子社区。投入352.5万元完成危房改造132户,圆满完成第三次全国农业普查工作,PDA录入上报17389户,完成任务100%,代表湖南省顺利通过国家检查;投入340万元启动实施改革措施,加快探索小城镇进程,做大做强中心村张公岭村试点工作。

民生事业亮点纷呈。新农保完成率达107%,城乡居民医保参保率达90.7%,千方百计为群众提供优质高效的就业创业服务,获评株洲市公共就业创业服务示范平台。完成农村低保重新评定和社会兜底脱贫对象认定清理整顿工作。选派68名镇机关干部与县直机关19个单位一对一帮扶673户贫困户,有效落实各项脱贫政策。

社会治理严抓不懈。调解处理纠纷564件，调解重大矛盾纠纷10余起，调解成功率达98%以上。严格落实信访维稳重点人员“五包一”责任制，采取动态去向天天报措施，做好全国“两会”、“一带一路”峰会、中共十九大等特护期涉军涉诉重点人员的稳控工作。认真落实安全生产和政府质量工作及食品药品安全工作责任制，与各村（社区）签订责任书，对重点行业、重点部位进行监控，定期开展隐患大排查，未发生一起安全事故。渌口司法所获评湖南省模范司法所。

社会事业繁荣发展。医疗卫生服务不断提高，加大对镇卫生院和村卫生室的投入，为855人进行“两癌”普查，并对“两癌”群体进行慰问。着力打造松西子社区、晓岭村两个市级公共文化示范点，完善村（社区）文化服务中心建设，丰富群众文化生活。投入16万元完善镇综合档案室。

党的建设成果丰硕。有党员3290名，培养入党积极分子51名，发展新党员24名，转正20人，“七一”表彰优秀党员182名。定期开展支部“主题党日”活动，创新开展“扶贫产业园环境整治”“助力村部建设”“党员进户志愿服务”等特色主题活动。换届选举顺利完成。全面完成26个村（社区）党组织和村（居）民委员会换届选举工作，镇党委下派26个指导组全程参与选举各阶段工作，镇纪委果断处理了12起拉票贿选、破坏选举等违纪违法行为，确保村（社区）“两委”换届选举工作风清气正。通过换届，现有村、社区两委干部164人，其中女性64人；有大专以上学历66人，35周岁以下17人。（张玉涵）

渌口镇村级情况简介表

表 6

项目 数量 村或居委会	村（居）民小组（个）	户数（户）	人口（人）	耕地面积（公顷）	粮食产量（吨）	党（总）支部书记	村（居）委会主任
松西子社区	34	2275	6464	324.5	3339	唐　辉	彭龙彪
均　坝	24	963	2768	166.3	2164	张伏强	张觉飞
花　园	25	902	2756	194.5	2134	张永恒	张永恒
大　乡	28	1112	3065	222.9	2365	何业罗	袁育林
蛇　头	35	1115	3056	241.3	2395	颜卫明	颜卫明
青龙湾	21	1299	3370	164.3	1681	陈航行	陈长云
漂沙井	29	968	3278	215.1	2062	张佑青	张开胜
晓　岭	32	1357	3895	325.0	3237	朱继牛	易最高
黄　霞	23	917	2918	207.6	2227	李升灿	姚明辉
油　圳	27	982	3275	203.7	1993	杨洪亮	喻再钦
关　王	27	776	2551	170.6	1768	唐胖提	何　方
张公岭	38	1259	4293	277.0	3143	晏海生	晏桂山
福　生	28	966	3035	219.1	2075	李启甜	朱继雄
新　城	19	596	1952	190.2	1433	付建军	易　军
宏厦桥	28	872	2420	167.4	1698	姚新和	袁国民
檀　园	35	893	2749	192.8	1962	袁立志	李　平
杨　梅	14	933	2631	125.0	1272	张　青	张　青
湾　塘	17	1147	2996	109.1	1192	张奇龙	陈小平
渌　口	12	1035	2439	41.4	246	刘晓年	唐建平
双　月	6	611	1649	40.1	405	孙清柳	胡志雄
王家洲	20	768	1982	55.8	600	陈炎平	陈飞炎
高　泉	15	753	2249	144.7	1223	何跃飞	—
凳　头	17	570	1903	110.9	1125	李永久	袁春林
伏波岭社区	48	3930	10737	—	—	刘艳芝	张　盼
接龙桥社区	31	3515	9554	—	—	胡彩琴	张凯华
向阳社区	23	4477	11667	—	—	刘旭花	何春华
合　计	656	34991	99652	4109.3	41739	—	—

古岳峰镇

党委书记	何兴旺
党委副书记、镇长	何彩凤
党委副书记	罗新华
党委委员、人大主席	唐添军
党委委员兼政协联络工作负责人	楚大争
党委委员、副镇长、武装部长	文胜存
党委委员、组织委员	李灵君
党委委员、纪委书记	贺　彦
副镇长	宋　祺
	文光祥
	姚兮廷(挂职)
人大副主席	马新奇

【概况】 2017年，古岳峰镇辖10个行政村，1个居委会，301个村民小组，人口24631人。土地面积80.7平方千米，耕地面积2117公顷，林地面积4580公顷。有小Ⅰ型水库1座，小Ⅱ型水库11座，山塘1505口。有中学1所，小学3所，卫生院1所，村级卫生室17个，完成财政税收640万元。

着眼建设“活力岳峰”，增强发展动力。切实增强基层组织建设，严格落实“三会一课”制度，通过采取面对面交流和远程教育相结合的方式，做到各村(居)每月至少开展1次集中学习，将中共十九大精神落到实处，推进党建示范点创建，建成红旗和腰塘村两个党建示范点。积极推动经济发展，着力优化镇域发展环境。全力推进招商引资工作，建设总投资5000万元以上的现代农业示范园、特色规模种养殖等现代农业项目2个，新引进飞地招商投资2000万元以上工业项目1个。推行村干部定期到镇各部办跟班学习制度，着力提升村干部工作水平。积极开展“马上就办、真抓实干”活动，镇、村干部的工作效能不断提高。积极推进政务公开，及时、全面、准确地公开应当公开的政府信息，特别是重点公开涉及人民群众切身利益的政府信息。强化应急管理，制定应急管理工作方案，成立应急管理分队，确保在有突发情况时能第一时间赶到现场。

着眼建设“美丽岳峰”，加强镇域建设。扎实推进基础设施建设，建立镇基础设施项目信息数据库，实现项目建设动态管理。推进农村公路提质提标，完成道路硬化18千米。农村安全饮水项目有序推进，铺设管道、修建蓄水池，彻底解决缺水问题；推进亮化工程，完成路灯安装200余盏。整修、疏通水渠35千米，维修山塘40余口。着力改善农村人居环境，加强城镇基础设施的维护、管理，开展道路交通标志检查，完成多处破损交通标识的维护，安装安保设施3500米，大力推进环境整治，实行一月一督查一通报，配齐各村及集中居住点的垃圾收集转运点，农村环境卫生大为改善。积极推进农村危旧土坯房清理整治工作，建设“美丽乡村”。严格控违，保护耕地、林地安全，优化城镇面貌。大力推进新农村建设，加强示范引领作用，以红旗、腰塘村两个党建示范点为典范，推动其他各村党的建设更上一层楼。积极开展系列文化活动，强化宣传教育,提高农民素质,推动新农村建设。加强农村公共文化建设,开展体现农村地方特色的多形式群众文化活动,丰富群众精神文化生活。

着眼建设“幸福岳峰”,大力推进民生实事。在建档立卡贫困户311户878人中,现已实现脱贫45户139人;坚持脱贫攻坚月例会制度,统筹安排,压实责任,形成合力;理顺结对帮扶干部与贫困户联系,确保各项帮扶政策宣传落实到位;认真摸排贫困人口住房情况,着力保障困难群众住房安全,第一批83户危房改造对象已验收。大力推进外派劳务,实现职业技能培训227人次,转移就业136人;与8家企业及合作社达成产业帮扶意向,预计2018年带动80人脱贫。城乡居保超额完成年度收缴任务;组织适龄妇女进行“两癌”筛查;完善残疾人、退伍军人台账,确保大病救治、临时救治、五保金、低保金等各类惠民补贴、社会救助政策全面落实到位;充分调动统战对象积极性,发挥统战工作作用,实现岳峰古寺大殿建成投入使用,推动旅游业发展;完成水稻种植1733.33公顷,其中集中育秧733.33公顷,利用良好的苗木种植基础,着力打造油茶产业品牌,完成向阳分路口、洪宜长塘、仰文等三处高标准油茶垦抚100公顷,油茶产值达1600万元,新造油茶林24.67公顷,红心柚14公顷,桃李9.33公顷,湿地林20公顷。助推特色种养殖业发展,依托农业基础,发展多品种、优质、高效的现代种养殖业,涌现出聚丰农牧发展有限公司、三旺生态有限公司等省级标准示范性养殖基地,瑞璞鑫方园生态有限公司等特色种养殖基地。扎实推进依法行政工作的健康发展,深化“三调联动化矛盾、息诉息访促平安”专项调解活动,及时排查化解矛盾问题;精准实施治安防控措施,多次开展警地巡逻和夜间巡逻以及校园周边环境、集贸市场周边环境整治等综合整治行动,获评“党的十九大期间信访维稳工作先进单位”。坚持“预防为主、标本兼治、强化主体、综合治理”的基本思路,进一步健全基层安全生产监管网络;认真开展农村从业厨师的培训,保障农村餐饮安全;组织开展烟花爆竹专项检查、食品药品监督、“打非治违”专项行动、查处危化物品等系列活动,做到安全问题及时发现,安全隐患及时处理,未出现一例食物中毒事件。 (朱 希)

古岳峰镇村级情况简介表

表 7

项目 数量 村或居委会	村(居)民小组(个)	户数(户)	人口(人)	耕地面积(公顷)	粮食产量(吨)	党(总)支部书记	村(居)委会主任
白　壁	52	1049	3547	368	4286	马祝其	蒋立新
红　旗	28	665	2246	267	3082	唐海桃	唐建辉
虎　啸	32	796	2764	214	2817	谭起家	李智会
家　和	39	820	2982	241	3234	唐建春	马解民
三　旺	32	720	2786	209	2792	曹志军	
向　阳	20	571	2279	139	1819	刘芝丛	李必丰
腰　塘	19	350	1310	135	1845	李拓夫	唐志雄
岳　峰	24	617	2230	191	2298	罗畅游	唐建清
翟　家	38	840	2700	257	2853	李建军	陈小年
赵　山	17	335	1127	96	1339	刘艳南	马佰军
居委会	4	310	660	—	—	易海清	
合　计	305	7073	24631	2117	26365	—	—

龙 船 镇

党委书记	刘文军
党委副书记、镇长	周 文
党委副书记	姜 鑫
	凌明(挂职)
党委委员、人大主席	石开云
党委委员兼政协联络工作负责人	肖文龙
党委委员、纪委书记	汤锐杰
党委委员	张 军
	罗碧峤
党委委员、组织委员	汤望林
副镇长	潘治邦
	陈 勇

【概况】 2017年，龙船镇辖25个行政村1个居委会，662个村(居)民小组，人口54217人。面积160.85平方千米。镇机关有干部职工69人，党政班子成员11人，内设党政办、社会事务办、综治办、卫计办、经济发展办、财政所、王十万便民服务中心。荣获湖南省安全生产示范乡镇，株洲市抗洪救灾先进集体、先进基层武装部、安全生产先进单位等称号。

经济指标快速提升。实现财政税收831万余元，完成年计划任务的207.75%，实现规模工业总产值6.9亿元，占年计划的84%；完成固定资产投资5.5亿，占年计划的117%，同比增长38%。共有各类企业53家，从业人员1440人，资产总额17858万元，其中湖南味视食品有限公司生产总值达2000万元，湘赤食品加工销售有限公司实现“小升规”，堂市辣酱鸭完成“个改企”。规模以上企业发展到7户，非公经济企业39家，占镇企业总数的73%。

招商引资展现新局面。持续加大投资，积极与省、市对接，做大做强百益嘉珍稀名贵苗木种养殖基地；龙泉村成立湘王建材股份有限责任公司，已全面投产进入试营业阶段；楼厦村农湖生态休闲旅游基地正在进行前期开发；投资1000万元的污水处理厂已完成选址。

项目建设进入新阶段。颜家、王十万、板塘、龙泉村土地整理项目稳步推进，堂市、黄竹、楼厦等12个村53.33公顷山田开发项目成功报批，已开始启动，堂市、庙前、龙泉、金华等13个村的“一事一议”项目大部分完工，等待验收；投资100万元完成新湖子堤800米护脚加固工程，河包1800米防洪保护圈的河堤整治项目全面完成；投资150万元，对21处排灌渠道进行整修。

基层组织逐步夯实。6月底，全面完成村(居)“两委”换届，干部队伍更加优化。通过竞职选拔和民主测评调整镇机关中层干部4人；选优配强村居“两委”班子121人，其中经济能人18人，有大专及以上学历34人，每村均选配1名35岁以下的党建专干。

救助制度日趋完善。完成社会保障兜底和农村低保清理整顿工作，重新评定兜底对象146户362人、低保167户276人。全力做好因贫因灾临时救助工作，累计发放临时救助款12万余元，大病医疗补助50余万元，暴雨洪灾专项救助款

14.7 万元;650 余名残疾人享受重度残疾护理补贴；发放农村五保资金 135 万元；发放“八一”退伍军人慰问金 14.71 万元；发放退耕还林资金 37 余万元；发放计生对象奖励扶助资金 68 万元。争取危房改造项目 121 栋。

民生项目稳步实施。强力推进土坯房整治工作,拆除任务数 2170 户,签订拆除协议 1255 户,拆除 1065 户,组织修缮 18 户。实行环境综合治理,新建新和、石龙村 2 个垃圾地坑斗,发放环保垃圾桶 360 个,改厕 190 户。投入 550 万元,实施板塘、金华、楼厦、花石、赤石、枫仙、龙泉村“小农水”建设。投入 2600 万元,完成河包防洪保护圈的治理;完成道路提质改造 26.6 千米,其中硬化 12.6 千米、加宽 14 千米。完成花石、枫仙、堂市、金华、龙泉、河包、梅山、石龙、庙前、楼厦、新和、腊树、王十万、土城、长源村的“一事一议”项目;引进投资 1300 万元的污水处理厂,已进行选址、报批手续。

脱贫攻坚成效显著。投入扶贫专项资金 33 万元,完成脱贫 70 户 239 人,发放小额贷款 165 万元。完成易地搬迁新房入住 23 户 39 人,实施危房改造 129 户。186 人享受教育助学，其中中职、高职学生 9 人的“雨露计划”职业教育助学资金已发放到位。为 1376 名贫困户建立健康档案，签约家庭医生 1376 人，开展免费健康体检 1376 人。发动百益嘉、湘赤食品和各类种养殖合作社开展产业扶贫,带动贫困户家门口就业,400 户 1311 人受益。

科教文卫全面发展。一是教育投入力度不断加大。王十万中学、花石小学、堂市小学完成新校舍建设工作,切实优化教育条件。二是卫计工作不断增强,完成堂市卫生院改造项目;完成国家免费孕前优检 276 例,完成女性两癌筛查 1352 人;新增计划生育奖励扶助对象 82 人，特别扶助对象 12 人,手术并发症救助对象 5 人。落实公共卫生防疫制度，加大卫生防疫投入,强化监督检查、消毒清扫等举措,无一例重大疫情发生。三是文体事业不断进步。堂市村民大舞台、长源等村文化广场的建设,丰富人民群众业余文化生活。完善农家书屋的建设。主办端午传统“龙舟赛”等文体活动 4 场。

社会秩序稳定和谐。组织开展了 12 次安全生产大检查。强化食品药品、道路和消防安全。重视信访维稳工作,畅通信访渠道,针对涉军、涉矿群体和涉法涉诉人员,及时化解矛盾纠纷。认真做好安抚稳定工作，确保全年无一人进京非访,确保中共十九大等特护期的社会安定。有效应对特大洪涝灾害，确保湘江河堤安全，实现未垮一堤、未伤一人目标。（刘　飞）

龙船镇村级情况简介表

表 8

项目 / 数量 / 村或居委会	村(居)民小组(个)	户数(户)	人口(人)	耕地面积(公顷)	粮食产量(吨)	党(总)支部书记	村(居)委会主任
腊　树	29	667	2437	249	2563	肖光文	龙健水
颜　家	13	406	1559	201	1766	郭举鹏	马志班
王十万	43	945	2746	340	2577	刘建良	陈定昆
赤　石	15	503	1323	139	1437	文清云	文红武
神　山	23	452	1680	134	1459	文虎平	文伏平
挽　洲	7	310	1188	54	486	李志平	周锡彬
长　源	15	450	1768	203	1552	文　勇	文家安
榜　头	19	698	1734	152	1514	刘宗良	周国平
河　包	22	672	2238	173	1846	李建洪	文新端
梅　山	36	870	2585	222	2362	谢建红	文铁光
花　石	30	755	2198	181	2011	付子其	李遵胜
枫　仙	27	481	1570	131	1351	唐桂华	唐劲军
石　龙	43	848	2795	238	2394	刘作平	刘小龙
金　华	31	808	2717	250	2396	李卫平	文启亮
楼　厦	34	904	2717	244	2267	李柳石	李解明
板　塘	34	773	2327	283	2170	文志泉	宋喜云
龙　泉	26	692	2390	221	2247	余　江	文玉淮
堂　市	24	768	2486	246	2175	文争强	
土　城	33	830	2218	261	2245	吴建美	杨德胜
庙　前	26	619	2078	186	1598	吴政权	阳仲威
黄　竹	18	556	1546	122	1477	文加新	易利球
湖　塘	21	631	2096	132	1615	刘志平	吴新辉
迎　春	46	667	2681	290	3102	吴再满	吴安新
太水田	20	503	1726	146	1503	曾伏秋	宋正刚
新　和	22	657	2068	215	1818	曹铁根	李友旦
居委会	5	248	1346	—	—	肖立旺	
合　计	662	16513	54217	5013	47930	—	—

凤凰山林场

【概况】 2017年，凤凰山国有林场下设3个工区、1个联营分场、1个林木加工厂、6个护林点，代管1个农业行政村，有村民小组4个，总人口449人，其中干部职工23人。总经营面积4127.9万平方米，其中国有林面积672.7万平方米，租山造林666.8万平方米，联营股份制经营面积2788.5万平方米。耕地面积40.6万平方米，其中水田21.3万平方米、旱土19.3万平方米。林场生态公益林占林地面积的80.3%，森林覆盖率94.5%。一、二、三产业值619万元，比上年增长6.5%。

完成财政收入493万元，比上年增长6.7%，财政支书340万元。林场有固定资产115万元，林木资产1138万元，有林业公路30.2千米，其中水泥硬化公路9.9千米。粮食产量138吨，林业产值20万元，牧业16.3万元，渔业2.5万元。

营林生产。林场争取国家战略储备林项目66.65万平方米，将纯杉木林改造培育成混交林和复层异龄林，幼林抚育199.95万平方米，为国家培育一批优质珍稀树种，在前峰至前哨公路边栽植红叶石楠、紫薇等风景树500多株，美化环境。

基础设施建设。对前卫到前哨7.8千米林业公路进行全面维修，确保竹木运输畅通。拓宽从红旗组至上游组、东风组至水库尾江边公路1.8千米，并铺砂石。对福冲村村部进行全面改造，投入资金30多万元，改善办公条件。

基层组织建设。顺利完成福冲村村支两委换届选举工作，选举产生新一届村支两委班子成员。实行“三会一课”制度，扎实抓好基层党建工作。

民生福祉。确定建档立卡贫困户5户，实行“一户一档”，全面开展场干部“一对一”帮扶，各项扶贫政策得到有效落实。安置一户易地搬迁贫困户。新型农村社会养老保险参保率100%，新型农村合作医疗参合率96%。林场拿出0.8万余元，对20户困难村民进行春节慰问。

（龙学成）

凤凰山国有林场村级情况简介表

表9

项目／数量／村或居委会	村(居)民小组(个)	户数(户)	人口(人)	耕地面积(公顷)	粮食产量(吨)	党(总)支部书记	村(居)委会主任
福冲村	4	115	396	40.6	138	龙水生	曾雨林

光荣榜

2017年度

●国家表彰

全国文明村镇
渌田镇南塘村

●省级表彰

保持荣誉称号的文明标兵单位
2016届:国土资源局

保持荣誉称号的文明单位
2012届:国家税务局　烟草专卖局(分公司)
2014届:地方税务局　交通运输局
2016届:人民法院　国网株洲县供电分公司

保持荣誉称号的文明村镇
2016届:渌田镇

●市级表彰

文明标兵单位
经济科技信息化局

文明单位
住房和城乡规划建设局
县委老干部局
发展和改革局
卫生和计划生育局
信访局
湖南洁宇日化新技术股份有限公司

文明村镇
南洲镇
朱亭镇
龙潭镇龙潭村
龙船镇堂市村
龙门镇桐梓村
渌口镇张公岭村
古岳峰镇腰塘村

文明校园
渌口镇松西子小学
县三中
龙潭镇中学

文明家庭
何湘宜　彭伟文家庭

【市五一劳动奖章获得者名单】
育红小学科技教师　袁兴台
南洲镇动物防疫站站长　吴茶根
国网湖南省电力公司株洲县
供电公司渌田供电所所长　齐乔满
株洲时代电器绝缘有限公司　颜学文

【市工人先锋号获得单位名单】
华新水泥(株洲)有限公司质量控制部
湖南鸿远高压阀门有限公司技术部

●县级表彰

标兵单位
财政局　审计局　统计局　人社局
扶贫办　公安局　检察院　总工会

公路局　民政局

文明单位

教育局　政管办　文　联　党　校
交警大队　林业局　移民局　妇　联
房产局　拆违大队　司法局
文体广新和旅游局
电视台(新媒体中心)
城市建设投资管理中心
食药工商质监局
株洲时代电气绝缘有限责任公司
中国人民财政保险股份有限公司株洲支公司
融兴村镇银行
湖南联合城市建设集团有限公司
电信分公司

文明村镇

龙潭镇　龙船镇　渌口镇渌口村
南洲镇洪桥村　龙门镇李家村
龙潭镇新华村　龙船镇颜家村
古岳峰镇翟家桥村　淦田镇华石村
朱亭镇蒲湾村

文明公民

言　健　李　婷　彭亦武　游胜军
梁　丹　吴安棉　赵小山　王　婷
刘志伟　王　欣　楚　裕　张　沙
邓　畅　王　杰　包　达　周芳琳
齐永丹　邓永红　马林奇　张中秋
陈俊文　殷　冰　龙　波　朱　锐
刘热欢　李　洁　雷　军　罗海霞
黄　艺　张壮志　文建明　孙　玮
文红斌　凌万根　肖迎春　朱　刚
齐锟龙　唐新蔚　刘辉良　李志平
郭谌莘　曹三其　周　蕾　赵　丙
何　涛　文湘荣　颜志敏　罗荣璐
刘珏玲　周　盛　张亮程　吴旭华
邓乐刚　吴泽燕　张　青　肖利国
刘国平　文永忠　谢桂兵　王桂生
郭利强　张　义　曹志军　陈和平
颜松林　胡笔文　刘　飞　文加新
田　虎　丁建尧

全县党务工作考核情况

办公室工作：

1. 先进单位

发改局　财政局　公安局　国土局
审计局　南洲镇　朱亭镇　渌口镇
古岳峰镇　消防大队

2. 先进个人

刘桂姬(县委办)　邓日红(人大办)
孙　宇(政府办)　朱永胜(政协办)
廖　培(纪　委)　黄雨阳(组织部)
肖　晔(宣传部)　谢仁兴(统战部)
陈弈栋(政法委)　李　栋(人武部)
稂艳斌(党　校)　魏铜娟(老干局)
肖　幸(龙门镇)　胡冬生(龙潭镇)
罗碧峤(龙船镇)　曹志辉(淦田镇)
张　纯(卫计局)　刘　莎(供销社)
陈　兴(档史局)　李　佳(经科局)
刘舜武(住建局)　宋　鸥(教育局)
刘　胜(司法局)　吴　金(公路局)
李　斌(拆违大队)

3. 优秀信息员

黄　莎(渌口镇)　张丽莉(南洲镇)

陈琳璋(朱亭镇)　罗　华(信访局)
盛行波(征管办)　石　新(经科局)
张盘龙(商粮局)　曾杰明(卫计局)
谢颖娟(发改局)　彭　辉(统计局)
邓　红(农业局)　李　忍(教育局)
邹　甜(住建局)　胡雪莉(水利局)
周长宁(财政局)　朱　琳(人社局)
阳名强(交通局)　田小红(交警大队)
石晶瑶(林业局)
田智艳(食药工商质监局)

组织人事老干编制工作:

1. 组织工作先进个人

李　娜(龙潭镇)　谭云林(朱亭镇)
姚　垚(龙门镇)　朱宗泉(淦田镇)
马文雯(南洲镇)　文　娟(渌口镇)
邰光富(古岳峰镇)　汤望林(龙船镇)
魏一鸣(纪　委)　伍新林(组织部)
何　皓("两新"工委)　刘芳林(党　校)
文志敏(老干局)　李陈林(编　办)
朱志明(教育局)　刘　炜(公安局)
何光辉(财政局)　张艳飞(人社局)
陈　勇(卫计局)　吴　茵(审计局)
黄艳萍(食药工商质监局)
谭　毅(公路局)　蒋智勇(一医院)
唐石林(职业中专)

2. 老干工作先进个人

郭菊华(县委办)　文再宜(人大办)
易海花(政府办)　彭卫红(政协办)
易　茜(纪　委)　颜伏招(宣传部)
陈继红(组织部)　钟诚华(统战部)
刘中山(政法委)　田　富(朱亭镇)
成　力(南洲镇)　李大海(渌口镇)
刘　丽(法　院)　罗　永(公安局)
刘正红(财政局)　吴　婷(农业局)
郭兰馨(住建局)
傅　辉(食药工商质监局)
唐艳霞(总工会)　吴　坤(老干局)

3. 机构编制工作先进个人

邓海涛(县委办)　尹征东(纪　委)
陈亚欣(组织部)　陈秋平(编　办)
蒋　武(编　办)　王　平(国土局)
陈　俊(城管局)　吴安元(教育局)
何　荣(发改局)　汤望林(龙船镇)
符艳辉(农业局)　李雪梅(编　办)
肖　喜(接待中心)　刘　俊(政府办)
张爱军(审改办)　罗　琦(审改办)
马林奇(政务中心)　楚玉辉(住建局)
张　纯(卫计局)　罗　霁(城投中心)

宣传思想工作:

1. 先进单位

古岳峰镇　龙门镇　电视台　党　校
妇　联　扶贫办　教育局　城管局
公路局　一医院

2. 先进个人

张　华(县委办)　李浩治(政府办)
刘志伟(政法委)　晏建怀(文　联)
李　娜(龙潭镇)　朱志勇(党　校)
刘林满(教育局)　姜满珍(政　协)
田晓春(文体广新和旅游局)
徐春来(电视台)

3. 优秀通讯员

梁　丹(纪　委)　郭　倩(组织部)
陈柱波(扶贫办)　曾杰明(卫计局)
熊　军(宣传部)　张　慧(电视台)

邹怡敏（株洲日报） 张盘龙（商粮局）
王玉秀（司法局） 罗　蓉（公安局）

4. 优秀网评员

阳　钦（房产局） 张丽莉（南洲镇）
陈雁欣（渌口镇） 刘东琼（总工会）
侯美姿（宣传部） 晏　丹（教育局）
彭　静（宣传部） 文　鹤（宣传部）
陈　俊（宣传部） 刘　芳（安监局）

统战工作：

1. 先进单位

朱亭镇　龙门镇　古岳峰镇　检察院
教育局　卫计局　住建局　一医院

2. 先进个人

罗碧峤（龙船镇） 谢仁兴（统战部）
涂　艳（工商联） 刘　玉（公路局）
胡兆云（知联会） 谭　星（民　革）
董明明（民　盟） 易艳华（民　进）
张壮志（九三学社） 朱守官（明扬牧业）

政法工作：

1. 政法工作先进单位

公安局警务保障室　公安局经侦大队
公安局淦田派出所　检察院侦查监督科
检察院行财装备科　法院刑事审判庭
法院淦田法庭　司法局公证处
司法局南洲司法所　交警大队事故室

2. 政法工作先进个人

田　伟（公安局） 李文知（公安局）
曾利军（公安局） 周　到（公安局）
吴壬杰（公安局） 朱晟杰（公安局）
陈　晓（公安局） 李红勇（检察院）
刘小云（检察院） 陈　磊（检察院）
刘冰冰（法　院） 戴威华（法　院）
张　璇（法　院） 肖双山（司法局）
洪超群（司法局） 宋麦庄（交警大队）
李明阳（交警大队） 喻波动（消防大队）
邓　畅（武警中队） 陈弈栋（政法委）

3. 维稳工作先进单位

渌口镇　龙潭镇　淦田镇　龙船镇
经科局　交通局　供销社　卫计局
公安局　法　院

4. 维稳工作先进个人

王　波（政府办） 晏　希（民政局）
易　伟（朱亭镇） 张孝仓（南洲镇）
罗荣湘（住建局） 文　胜（公安局）
刘　力（公安局） 刘建坤（信访局）
吴万里（政法委） 陈川伟（政法委）

5. 反邪防邪工作先进单位

龙船镇　龙门镇　渌口镇　朱亭镇
公安局国保大队

6. 反邪防邪工作先进个人

彭国安（渌口镇） 钱聪平（龙潭镇）
郭　晓（南洲镇） 吴　毅（淦田镇）
陈　伟（政法委）

7. 人民满意政法服务窗口

公安局南洲派出所　公安局人口与出入境大队
公安局法制信访室　法院立案信访局
法院朱亭法庭　检察院案管中心
交警大队车管所

8. 人民满意政法干警

易　璋（公安局） 罗　毅（公安局）
罗亚丽（公安局） 杨冠府（公安局）
黄　勇（检察院） 王　婧（法　院）
周继荣（司法局） 刘石坚（交警大队）
曾礼强（消防大队） 朱永国（武警中队）

9. 信访工作先进单位

淦田镇　龙潭镇　县委办　政府办
公安局　人社局　民政局　教育局
住建局　移民局

10. 信访工作先进个人

宾燕红(古岳峰镇)　文　韧(龙门镇)
张白凡(龙船镇)　张是清(渌口镇)
张　黎(供销社)　颜　卫(水利局)
陈永权(财政局)　姜春华(国土局)
管亚昆(政法委)　李爱花(信访局)

株洲县各级各部门主要负责人名册

株洲县各级各部门主要负责人名册

2017 年 12 月 31 日

●中共株洲县委及工作部门

中共株洲县委

书　记　罗绍昀
副书记　刘克胤　朱　江
县委常委　刘美和　谭伟生
刘奇伟　张德云
易运华　武挪强
刘　辉　谭成华

中共株洲县纪委

书　记　谭伟生
副书记、监察局局长　曹　虎
副书记　尹征东　马　莉
纪委常委　谭合明　文卫国
方　军　唐　礼
纪委常委、监察局副局长　刘晓欢
办公室主任　陈　静
组织部部长　魏一鸣
党风政风监督室主任　刘　莎
信访室主任　肖　伟
案件监督管理室主任　刘　云
第一纪检监察室主任　罗　毅
第二纪检监察室主任　周义军
第三纪检监察室主任　宾明辉
案件审理室主任　涂文君

县纪委派驻各单位纪检组长：

派驻人力资源和社会保障局纪检组长（县人社局党组成员）　李兴平
派驻人民检察院纪检组长（县检察院党组成员）　饶卫民
派驻卫生和计划生育局纪检组长（县卫计局党委委员）　唐　婷
派驻教育局纪检组长（县教育局党委委员）　罗晖平
派驻财政局纪检组长（县财政局党组成员）　刘晓芳
派驻食品药品工商质量监督管理局纪检组长（县食药工商质监局党委委员）　张　剑
派驻城市管理和行政执法局纪检组长（县城管局党委委员）　严　浩
派驻住房和城乡规划建设局纪检组长（县住建局党委委员）　易　茜

县委办公室

主　任　刘　辉

常务副主任　周铁刚
副主任、县机要局局长(县国家密码管理局局长)(兼)　王　娴
副主任、政研室主任　张　华
副主任　谭天飞　邓海涛
陈川伟(挂职)
彭　吉(挂职)
深改办副主任　朱君毅
县委督查室主任　黄吉哲
县委政研室副主任　罗湘铃
县接待中心主任　李建国

县委组织部

部　长　谭成华
常务副部长　易国林
副部长、县委"两新"工委书记(兼)　陈继红
副部长(兼)　周平娇　龙东明
党员教育中心主任　周　健
党联办主任　龙理森
县委"两新"工委副书记、干部组组长　赵小山
县委党建办主任、组织组组长　袁　斌

县委宣传部

部　长　刘美和
常务副部长　颜伏招
副部长、文明办主任　唐红宇
副部长　王　婷

县委统战部

部　长　刘奇伟
常务副部长　钟诚华
副部长、台办主任　吴安棉
副部长(兼)、"两新"工委副书记(兼)　何　皓

县委政法委

书　记　张德云
常务副书记　刘中山
副书记、综治办主任　张　旭
副书记　刘志伟
610办主任、副书记(兼)　陈向阳
维稳办主任　吴万里
610办副主任　言永平
维稳办副主任　谢　亮

县机构编制委员会办公室

主　任　文爱娱
事业单位登记管理局局长、副主任　张润能
副主任　马　婷
事业单位登记管理局副局长　张爱军

县委老干部局

局　长　周平娇
副局长　文志敏　夏　兰

县信访局

局　长　王　帅
副局长　刘战胜　王　珏

县委党校

党总支书记、校长　欧阳开科
党总支副书记、副校长　曾朝晖
副校长　刘芳林　朱志勇
校务委员　朱　刚　邹　琪

中共株洲县委巡察工作领导小组办公室
中共株洲县委巡视工作联络办公室

主　任　肖红国

副主任　言　健
第一巡察组组长　周志文
第一巡察组副组长　刘大鹏
第二巡察组组长　刘　鹏
第二巡察组副组长　文红霞

●株洲县人民代表大会常务委员会及工作机构

县人大常委会

党组书记、主任　罗禧瑰
党组副书记、副主任　郭兴龙
副主任　何　沙　李桂香　张国雄　唐定文
委　员(按姓氏笔画为序)　王洪兵　文再宜　尹征东　邓炼红　邓艳群　杨　平　何　莹　何伏桂　何翌滔　张志光　张步峰　易国林　侯　骞　唐铁安　彭亦武　谢莉香　颜伏招　颜志雄

专门委员会机构:

法制委员会(内务司法工作委员会)

法制委员会主任委员、内务司法工作委员会主任　王洪兵
法制委员会副主任委员　李俏枝
法制委员会委员(兼)　李　奕

财政经济委员会(预算工作委员会)

财政经济委员会主任委员、预算工作委员会主任　叫秋平
财政经济委员会副主任委员　向泽军
财政经济委员会委员(兼)　程辉艳

城乡建设环境资源保护委员会

主任委员　何　莹
副主任委员　张雄焰
委　员(兼)　陈　慧

工作机构:

办公室

主　任　文再宜
副主任　邓日红

农业和农村工作委员会

主　任　谢莉香
副主任　刘双斌

教育科学文化卫生工作委员会

主　任　彭亦武
副主任　彭　悦

选举任免联络工作委员会

主　任　邓炼红
副主任　马　玲

●株洲县人民政府及其工作部门

县人民政府

党组书记、县长　刘克胤
党组副书记、常务副县长　武挪强
党组成员、副县长　晏永辉　于大平　黄团结　郭海滨(挂职)　漆帅花

副县长　吴宏亮
党组成员　刘　伟　谭伟军
黄汉林

县政府办公室

党组书记、主任　谭伟军
党组副书记、副主任　刘　俊
党组成员、副主任　王　波　李浩治
副主任　王　帅（兼）
姚兮廷（挂职）
金融办专职副主任　伍洪峰
政府督查室主任　田　涛
城乡创建工作办公室主任　孙志恒

县政务服务中心

主　任　罗胜利
副主任　马林奇　彭　丹

县机关事务服务中心

主　任　李光荣
副主任　谢　丹　唐冰峰

县发展和改革局

党组书记、局长　陈　军
党组副书记、副局长　郭耀湘
党组成员、副局长　邓红卫　谭　准
陈　恒
工会主席　刘　丹
重点建设项目办公室（重点办）主任　钟　山

县经济科技信息化局

党组书记、局长　梁　静
党组副书记、副局长　唐建新
党组成员、副局长　张永跟　李纪奎
黄　卫　周　敏
李建华　魏　球
电力行政执法大队队长　周　盛

县教育局

党委书记、局长　颜志雄
党委副书记、副局长　朱志明
党委委员、主任督学　王　婵
副局长　宋　鸥
党委委员、副局长　彭中辉

县公安局

党委书记、局长　黄团结
党委副书记、政委　董　智
党委副书记、副局长　咏　洲
党委委员、副局长　罗　伟　赵伟平
张　雄　周孟安
党委委员、纪委书记　刘　宇
党委委员、政工室主任　罗　永
党委委员、副局长（挂职）　宋伟明
纪检监察室主任（警务督察大队大队长）　彭太平
指挥中心主任　刘　恺
法制工作室主任　万　韧
警务保障室主任　王朝阳
警务保障室教导员　曾　征
刑事侦查大队大队长　唐　智
治安管理大队大队长　袁正华
治安管理大队教导员　罗鹏举
国内安全保卫大队大队长　文　胜
禁毒大队大队长　刘名田
人口与出入境管理大队大队长　曾剑凌
人口与出入境管理大队教导员　项新元

巡特警大队教导员　向　慧
经济侦查大队大队长　曾新宇
经济侦查大队教导员　田　伟
网络安全保卫大队大队长　刘　力
网络安全保卫大队教导员　何　允
看守所所长　谭　建
看守所教导员　张　义
拘留所所长　杨　宸
拘留所教导员　陈　强
渌口派出所所长　汤　晟
南洲派出所教导员　刘益财
淦田派出所所长　袁正力
朱亭派出所所长　冯亮军
河西派出所所长　宾韦伟
水上派出所教导员　刘江文

县公安局交通警察大队

大队长　罗　伟
副大队长　刘石坚　宋麦庄
事故处理室主任　吴国清
车辆管理所所长　朱渌江

县民政局

党组书记、局长　冯卫平
党组成员、副局长　唐震祁　张庆元
张小平
社会福利中心主任　晏　希
慈善办主任　凌国强

县移民开发局

党组书记、局长　刘世新
党组成员、副局长　易湘军　张　娟

县司法局

党组书记、局长　夏伟清
党组成员、副局长　龙水成　唐　密

县财政局

党组书记、局长　李光泉
党组成员、副局长　刘正红　张　峰
陶建湘　柳亚莉
党组成员、总会计师　吴光泉
非税收入管理局局长　易志安
乡镇财政管理局局长　倪桂华
财政投资评审中心主任　陈易新
国库集中支付核算中心主任　张　剑

县人力资源和社会保障局

党组书记、局长　龙东明
党组成员、副局长　吴立志　张艳飞
苏志刚
工会主席　蒋荣华
城乡居民社会养老保险局局长　张　斌
就业管理局局长　文　杏
社会劳动保险局局长　王　晟
人力资源服务中心主任　冯吉子
城乡居民医保管理服务中心主任　张志光
劳动保障监察大队大队长　张欣荣

县国土资源局

党组书记、局长　蔡凤美
党组成员、副局长　刘辉良　王　平
肖松山　刘　超
国土资源执法监察大队队长　喻文广
土地储备中心主任　刘光明
渌口中心所所长　邹明祥

县住房和城乡规划建设局

党委书记、局长　刘力军
党委委员、副局长　郭兰馨　袁梅仙
李　盛　唐新蔚
吴　玉（挂职）
总工程师　刘月平
工会主席　易艳华
市政园林绿化管理处主任　张　平

县交通运输局

党委书记、局长　张高峰
党委委员、副局长　田红军　马红旗
副局长　唐　伟
党委委员、总工程师　肖功武
党委委员　何志新

县农业局

局　长　段琳芳
党委委员、副局长　李正开　马永红
党委委员、总农艺师　田卫红
党委委员、能源办主任　钟敬武
农办专职副主任　殷　绘
工会主席　吴　婷
农技推广中心主任　杨　彦

县扶贫开发工作领导小组办公室

主　任　周铁刚
副主任　殷　绘　向泽军
朱　刚　曾　桦

县水利局

党委书记、局长　李　颖
党委委员、副局长　尹　健　齐安平
颜　卫（挂职）
党委委员　罗　智
防讯抗旱指挥部办公室主任　陶新永

县林业局

党委书记、局长　彭志中
党委委员、副局长　刘志高　雷利辉
党委委员、总工程师　刘　军
党委委员、林业综合执法大队队长　张　谦
森林公安局局长　刘运良
森林公安局政委　易进求
山林纠纷调处办公室主任　刘昕星
凤凰山国有林场党总支书记、场长　葛　江

县商务和粮食局

局　长　陈代陆
党组书记　李铁安
党组副书记、副局长　刘学林
党组副书记　罗纯程
党组成员、副局长　包喜林　刘晓明
投资促进事务服务中心主任　孙　乾

县文体广电新闻出版和旅游局

党组书记、局长　唐欣荣
党组副书记、副局长　齐玲利
党组成员、副局长　田晓春　林明亮
许建勇
工会主席　李元满

县卫生和计划生育局

党委书记、局长　王宇平
党委副书记、副局长　陈　勇
党委委员、副局长　王松良　张　纯

李　敏
工会主席　张四平
疾病预防控制中心主任　朱雪全
妇幼保健计划生育服务中心主任　姜　岚
卫生计生综合监督执法局局长　何　亮
乡镇卫生院会计核算中心主任　黄小丹

县审计局

党组书记、局长　黄汉林
党组成员、副局长　田丰收
党组成员、总审计师　吴　茵
经济责任审计工作领导小组办公室专职副主任　蒋　鸿

县食品药品工商质量监督管理局

党委书记、局长、县委"两新"党工委副书记(兼)　罗铁纯
党委委员、副局长　叶舜尧　冯旭光
付　辉　罗　伟
侯　赛

县环境保护局

党组书记、局长　曹铁祥
党组成员、副局长　谢新云
易国华(挂职)

县统计局

党组书记、局长　姜芳玲
党组成员、副局长　朱富强
副局长　胡兆云
党组成员、总统计师　张劲峰
调查队队长　刘益梅
普查中心主任　瞿　武

县城市管理和行政执法局

党委书记、局长　刘继伟
党委委员、副局长(兼)、环卫处主任　李剑源
党委委员、副局长　包罗赞　孙惠希
党委委员、副局长、拆除违法建设执法大队大队长(兼)　郭朝阳
党委委员、城市管理执法大队大队长　晏　治

县安全生产监督管理局

党组书记、局长　郭立新
党组成员、副局长　张苗红　谢运长
党组成员、总工程师　郑永新

县人民防空办公室

党组书记、主任　田要耕
党组成员、副主任　张艳红

县"两型"社会建设综合配套改革领导小组办公室

主　任　兰海平
副主任　齐永丹　赵　勇

县档案史志局

党组书记、局长　白繁星
党组成员、副局长　张恺鹏　周　蕾
副局长　凌　明(挂职)

县畜牧兽医水产局

党组书记、局长　郑光辉
党组副书记、副局长　文向德
党组成员、副局长　凌万根　刘　瑛
工会主席　赵双红

县房产管理局

局　长　张冬林

副局长　邓江介　肖　湘　文化成
工会主席　刘亚军

县供销合作社联合社
党组书记、主任　李　昕
党组成员、副主任　邓永红　张　黎

县农业机械管理局
局　长　何立新
副局长　唐铁安　文红斌　尹立新
工会主席　唐清云

县公路局
局　长　许　颖
副局长　何兰军　皮定安　谭　毅
路政管理大队临时负责人　游文斌

县广播电视台
台　长　黄艳伟
副台长　凌卫红　贺　琼

县征地工作协调管理办公室
党组书记、主任　罗国平
党组成员、副主任　殷建明　肖海波

县国有资产投资管理中心
党委书记、主任　周　毅
党委委员、副主任　孙炜杰　刘　甜　文　薇
党委委员、产权代表　刘益光

县城市建设投资管理中心
主　任　何　朋
党委委员、副主任　黄柳燕　罗　霁

原县公共资源交易中心
党组书记、主任　杨柳贤
党组成员、副主任　谭震宇　夏　天
副主任　董明明

●政协株洲县委员会及工作部门

中国人民政协协商会议株洲县委员会
党组书记、主席　王亚男
党组副书记　刘奇伟
副主席　李文亮　瞿　梅(兼)　陈代陆(兼)
党组成员、副主席　邓霞云　齐满珍
党组成员、秘书长　朱永胜
党组成员　钟诚华　何湘桂
常务委员　黄　娟　彭卫红　姜满珍　游胜军　谭　星　宋　鸥　郭立华　刘佐清　谭建军　何　朋　周文斌　张　文　张壮志　万方明　周继荣　赵　琼

办公室
主　任　何湘桂
副主任　陈再平

提案委员会

主　任　游胜军

经科和人环委员会

主　任　彭卫红

文史委员会

主　任　姜满珍

社法和民宗委员会

主　任　黄　娟

●株洲县人民法院、人民检察院

县人民法院

党组书记、院长　邓国平
党组副书记、副院长　文环宇
党组成员、副院长　蒋爱清　龙卫国
党组成员、政工室主任　刘　丽
副院长　黄建军
审委会专职委员　李如鹰
民二庭庭长　盛文武
行政庭庭长　刘坤齐
执行局局长　周晓玲
执行局政委　刘　静
非诉执行局局长　汤晓洪
非诉执行局政委　蔡　伟
立案信访局局长　唐以红
林业庭庭长　宋雪峰
法警队政委　张　毅
朱亭法庭庭长　刘文权
淦田法庭庭长　易战国

县人民检察院

党组书记、检察长　凌　辉
党组成员、副检察长　谭　乾　汤青山
李红勇
副检察长　丁思琦
党组成员、政工室主任　戴　亮
检委会专职委员　孟志伟　申　湘
反贪局局长　廖友亮
反渎局局长　陆胜军
反渎局教导员　罗曙光
法警大队队长　马海妍
法警大队教导员　汤汝松

●群团组织

县总工会

党组书记、主席　文伟明
党组成员、副主席　谭庆余　唐艳霞

共青团株洲县委员会

党组书记、书记　章　程
党组成员、副书记　李　杏　刘家骏

县妇女联合会

党组书记、主席　侯　骞
党组成员、副主席　彭　茹
副主席　罗　眷

县科学技术协会

党组书记、主席　黄建辉
党组成员、副主席　张荣华　吴建国

县文学艺术界联合会

党组书记、主席　晏建怀

党组成员、副主席 吴 雪

县残疾人联合会

党组书记、理事长 彭春明
党组成员、副理事长 孙青怡 肖迎春

县工商业联合会

主席（会长） （空缺）
党组书记、“两新”党工委副书记（兼） 何 皓
党组成员、副主席（副会长） 黄卫国 涂 艳

●株洲县驻军、部队

株洲县人民武装部

部 长 易运华
政 委 刘长锋
副部长 喻 巍
政治工作科科长 张 沙
保障科科长 李 栋

县公安消防大队

教导员 吴 聃
大队长 葛 瑞

●中央、省、市在县机构

县国家税务局

党组书记、局长 刘伟文
党组成员、副局长 周书华 黄 春 顾 宁
党组成员、纪检组长 黄远波
淦田税务分局局长 胡 晖
稽查局局长 尹群喜

县地方税务局

党组书记、局长 韩友林
党组成员、副局长 尹国秋 易建彬
党组成员、纪检组长 贺众欢
工会主席 周辉广

县地方海事处

处 长 杨献忠
副处长 周汉雄

国网湖南省电力有限公司株洲县供电分公司

总经理兼党委副书记 刘云从
书记兼副经理 陈贵斌
生产副经理 肖新建

县烟草专卖局（分公司）

党组书记、局长、经理 罗民军
党组成员、副局长 李明生
党组成员、纪检组长 夏琛乔

中国邮政集团公司湖南省株洲县分公司

总经理、书记 张建辉
副总经理 佚广拥 杨 巍 盛连江

中国电信股份有限公司株洲县分公司

党总支书记、总经理 叶晓波
党总支委员、纪检委员、副总经理 唐文波
党总支委员、副总经理、工会主席 孙 杨

中国移动通信集团湖南有限公司株洲市株洲县分公司

经 理 周勇波
副经理 陈忠良 朱荟璇

中国石化株洲县石油分公司

经　理　陈湘惠
党支部书记　唐月尔
副经理　刘智国
经理(助理)　周　倩(经理助理)

湖南省新华书店有限责任公司株洲县分公司

经　理　蒋茂豪
副经理　周　谓　王洁平

县交通建设质量安全监督局

负责人　陈朝晖
副局长　邓绍明

株洲市住房公积金管理中心株洲县管理部

主　任　李　云
副主任　郭谌苹

县自来水有限公司

经理兼支部书记　宋　毅
常务副经理　杨峥嵘
财务总监　罗　维
副经理　马文才　曾　亮　李志华
工会主席　李　曙
经理助理　朱金亮

●园区、资产经营企业

渌口经济开发区管理委员会

党工委书记　彭铁锋
党工委副书记、管委会主任　刘　伟
党工委副书记、纪工委书记　刘热欢
党工委委员、管委会副主任　曹永祥　林　辉
规划建设科科长　易耀湘
招商产业科科长　唐炳强
办公室主任　彭　莱

株洲渌湘投资发展集团有限公司

党委书记、董事长　周　群
党委委员、总经理　唐　兴
党委委员、监事会主席　肖　凌
党委副书记　朱桂芳
党委委员、副总经理　雷　军　周乐凯　凌　云
副总经理　贺海文

渌口经济开发区产业发展有限公司

党委委员、总经理　江　勇
党委委员、监事会主席　王豪亮
党委副书记　李旻慧
党委委员、副总经理　胡　毅　朱飞宇　盛俊明

●金融、保险机构

中国农业发展银行株洲县支行

支部书记、行长　童　慧
支委委员、副行长　罗湘闽　颜　斌

中国农业银行股份有限公司株洲县支行

党委书记、行长　张　宇
党委书记、纪委书记　姜　龙
党委委员、副行长　吴　琪　谭文娟

湖南株洲珠江农村商业银行股份有限公司

党委书记、董事长　白成凯

副董事长、行长　凌　游
党委副书记、纪委书记、监事长　蔡本文
党委委员、副行长　田忠于　蔡湘华
党委委员、行长助理　余　平
董事会秘书、行长助理　邓传斌
风险总监　刘俊辉
金融市场业务总监　傅　健

中国人保财险株洲支公司

经　理　龙艳群
副经理　张　翔　陈小利

中国人寿保险股份有限公司株洲支公司

经　理　马　伟
副经理　唐　颖　李伟平

中国平安财产保险股份有限公司株洲县支公司

经　理　谢艳红
营销总监　龙小红
办公室主任　杨文娟

●学校、医疗卫生机构

县第五中学

校　长　吕国祎
党总支书记　彭伟文
副校长　王　忠　罗荣璐　周　建

县职业中等专业学校

党总支副书记、校长　唐石林
党总支书记　郑国文
副校长　张汉鑫　周伟男

县第一中学

校　长　罗壮道

县第三中学

校　长　彭春芳

县第一人民医院

院　长　瞿　梅
党总支书记　蒋智勇
副院长　李　忠　王国胜　谢照林

县中医院

院长、书记　喻华球
副院长　蔡建君　易大利　凌　峰　谢彦博

株洲县育红小学

书记、校长　晏春华
副校长　尹　恒　吴　平　胡　敏

株洲县机关幼儿园

书记、园长　唐学文
副园长　黄　伟　陈圆欢

索　引

说明：

一、本索引把年鉴的专稿、条目（特载，县情综述，大事记，光荣榜，县各级各部门主要负责人名册，表格，彩页除外）用主题分析的方法，按汉语拼音字母顺序排列。

二、索引名称后的阿拉伯数字标示内容所在的页码，英文字母（a、b）表示栏别（从左至右分 1、2 栏）。

三、类目、专稿标题和地名用黑体字标明。

A

安全生产监管 ……………………………… （102a）

B

编写文史资料《渌口故事》 …………………… （107b）

保险企业 …………………………………… （163）

殡葬改革 ……………………………………… （168b）

颁发不动产林权首证 ………………………… （187a）

C

出台《考察任用干部看党建暂行办法》 ……… （71b）

成立株洲县归侨侨眷联合会 ………………… （75b）

成功创建全省“畜禽水产品质量安全示范县” …………………………………… （148b）

成功发行 12 亿元企业债券 ………………… （178b）

城乡创建工作 ……………………………… （90a）

城市建设投资管理 ………………………… （169b）

城镇建设 …………………………………… （171）

城镇排水 ……………………………………… （173a）

城市管理 …………………………………… （174a）

城市拆违 …………………………………… （175b）

城市信息化建设 ……………………………… （185b）

承办“3·15”特大维卡币跨国网络传销案 …… （126b）

财政监督 ……………………………………… （84b）

财税·金融 ………………………………… （155）

财政 ………………………………………… （155a）

船舶车船税委托代征 ………………………… （160a）

D

打造“一镇一品”工程 ……………………… （72a）

打造文化旅游特色小镇 ……………………… （217a）

党校教育工作 ……………………………… （76a）

代表建议办理 ………………………………… （85b）

地方税务 …………………………………… （158b）

地方海事 …………………………………… （183b）

电信 ………………………………………… （184b）

档案史志 …………………………………… （200a）

E

2017年株洲市工人先锋号 …………………… （109a）

F

扶贫开发 …………………………………… （145a）
扶贫基础设施建设 …………………………… （146b）
发展和改革 ……………………………… （95b）
法治 ……………………………………… （119）
法院 ……………………………………… （127a）
房产管理 ………………………………… （178b）
房产档案实现信息化 ………………………… （179a）
颁发不动产林权首证 ………………………… （187a）
凤凰山林场 ……………………………… （236a）

G

改革民族宗教和外事侨务机构 ……………… （75b）
公共资源交易 …………………………… （103b）
公安 ……………………………………… （121a）
公安消防 ………………………………… （123b）
公积金综合业务管理系统建设 ……………… （180a）
公路 ……………………………………… （181a）
共青团株洲县委员会 …………………… （110b）
共青团株洲县第十次代表大会召开 ………… （112a）
工业·科技 ……………………………… （137）
供销合作 ………………………………… （152b）
供水排水 ………………………………… （172a）
供电 ……………………………………… （173a）
供电扶贫 …………………………………… （174a）
国防 ……………………………………… （130）
国家税务 ………………………………… （157b）
国有资产管理 …………………………… （160b）
国土·环保 ……………………………… （186a）
国土资源管理 …………………………… （186a）
广播电视 ………………………………… （201b）
淦田镇 …………………………………… （221a）
古岳峰镇 ………………………………… （230a）

H

湖南省爱国主义教育基地——杨得志故居 …… （43a）
湖南鸿远高压阀门有限公司技术部 ………… （110a）
湖南股交所株洲县经济专板正式开通 ……… （139b）
“湖南省中小企业融资超市株洲县服务平台”
授牌 ………………………………………… （139a）
华新水泥（株洲）有限公司质量控制部 …… （109a）
环卫管理 ………………………………… （175a）
环境保护 ………………………………… （187a）
获省“全面改薄”绩效考核奖励资金
100万元 …………………………………… （191a）

J

举办乡村文化旅游节 ……………………… （44a）
举办“春风行动”大型送岗下乡招聘会 ……… （94b）
举办县域文化研讨会 ……………………… （116a）
举行突发公共卫生事件应急处置培训 ……… （205b）
纪律检查工作 …………………………… （66b）
机构编制 ………………………………… （79b）
机关事务管理 …………………………… （91a）
接待中心 ………………………………… （90b）
解决重点项目遗留问题 …………………… （169b）
进行年度电视问案 ………………………… （107a）

经济 …………………………………………… (135)
交通警察 ………………………………………… (122a)
交通·邮电 …………………………………… (181)
交通运输 ……………………………………… (182a)
交通建设质量安全监督 ……………………… (183a)
教育 …………………………………………… (189)
教育资助全覆盖 ………………………………… (190b)
检察 …………………………………………… (125a)
建立法治文化主题公园 ………………………… (129b)
建设投融资 …………………………………… (177b)
建成16所乡村少年宫 ………………………… (191b)
建立专科联盟 …………………………………… (208b)
加强涵闸泵站管理 ……………………………… (169b)
疾病预防控制 ………………………………… (204b)

K

开展“干部走亲、党群同心”大走访活动 ……… (71b)
开展“百家机关进百村、千名干部讲千场、万名党员入万户”中共十九大精神宣讲活动 …… (74a)
开展“文化惠民·春联万家”活动 ……………… (76a)
开展餐厨油烟综合治理 ………………………… (98b)
开展救灾济困活动 ……………………………… (115b)
开展青少年科技教育 …………………………… (117a)
开展“人性化服务在柜台闪光”主题活动 …… (162b)
开展金牌教师表彰评选活动 …………………… (192a)
开展“寻找记忆中的株洲县”老照片征集评选活动 …………………………………………… (201a)
开展健康素养监测 ……………………………… (205a)
开展灾后防病 …………………………………… (205a)
开展水质检测 …………………………………… (205b)
开展第二类疫苗预防接种专项监督检查 …… (206b)
开通异地就医联网直接结算业务 …………… (95a)
开发投标保证金网上收退系统 ……………… (104b)
开放职工健身中心 ……………………………… (109a)
科普项目实施 …………………………………… (117a)
科学种养 ………………………………………… (117a)
科技成果转化 …………………………………… (138b)

L

老干部工作 …………………………………… (78a)
“两型社会”建设 ……………………………… (96b)
林业 …………………………………………… (146b)
林业经济发展 …………………………………… (147a)
“渌湘智慧”星创天地被认定为国家级星创天地 ………………………………………… (139b)
渌口水电站 …………………………………… (150a)
渌口镇位列全市乡镇档案工作考核第一名 … (201a)
渌口大桥(湘江七桥)通车暨龙洲路开工仪式举行 ………………………………………… (225b)
渌口镇 ………………………………………… (227a)
粮食流通 ………………………………………… (152a)
龙潭镇 …………………………………………… (213a)
龙门镇 …………………………………………… (219a)
龙船镇 …………………………………………… (233a)

M

民政 …………………………………………… (167a)

N

农业 …………………………………………… (142)
农村经济管理 ………………………………… (144a)

农机管理 ……………………………… （150a）
农业综合开发 ……………………………… （157a）
南塘村被评为2017年度全国文明村 ……… （222b）
南洲镇 ……………………………………… （224a）
南洲镇第一届妇女代表大会召开 …………… （226a）

P

评选2017年见义勇为先进个人 …………… （121a）

Q

全方位扶贫 ………………………………… （44a）
全县三级干部会议 ………………………… （65a）
全市土地确权经营权证首证在南洲镇颁发 … （144b）
全球首推“510极速现场查勘” ……………… （163b）
清理因私出国(境)证件 ……………………… （71b）
启动湘江保护与治理“一号重点工程” ……… （98a）
启动节能环保产业装备制造园建设 ………… （98b）
启动“中国流动科技馆巡展株洲县站”活动 … （116b）
启动柜面一体化服务 ……………………… （164b）
启动“阳光雨露”行动——素质拓展夏令营 … （192a）
启动档案“信息化”建设 …………………… （201a）
群团组织 ………………………………… （255b）

R

人力资源和社会保障 ……………………… （92b）
人民武装 ………………………………… （130a）
人民防空 ………………………………… （132b）

S

司法监督 …………………………………… （85a）
司法行政 ………………………………… （128b）
审计 ……………………………………… （99a）
食品药品工商质量监督 …………………… （101a）
率先在全省成立驻县级河长办检察联络室 … （127a）
水利 ……………………………………… （148b）
商贸服务 ………………………………… （151）
商务和粮食 ……………………………… （151a）
石油经销 ………………………………… （152a）
数质量管理 ………………………………… （152b）
首推“云理赔”服务模式 …………………… （163b）
社会事业 ………………………………… （165）
实行网格化服务管理 ……………………… （170b）
实施“一户一产业工人”培养工程 …………… （109a）
实施河长制 ………………………………… （149b）
实施道路建设技术援助 …………………… （182a）
实施智力扶贫“双提工程”项目李家村试点
工程 …………………………………… （194b）
实现《株洲县年鉴》公开出版 ……………… （201a）
实现媒体整合 ……………………………… （202a）
送电影下乡3000场 ………………………… （200a）

T

统战工作 ………………………………… （74b）
统计 ……………………………………… （99b）
推行“一站式”医保结算服务 ……………… （95a）
推进第三次全国农业普查工作 …………… （100b）
推行交易电子化——政府投资工程建设项目
网上报名程序 …………………………… （104b）
推动“一户一产业工人”培养工程 ………… （194b）
土地托管 …………………………………… （153a）
图书发行 ………………………………… （202a）

W

王十万黄辣椒 …………………………… (44b)

完成生态保护红线划定任务 ………………… (188b)

文化·档案·传媒 ……………………………… (198)

文化体育 …………………………………… (198a)

卫生·计生 ………………………………… (203)

卫计执法监督 …………………………… (205b)

X

县委办公室工作 ………………………… (65a)

县十二届人大二次会议 ………………… (83a)

县十二届人大常委会第二次会议 …………… (83b)

县十二届人大常委会第三次会议 …………… (83b)

县十二届人大常委会第四次会议 …………… (83b)

县十二届人大常委会第五次会议 …………… (84a)

县十二届人大常委会第六次会议 …………… (84a)

县十二届人大常委会第七次会议 …………… (84b)

县十二届人大常委会第八次会议 …………… (84b)

县政府办公室工作 ……………………… (88a)

县畜牧兽医水产技术服务中心荣获全国“2017年基础畜牧(草原)技术推广示范站”称号 … (148a)

县地税局荣获“湖南省人民满意的公务员集体”称号 ………………………… (160a)

县辖镇(场) ………………………………… (211)

巡察工作 ………………………………… (69a)

宣传工作 ………………………………… (72a)

信访工作 ………………………………… (77a)

新增惠民惠农险种 ……………………… (164b)

学校 ……………………………………… (192)

Y

“一窗一人”试点工作 …………………… (158a)

园区建设 …………………………………… (140a)

园区产业 …………………………………… (141a)

养殖业 ……………………………………… (147b)

烟草专卖 …………………………………… (153b)

银行 ………………………………………… (161a)

移民开发 …………………………………… (168b)

移动通信 …………………………………… (185a)

医院 ………………………………………… (207)

邮政 ………………………………………… (183b)

Z

专辑 ………………………………………… (41)

专项工作评议 …………………………… (85a)

政治 ………………………………………… (61)

政务服务 …………………………………… (91b)

政协株洲县第九届委员会第二次全体会议 … (106b)

政法及综治 ……………………………… (119a)

整治用电乱象 …………………………… (174a)

征地工作 …………………………………… (176b)

中国共产党株洲县委员会 ………………… (63)

中国人民政治协商会议株洲县委员会 ……… (105)

中国农业发展银行株洲县支行 …………… (161a)

中国农业银行股份有限公司株洲县支行 …… (161a)

中国平安财产保险股份有限公司株洲县支公司 ……………………………… (163a)

中国人寿保险股份有限公司株洲支公司 …… (163b)

中国人民财产保险股份有限公司株洲支公司 ……………………………… (164b)

重点行业建设 ……………………………… (138b)
种植业 ……………………………………………… (142a)
组织工作 …………………………………………… (70a)
组织“清风株洲”文学书画征文活动 ………… (116b)
组织第27次全国助残日系列活动 ………… (118b)
组建株洲县渌湘集团公司 ……………………… (161a)
“掌上渌口”手机客户端上线运行 …………… (74a)
株洲湘江七桥竣工通车 ………………………… (43a)
株洲“珠江农行银行”挂牌营业 ……………… (43b)
株洲珠江农村商业银行股份有限公司 ……… (162a)
株洲市第三次全国农业普查入户登记工作在
南洲镇启动 ……………………………… (225a)
株洲县获评全省综治工作考核先进县 ……… (43b)
株洲县2017年度国民经济和社会发展概况 …… (48)
株洲县“心德”教育奖学会举办第24届颁奖
仪式 ……………………………………… (76a)
株洲县人民代表大会常务委员会 ……………… (82)
株洲县人民政府 ………………………………… (86)
株洲县总工会 ………………………………… (108a)
株洲县妇女联合会 …………………………… (112a)
株洲县第五中学 ……………………………… (192a)
株洲县职业中等专业学校 …………………… (193b)
株洲县第一中学 ……………………………… (194b)
株洲县第三中学 ……………………………… (195a)
株洲县育红小学 ……………………………… (195b)
株洲县机关幼儿园 …………………………… (196b)
株洲县第一人民医院 ………………………… (207a)
株洲县中医院 ………………………………… (209a)
株洲县妇幼保健计划生育服务中心 ………… (210a)
株洲县第九次妇女代表大会召开 …………… (114b)
株洲县工商业联合会 ………………………… (114b)
株洲县文学艺术界联合会 …………………… (115b)
株洲县科学技术协会 ………………………… (116b)
株洲县残疾人联合会 ………………………… (117b)
住房和城乡规划建设 ………………………… (171a)
住房公积金管理 ……………………………… (179b)
朱亭镇 ………………………………………… (216a)
治理黄标车 ……………………………………… (123b)
指导村(居)换届选举工作 …………………… (168b)
组建株洲县渌湘集团公司 ……………………… (161a)